취업이 잘되는 유망 학과 백과 1

유망 학과 백과 ①

김상호 지음

대학은 우리에게 무엇인가?

대학은 중세시대 스콜라에서 유래한 것으로, 초기 대학은 약 천 년 전에 형성되었다. 이탈리아의 볼로냐 대학, 살레르노 대학, 프랑스의 파리 대학, 영국의 옥스퍼드 대학 등이 초기 대학들이다. 당시 대학의 주요 교육내용은 철학, 신학, 법학, 수사학, 논리학, 기하학, 천문학 등이었다.

흔히 대학을 '진리의 상아탑'이라고 하는데, 상아탑의 일반적인 의미는 현실을 떠나 학문이나 예술을 사랑하고 진리를 추구하는 학구적인 태도나 장소를 가리킨다. 상아탑은 19세기 프랑스의 비평가이자 문학가인 생트 뵈브(1804-1869)에서 유래를 찾을 수 있다. 생트 뵈브는 동시대 프랑스 낭만주의 소설가이자 시인인 알프레드 드 비니(1797-1863)의 작품과 삶을 가리켜 "상아탑 안에 자신을 가둬두고 살았다"라고 비평했다. 그 당시 상아는 아름답고 고귀하고 매우 귀한 물건이었다. 하지만 상아로 만든 탑은 현실에 존재하지 않는다. 당시 대학이 현실과 거리가 먼, 진리탐구에 초점을 두었기에 이를 빗대어 진리만을 추구하는 상아탑이라고 표현했다.

그렇다면 지금의 대학은 어떨까. 천 년의 시간이 흐른 지금도 대학은 철학, 신학, 천문학, 논리학, 수사학 등을 가르친다. 차이가 있다면, 옛날에는 이 학문 분야가 주류였는데 지금은 비주류이며 비인기 학문 분야가 되었다는 것이다. 이유는 간단하다. 당시에는 귀족집안 자제, 즉 소수 특정계층을 위한 교육기관 이었지만, 지금은 보편적 교육기관이 되었기 때문이다. 대학이 보편적 교육기관 이 되었다는 의미는 취업과 생계수단의 기능이 중요해졌다는 것이다. 따라서 취업이 잘되는 학과와 전공은 인기가 많지만, 취업이 잘되지 않는 전공은 대중 으로부터 외면당한다.

흔히 우리가 대학에 진학하는 이유는 크게 세 가지다. 첫째, 취업을 위한 목 적이다. 둘째, 대학졸업장이라는 간판을 따기 위해서다. 셋째, 순수한 학문적 진리탐구의 목적이다. 대부분 대학 진학자들은 앞서 언급한 세 가지에 대한 막 연한 기대를 가지고 대학에 진학한다.

먼저, 취업은 가장 현실적인 접근법이다. 취업을 목적으로 대학에 진학할 경 우, 상대적으로 교육내용이 어렵고 재미가 없지만 취업이 잘되는 보건의료계열 이나 공학계열을 많이 선택한다. 그래서 취업에 대한 부담이 상대적으로 높은 남학생은 공과계열의 학과를 선호한다. 최근 자동화와 기계화로 일자리가 감 소하고 있는 상황에서 괜찮은 일자리를 갖기가 더욱 어려워지고 있다. 취업은 점점 중요한 대학 진학의 동기가 되고 있다.

둘째, 간판을 선호하는 경우다. 사실 대학의 또 다른 중요한 기능은 사교의 장이다. 즉 자신의 인맥을 확장할 수 있는 중요한 장이다. 간판 기능을 강조할 경우, 군이 어려운 학문을 선택해 배울 필요는 없다. 상대적으로 교육내용이 재미있고, 어렵지 않은 학과를 선택하는 것이 맞다. 주로 예체능계열과 인문·어문계열이 이에 많이 속한다.

셋째, 순수한 학문적 진리탐구의 목적이다. 바로 중세시대 '진리의 상아탑' 기능을 수행하는 학문으로, 사실 이 순수학문이 가장 중요하지만 우리나라의 경우 이 분야가 가장 취약하다. 오늘날 공학, 의학의 기초가 된 학문으로, 주로 자연계열의 수학, 물리학, 천문학, 생물학이 이 분야 학문이다. 상대적으로 취업도 잘 안되고, 수업내용도 녹록치 않다.

4년제 대학을 졸업하고도 취업을 위해 다시 기능을 배우는 사람이 늘고 있다. 인터넷에 찾아보면 수많은 국내외 대학의 무료강의가 넘쳐난다. 각종 SNS를 통해 인간적 교류가 늘어나고 인맥관리의 수단이 다양해지고 있다. 이런 현실에서 대학의 학과를 선택하려는 여러분에게 필자는 묻고 싶다. 여러분에게 대학은 무엇인가? 필자는 취업이라는 현실의 문턱에서 고민하는 수많은 학생과 학부모를 위하여 이 책을 집필했다. 많은 도움이 되기를 진심으로 바란다.

김상호

일러두기

I. 한눈에 보는 ○○○학과 현황과 전망

■ ○○○학과의 미래 고용 관련 전망은?

이 자료는 고용노동부·한국고용정보원에서 대졸자 취업정보 각 연도(2010-2012)를 발간하는 GOMS(Graduates Occupational Mobility Survey) 자료를 활용했다. 별점은 신뢰성을 확보하기 위해 최근 자료를 기준으로 하여, 평균 10분위로 나누었다. 예를 들어 ★★★★★는 최상위로서 관련 상태가 '매우 좋음'을 의미하며, ★★★는 '보통'의 상태, ★는 '매우 안 좋음'을 의미한다.

고용률	대학 졸업 18개월 후 취업 비율 관련 평가
정규직 비율	임금근로자 중 정규직이 차지하는 비율 관련 평가
전공 일치 비율	취업자 중 대학 전공과 일자리 업무내용과 일치 정도에 대한 평가
월평균 소득	세금과 상여금을 포함한 평균 소득이나 급여에 대한 평가

이 자료는 교육부·한국교육개발원이 발간하는 《취업통계연보》 각 연도, 교육부·한국직업능력개발원 《미래의 직업세계》 각 연도, 한국고용정보원 《중·장기 인력수급전망》 각 연도, 한국직업능력개발원 《한국의 직업지표》 각 연도, 한국고용정보원 《한국사회의 15대 메카트렌드》(2016), 《인공지능, 로봇과 사람의 협업시대》(2016)와 홈페이지에 제공하는 주요 직업의 자동화 대체 확

률 자료, 수능배치표 점수, 각종 논문, 각종 신문기사 등을 참조해 학과와 관련한 중·장기적 주관적 전망이 되지 않도록 노력했다.

| 긍정적 전망 요인 |
| 부정적 전망 요인 |

■ ○○○학과를 졸업하면 어떤 직업이 유망할까?

이 부분은 〈산업별 직업별 고용구조 조사〉 통계 원자료(raw data) 각 연도, 《미래의 직업세계-학과편》 각 연도, 한국직업능력개발원 학과-직업 매트릭스(커리어넷), 한국고용정보원에서 제공하는 〈학과정보〉, 〈한국고용직업분류〉, 교육부·한국직업능력개발원《미래의 직업세계》 각 연도, 한국고용정보원《중·장기 인력수급전망》 각 연도, 한국직업능력개발원《한국의 직업지표》 각 연도, 한국고용정보원《인공지능, 로봇과 사람의 협업시대》(2016)와 홈페이지에 제공하는 주요 직업의 자동화 대체 확률 자료 등을 정리·활용·참조했다.

• 졸업 후 진출 가능한 직업

각 제시된 직업에 있어서 한국직업능력개발원의 한국의 직업 지표조사(통계수치)를 토대로 미래 직업 전망이 밝은 것으로 전망되는 직업들은 별도로 별 5개(★★★★★), 별 4개(★★★★)로 표시했다. 보통은 별 3개(★★★), 그 이하의 경우는 별 2개(★★), 별 1개(★)로 표시했다. 인력수급 전망의 경우 한국고용정보원,《중·장기 인력수급전망 2013~2023》 자료를 활용했다. 증감률이 3% 이상인 경우 빨간색 ±⇑으로 표시했으며, 0에서 2.9% 사이인 경우 ±△으로 표시했다. -0.1%에서 -0.9% 사이인 경우 파란색 ±▽, -1.0%보다 크게 떨어진 경우 파란색 ±⇓으로 표시했다. 인공지능(AI), 즉 자동화 대체와 관련한 직업정보는 《인공지능(AI), 로봇과 사람의 협업시대》(2016)의 보고서를 참조하고, 그와 관련해 한국고용정보원 홈페이지에서 제공하는 자동화 대체 확률 자료를 바탕으로 작성했다. 주요 직업의 인공지능(AI), 즉 자동화 대체 확률이 높은 경우 'AI☹', 보통인 경우 'AI😐', 낮은 경우 'AI☺'로 표시했다.

• 전공의 장점을 살릴 수 있는 직업

이 부분은 한국고용정보원에서 제시하는 〈2013 직업선택을 위한 학과정보〉에 제시된 내용을 참고해 작성했다.

II. 국가과학기술표준분류로 ○○○학과 이해하기

기존에 학과를 소개한 책들이 가진 한계점을 최대한 극복하기 위해 국가와 국가산하 기관에서 제시하는 관련 표준분류를 활용해 객관성을 확보했다. 이 부분은 국가기술기본법 제27조에 따른 국가과학기술표준분류체계(교육과학기술부 고시 제2009-34호, 국가과학기술위원회 고시 제 2012-4호) 내용을 바탕으로 각 학과에 해당하는 기술 분야를 연계해 정리했다. 학과(전공)와 관련해 배우게 될 내용과 공식적 분류상의 기술은 포괄적 의미의 기술로서 문과, 이과 분야의 대부분 영역이 여기에 해당된다. 따라서 학과별 해당 기술 분야를 살펴봄으로써 학과와 관련한 기술현황과 교육과정의 내용을 알 수 있다.

Ⅲ. ○○○학과 준비자를 위한 꿀팁

■ 학과 관련 고교 교과목과 준비사항

이 부분은 《좋아하는 과목으로 진로를 찾아라》(노란우산, 2015)를 바탕으로 과목과 학과(전공)를 작성했다.

■ 학과 관련 면허와 자격 현황

이 부문은 한국고용정보원의 〈산업별 직업별 고용구조 조사〉 통계 원자료(raw data)를 활용해 학과전공별 졸업자가 취득한 자격현황을 분석해, 직업과 직접 관련성이 낮은 자격·면허증을 제외하고, 어느 정도 의미가 있는 자격·면허증을 제시했다.

■ 학과 관련 비전과 이슈

학과 관련 비전과 이슈는 저자가 〈미래사회의 산업과 직업변화〉(한국정보화진흥원, 2010), 〈창조경제시대의 진로교육 패러다임 연구〉(한국직업능력개발원, 2013),《절대 실패하지 않는 진로 선택을 위한 유망 직업 백과》(2014) 등을 저술한 경험과, 각종 직업과 학과 관련 논문 수백 편,《한국사회의 15대 메카트렌드》 등의 자료를 바탕으로 직접 작성하였기에 주관적 견해가 반영되었을 수 있다.

■ ○○○학과를 졸업하면 어디로 진출할까?

▶ 진출 산업 분류

이 부분은 한국고용정보원의 〈산업별 직업별 고용구조조사〉에서 마지막 연도의 표본 관측치 101,674명을 가공해 16개 권역으로 분석해 작성했다.

예체능
계열

인문·어문계열

인문·어문계열 학과 정보

- 언어학과
- 국어국문학과
- 일어일문학과
- 중어중문학과
- 영어영문학과
- 독어독문학과
- 러시아어문학과
- 스페인어문학과
- 불어불문학과
- 문헌정보학과
- 심리학과
- 역사·고고학과
- 종교학과
- 철학·윤리학과

자유롭게 상상하고, 창의적으로 표현하는 세계

　　인문·어문계열은 모든 학문의 근원인 철학과 종교를 다루므로 학문의 대상이 시간적, 공간적으로 매우 넓다. 한국교육개발원의 학과(전공) 분류에 속하는 인문·어문계열들의 학과로는 언어학과, 국어국문학과, 일어일문학과, 중어중문학과, 영어영문학과, 독어독문학과, 러시아어문학과, 스페인어문학과, 불어불문학과, 문헌정보학과, 심리학과, 역사·고고학과, 종교학과, 철학·윤리학과 등이 포함된다.

　　이 계열 학과의 경우 전공만족도는 전반적으로 보통 수준이다. 이 계열 학과 가운데 전공만족도가 높은 학과는 심리학, 종교학, 문화·민속·미술사학으로 나타난다.

　　전반적으로 인문·어문계열의 경우 직업(직무)과 전공의 일치도가 그리 높지 않지만, 종교관련 학과, 문헌정보학과 등의 경우 전공자와 졸업자의 직업(직무)의 일치도가 비교적 높은 것으로 나타난다. 취업에 도움이 되는 대표적인 자격으로 정교사, 준교사, 사서, 각종 어학시험관련 자격증(일본어능력시험, 중국어능력시험, 무역영어 등)이 있으며, 정보처리기사, 사무자동화산업기사, 워드프로세스, 컴퓨터활용능력 등 컴퓨터 관련 자격증도 많이 취득하고 있다.

　　인문·어문계열을 선택하려면 국어, 영어, 제2외국어와 사회탐구 가운데 윤리, 국사, 사회문화 등을 심화 학습해야 한다. 특히 국어를 포함한 제2외국어는 언어를 얼마나 잘 다룰 수 있느냐가 중요한 성공의 열쇠다. 언어 구사력은 크게 글쓰기 능력과 말하기 능력으로 구분되며, 어느 쪽에 흥미가 있는지에 따라 직업군이 달라진다.

글쓰기 능력, 즉 문장력이 중요한 직업은 작가, 방송작가, 번역가, 사서, 학예사, 평론가 등이며, 이런 직업으로 성공하려면 상상력과 창의력이 뛰어나야 한다. 흔히 창의력이 많이 필요한 직업으로 공과계열인 공학자를 꼽는데, 필자가 보기에 이는 잘못된 상식이다. 글쓰기와 관련한 직업이야말로 문장 한 줄 한 줄에 남다른 상상력과 창의력을 발휘해야 훌륭한 작품이 만들어지기 때문이다. 말하기 능력이 중요한 직업으로는 동시통역가, 교사, 강사, 판매원, 영업원 등이 있다. 이런 직업들은 창의력을 발휘하기보다 내용을 정확하게 전달하는 것이 중요하다.

인문·어문계열의 전공과목들은 비교적 내용이 쉽고 재미있으나 졸업 후 전공과 관련된 일을 하기가 쉽지 않고 관련 업종 취직 시 소득이 높지 않다는 단점이 있다. 하지만 프리랜서로 활동하기 쉬운 직업이 많으므로 정년퇴직 없이 오랫동안 일할 수 있다는 장점이 있다.

우리나라의 경우 여학생의 대학 진학 비율이 높지만, 졸업 후 취업을 하지 않는 사람이 많고, 취업을 하더라도 중도에 그만두어 '경력 단절'이 생기는 경우가 많다. 대부분의 여학생이 먼 훗날 일이라 생각하지만 현실은 그렇지 않다. 의사, 변호사, 컴퓨터프로그래머, 교사, 대기업 종사자, 방송PD, 기자 등 다양한 분야의 전문가들이 출산과 육아 문제로 회사를 그만두거나 쉬는 경우가 많다. 여학생들은 진로탐색 초기에 이런 문제를 진지하게 고려해보는 것도 현실적이다. 프리랜서로 일할 수 있는 분야가 많다는 점은 아주 큰 장점이다.

반면 인문·어문계열의 단점은 일자리가 많지 않아 취업이 어렵고, 취업을 하더라도 급여가 높지 않다는 점이다. 가정형편이 넉넉지 않아 졸업 후 바로 취업을 해야 하는 상황이라면, 이런 현실을 충분히 고려할 필요가 있다.

인문·어문계열의 학과 가운데 어문계열은 상당한 위기에 놓인 학문 분야다. 정보통신이 발달함에 따라 인공지능 기술이나 통번역 프로그램이 쏟아져 나오고 있기 때문이다. IBM의 왓슨이나 애플의 음성비서서비스 시리(Siri) 기술은 통번역 시장에 획기적 변화를 가져올 것으로 보인다. 예를 들어 IBM의 인지기능을 가진 왓슨을 응용하면 엄청난 양의 정보를 분석하여 각종 요리법, 의료 지원 서비스, 통번역, 법률 자문 등 다양한 기능을 수행할 수 있다. 시리의 음성인식 기술이 소리공학 기술과 연계될 경우 목소리의 음색으로 상대방의 심리를 파악하고 대화나 통번역에 응용할 수 있다. 이 외에도 실제로 통번역 기술은 상당히 진보했다. 예를 들어 통번역 소프트웨어를 활용한 한국어와 일본어 번역 기술은 상당 수준 발전되어 있는 상황이다. 반면 한국어를 영어로 옮기는 기계적 번역은 아직 신통치 않다. 두 언어 사이에 어원이 다르기 때문이다. 하지만 이런 기술적 한계가 정보통신 기술의 발달로 머지않아 무너질 것으로 보인다. 최근 약한 인공지능을 활용한 구글번역 서비스는 과거와 비교하여 상당히 진보된 통·번역서비스를 제공하여, 통역가와 번역가의 업무를 위협하고 있다. 이 외에도 최근 구글이 개발한 알파고는 바둑을 통하여 지금까지 인간이 할 수 있는 일의 상당수를 기계가 대신할 수 있음을 보여주었다.

물론, 지구촌 시대에 있어서 각 국가 간 문화적 경제적 교류가 확대되고 있다는 점은 어문계열학과에 있어서 긍정적 측면으로 작용하고 있다. 특히 K-Move와 같은 한류의 확대는 어문계열학과에서 새로운 기회를 줄 수 있을 것이다. 어문계열학과들은 해외와 문화적 경제적 교류가 확대되고 있기에 세계화란 측면에서 기회요인이기도 하다.

만약 당신이 인문·어문계열로 진로를 생각하고 있다면 진로탐색 시 반드시 경력 단절과 정보통신 기술의 변화, 한류 등의 변수를 충분히 고려해보기 바란다.

👤 = 500명 👥 = 1000명

관련 학과	4년제 대학		2~3년제 대학	
언어·문학	언어학	👤	일본어	👥👥
	국어국문학	👥👥👥👥	중국어	👥👥
	일어일문학	👥👥👥	영어	👥👥👥
	중어중문학	👥👥👥👤	유럽·기타어	👤
	기타 아시아어·문학	👥👤	문예창작	👤
	영어영문학	👥👥👥👥👥👥	교양어	👥
	독어독문학	👥👤		
	러시아어문학	👤		
	스페인어문학	👤		
	불어불문학	👥		
	기타 유럽어·문학	👥👤		
	교양어·문학	👥👥👥		
인문과학	문헌정보학	👤	문헌정보	👤
	문학·민속·미술사학	👥	문화	👤
	심리학	👥	인문 일반	👥
	역사·고고학	👥👥		
	종교학	👥👥👥		
	국제지역학	👥👥👤		
	철학·윤리학	👥		
	교양인문학	👥👥👥👥👥👥👤		

■ **만약 우리나라에 인문·어문계열을 졸업한 취업자가 100명이라면**

👤 = 1명　👥 = 10명

직업	인원
학원강사, 학습지교사	18
경영지원 행정 관련 사무원	13
학교 교사	8
영업원, 상품중개인	7
성직자, 종교 관련 종사자	6
판매원, 상품대여원	4
금융 보험 관련 사무원	3
회계, 경리 관련 사무원	3
생산 관련 사무원	2
비서, 사무보조원	2
작가, 출판전문가	2
안내·접수, 고객 응대, 통계조사 관련 사무원	2
경찰·소방·교도 관련 종사자	2
무역, 운송 관련 사무원	1
작물재배종사자	1
부동산중개인	1
자동차운전원	1
보험 관련 영업원	1
사회복지, 상담전문가	1
계산원, 매표원	1
식당 서비스 관련 종사자	1
기타	20
합계	100

한눈에 보는 언어학과 현황과 전망

■ 학과 개요

언어학은 자신의 사고를 체계화하거나 인간 사이의 의사소통과 관련한 학문이다. 언어학은 특정 언어를 대상으로 하지 않고, 각 언어의 공통성에 관심을 가진다. 최근 언어학은 인간과 기계 사이의 의사소통, 언어와 뇌의 원리 등과 같은 복잡한 문제로 학문 영역이 확대되고 있다. 언어학은 언어 일반(음성, 의미, 형태 등)을 넘어 철학, 인지과학, 언어심리, 언어문화 등과 융합하고 있다.

■ 언어학과의 미래 고용 관련 전망은?

- 고용률 ★★★☆
- 전공 일치 비율 ★
- 정규직 비율 ★★★★☆
- 월평균 소득 ★★★☆

긍정적 전망 요인	– 인공지능과 과학기술의 발달로 언어 간 연계성 강화 – 국제교류 확대를 통한 언어의 기원 확대 – 다문화가정의 증가로 언어소통 장애 증가
부정적 전망 요인	– 유사 학과(예: 문학, 사학, 철학) 전공자의 직무 대체 – 전공자 고용 측면의 낮은 직무 연관성 – 낮은 상업적 실용성

■ 언어학과를 졸업하면 어떤 직업이 유망할까?

	직업군	고용지표	인공지능 대체 가능성	인력수급 전망	직업명
졸업 후 진출 가능한 직업	큐레이터, 문화재보존원	★★★★★	☺	±△	학예사, 큐레이터, 문화재보존원, 컨서베이터
	임상심리사, 기타 치료사	★★★★★	☺	±△	임상심리사, 심리치료사, 놀이·음악·미술·보이타·보바스·원예·독서·언어 치료사, 아로마테라피스트
	대학교수	★★★★	☺	±⇩	언어학 교수
	인문과학연구원	★★★★	☺	±△	언어연구원
	번역가	★★★	☺	±△	초벌번역가, 문학번역가, 출판번역가, 영상번역가
	통역가	★★★	☺	±△	동시통역사, 통역비서, 통역사
	작가 및 관련 전문가	★★★	☺	±△	작가, 방송작가, 스크립터, 카피라이터, 콘티라이터
전공의 장점을 살릴 수 있는 직업	번역가	★★★	☺	±△	초벌번역가, 문학번역가, 출판번역가, 영상번역가
	통역가	★★★	☺	±△	동시통역사, 통역비서, 통역사
	학예사	★★★★★	☺	±△	박물관학예사, 미술관학예사, 학예연구사, 큐레이터, 갤러리스트
	아나운서	★★★	☺	±△	앵커, 사회자, 뉴스캐스터, 경주장아나운서
	카피라이터	★★★	☺	±△	카피라이터, 광고콘티라이터, 광고문안작성가, CW
최근 생성된 직업	언어정보처리시스템전문가, 언어인지중재전문가, 언어사고력지도자, 언어장애전문가, 언어치료 관련 파생 직업(언어발달교육사, 언어재활지도자)				

🔍 국가과학기술표준분류로 언어학과 이해하기

구분	국가과학기술표준분류체계		
	대분류	중분류	소분류
언어학	언어	언어 일반	언어이론/언어학사, 음성학(언어 일반), 음운론(언어 일반) 형태론(언어 일반), 통사론(언어 일반), 의미론(언어 일반), 화용론(언어 일반), 기호, 텍스트언어, 코퍼스, 사전, 역사/비교언어, 사회언어, 인지언어, 응용언어, 전산언어, 심리언어, 대조언어, 언어인식, 언어습득, 언어교육
		기타 언어	달리 분류되지 않는 언어
		철학 일반	언어철학
언어학 관련 융합기술 및 융합학문	사회/인류/복지/여성	문화/인류	언어/심리/인지인류학
			문화
	심리	실험심리	언어심리
	인지/감성과학	인지과학	언어 정보처리

🔍 언어학과 준비자를 위한 꿀팁

📄 학과 관련 고교 교과목과 준비사항

국어, 제2외국어, 사회 과목과 관련되어 있다. 언어의 경우 포괄적 학문 영역으로 국어와 관련성이 비교적 높으며, 연구대상이 되는 제2외국어와 관련한 역사와 지리 등의 배경지식이 필요하다. 언어학은 논리력이 중요하다.

📋 학과 관련 면허와 자격 현황

국가기술자격	전자출판기능사, 워드프로세서, 컴퓨터활용능력
국가전문자격	평생교육사, 언어재활사, 청소년지도사, 청소년상담사, 외국어번역행정사, 한국어교육능력검정시험, 사서, 사서교사
공인민간자격 및 기타	한국실용글쓰기검정, PC활용능력평가시험, 디지털정보활용능력, ITQ

언어학과가 있는 대학은 많지 않으므로 산업적 수요에 따라 개인적 차원의 진로와 취업에 많은 영향을 받게 된다. 언어학은 특정 언어에 대한 학문이 아니기에 졸업 후 다양한 분야로 취업할 수 있다. 언어학 전공자와 관련된 산업적 수요는 주로 언어적 장애에 대한 치료와 각종 정보의 언어적 처리로 구분될 수 있다. 과거 언어학은 언어치료 관련 교육 훈련과 산업 수요가 많았으나, 정보통신 기술과 결합되면서 언어 기술은 텍스트 인지에서 음성 인지, 이미지와 영상 인지로 그 영역이 확대되고 있다. 전자의 경우 학부 졸업 후 취업할 경우이며, 후자는 대학원 진학자들이 많이 선택하는 진로다. 언어학은 인공지능의 발달, 세계화, 사회 갈등과 스트레스의 심화 등에 관련한 전공자가 확대될 수 있는 기회요인이 있다.

■ **언어학과를 졸업하면 어디로 진출할까?**

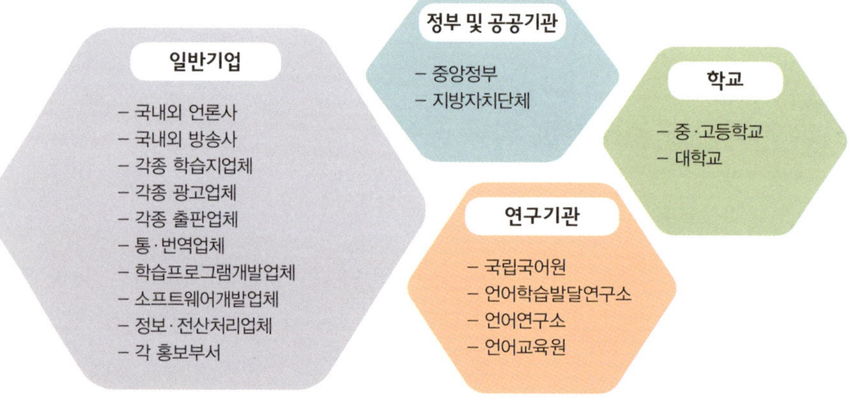

진출 산업 분류

고등교육기관(33.3%), 일반 교습학원(16.7%), 건물설비·설치공사업(8.3%), 기타 전문도매업(8.3%), 무점포소매업(8.3%), 회사본부·지주회사경영컨설팅서비스업(8.3%), 중등교육기관(8.3%), 유원지·기타 오락 관련 서비스업(8.3%)

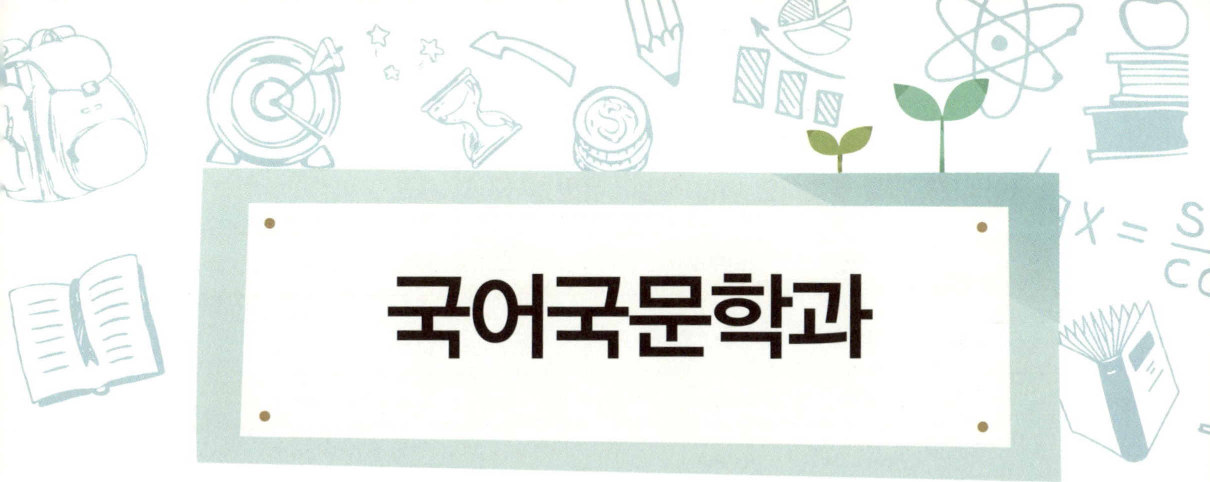

한눈에 보는 국어국문학과 현황과 전망

■ 학과 개요

국어국문학은 국어의 가르침, 작품의 이해, 창작·비평 등과 관련된 학문이다. 일차적으로는 학생들이 국어 능력(문법, 듣기, 읽기, 쓰기 등)을 바탕으로 한국의 역사와 문화, 사회 등에 대해 이해하도록 한다. 궁극적으로 사회인이 되었을 때 우리의 문학작품을 새롭게 해석·비평하거나 시, 소설, 희곡, 수필 등을 창작할 수 있도록 커리큘럼이 구성되어 있다.

■ 국어국문학과의 미래 고용 관련 전망은 어떨까?

- 고용률 ★★★★
- 전공 일치 비율 ★★
- 정규직 비율 ★★★
- 월평균 소득 ★☆

긍정적 전망 요인	– 저작권의 강화 추세로 인한 문예가의 수입 증대 – 스토리텔링의 산업적 수요 증가 – 문화콘텐츠 중요성 부각
부정적 전망 요인	– 독서인구 감소로 인한 출판산업의 위기 – 저출산으로 인한 청소년 공교육시장과 사교육시장의 축소 – 로봇저널리즘으로 인한 일부 저널리스트의 직무 대체

■ 국어국문학과를 졸업하면 어떤 직업이 유망할까?

	직업군	고용지표	인공지능 대체 가능성	인력수급 전망	직업명
졸업 후 진출 가능한 직업	광고·홍보전문가	★★★★★	☺	±△	광고기획자, AE, 광고매체기획원, 광고대리인, 광고컨설턴트, AP, 프레젠테이션컨설턴트
	대학교수	★★★★	☺	±⇩	국문학·국어교육 교수
	인문과학연구원	★★★★	☺	±△	언어연구원, 문예창작연구원, 문학연구원
	사서, 기록물관리사	★★★★	☺	±△	사서, 사서교사, 기록물관리사, 기록물보관원
	학습지방문교사	★★★	😐	±▽	국어 학습지교사
	작가 및 관련 전문가	★★★	☺	±△	소설가, 수필가, 시인, 시나리오작가, 방송작가, 평론가, 카피라이터, 외화번역작가, 스크립터, 콘티라이터
	중·고등학교 교사	★★	☺	±▽	국어교사, 기간제교사
	문리·어학강사	★	☺	±▽	보습·입시·고시학원강사, 어학강사, 국어강사
	기자, 논설위원	★	☺	±△	신문·잡지·방송·생활정보기자, 논설위원, 칼럼니스트
	출판물전문가	★	☺	±△	출판물편집자, 출판물기획자
	국가·지방· 공공행정사무원	★★★★	😐	±△	국가직·지방행정직공무원, 공공기관행정사무원
전공의 장점을 살릴 수 있는 직업	광고·홍보전문가	★★★★★	☺	±△	광고기획자, AE, 광고매체기획원, 광고대리인, 광고컨설턴트, AP, 프레젠테이션컨설턴트
	조사전문가	★★★★	☹	±△	시장·여론조사 분석가
	행사기획자	★★★★	☺	±△	행사기획자, 컨벤션코디네이터, 시사회기획자, 회의기획자, 파티플래너, 미팅플래너, 이벤트전문가
	아나운서, 리포터	★★★	☺	±△	앵커, 디스크자키, 뉴스캐스터, 사회자, 스포츠캐스터, 게임방송아나운서
최근 생성된 직업	스토리텔러, 게임스토리작가, 웹툰작가, 한국어발음교정전문가				

국가과학기술표준분류로 국어국문학과 이해하기

구분	국가과학기술표준분류체계		
	대분류	중분류	소분류
국어국문학	언어	국어	음성학(국어), 음운론(국어), 형태론(국어), 통사론(국어), 어휘론(국어), 화용론(국어), 의미론(국어), 국어사/국어학사, 문자(국어), 방언(국어), 계통론(국어), 텍스트언어(국어), 국어정책, 국어사전, 응용국어, 국어정보학, 국어교육
	교육	어문학 교과교육	국어, 한국어
	문학	국문학	국문학사, 고전산문, 고전시가, 고전비평, 구비문학(국문학), 작문, 현대소설(국문학), 현대시(국문학), 현대희곡(국문학), 비교문학(국문학), 문학비평(국문학), 국문학과 성/젠더, 문화론(국문학)

국어국문학과 준비자를 위한 꿀팁

학과 관련 고교 교과목과 준비사항

국어, 한문과 직접적으로 관련되어 있다. 그 외 고전문학의 경우 한문으로 되어 있으므로 한문을 잘하면 유리하다. 국어국문학은 창작과 관련되어 있으므로 창의력이 중요하다.

학과 관련 면허와 자격 현황

국가기술자격	한글속기1·2·3급, 워드프로세서, 컴퓨터활용능력
국가전문자격	중등학교2급 정교사, 한국어교육능력검정시험, 외국어번역행정사
공인민간자격 및 기타	KBS한국어능력시험, 국어능력인증시험, 한국실용글쓰기검정, 한자능력급수, 한자실력급수, 한자·한문지도사, 실용한자, 한자급수인증, 한자능력자격, 한국한자검정

국어국문학의 경우 창의성과 감성이 중요한 분야다. 고령화사회, 100세 시대에 문예창작과 문학은 발전될 가능성도 크다. 문화상품에 있어서도 스토리의 중요성은 커지고 있다. 이런 관점에서 볼 때 국어국문학은 기회요인을 가진다. 반면, 각종 방송과 콘텐츠 매체의 발달로 인한 독서인구의 감소, 전자출판의 확대, 동네서점 축소 등은 국어국문학 졸업자의 진로를 저해하는 요인으로 작용하고 있다. 향후 문예창작과 관련한 저작권 강화의 추이, 인공지능의 진화과정, 문화적 소비의 편중성 등이 국어국문학과 관련 산업과 전망에 많은 영향을 미칠 것으로 보인다. 국어국문학의 경우 당장의 전망은 현실적으로 다소 어두우나, 다른 산업과의 융합이 잘 진행되고 있기 때문에 미래 전망은 기대해볼 수 있다.

■ **국어국문학과를 졸업하면 어디로 진출할까?**

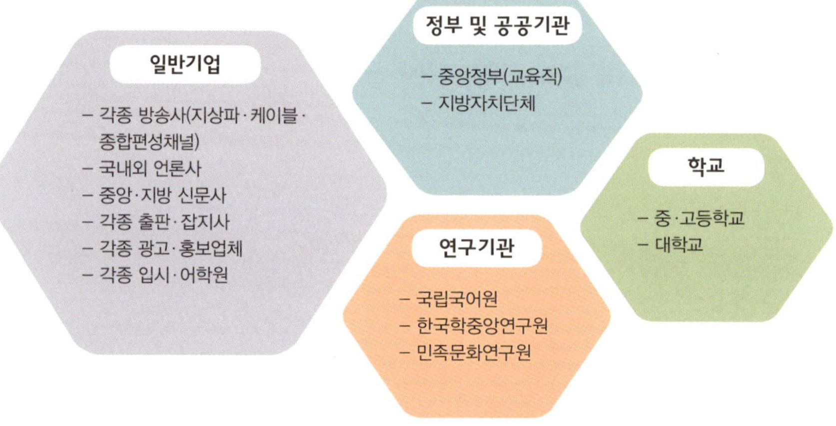

진출 산업 분류

일반 교습학원(15.2%), 중등교육기관(15%), 기타 교육기관(5.6%), 초등교육기관(4.3%), 서적·잡지, 기타 인쇄물출판업(3.9%), 고등교육기관(3.8%), 입법·일반정부행정(3%), 음식점업(2.5%), 사법·공공질서행정(2.3%), 부동산 관련 서비스업(2%)

한눈에 보는 일어일문학과 현황과 전망

■ 학과 개요

일어일문학은 일본어 교육, 작품의 이해, 창작·비평, 통·번역 등과 관련된 학문이다. 일차적으로 학생들이 일본어 능력(문법, 듣기, 읽기, 쓰기 등)을 바탕으로 일본의 역사와 문화, 사회 등에 대해 이해하도록 한다. 궁극적으로 사회인이 되었을 때 일본과 관련한 각종 문학작품과 통·번역물 등을 해석·비평하거나 시, 소설, 희곡, 수필 등을 창작할 수 있도록 커리큘럼이 구성되어 있다.

■ 일어일문학과의 미래 고용 관련 전망은 어떨까?

| 고용률 | ★★★☆ | 정규직 비율 | ★★★ |
| 전공 일치 비율 | ★☆ | 월평균 소득 | ★☆ |

긍정적 전망 요인	– K–WAVE의 증가로 인한 일본 내 한류 증가 – 고령화로 인한 일어 가능 인력의 노동시장 은퇴 – 의료관광의 확대
부정적 전망 요인	– 교육내용의 직무 적용 가능성이 낮음 – 양국 간 반일, 반한 정서 확대로 인한 한일 경제적 문화적 교류의 축소 – 일본 경제의 저성장 고착 가능성

	직업군	고용지표	인공지능 대체 가능성	인력수급 전망	직업명
졸업 후 진출 가능한 직업	해외영업원	★★★★★	☹	±△	무역영업원, 해외영업원
	대학교수	★★★★	☺	±⇩	일어일문학 교수
	인문과학연구원	★★★★	☺	±△	언어연구원
	항공기승무원	★★★★	☺	±△	스튜어드, 스튜어디스, 여객기객실승무원
	여행·관광통역안내원	★★★★	😐	±⇧	국내외 여행안내원, 관광통역안내원, 투어컨덕터
	번역가	★★★	☺	±△	초벌번역가, 전문서류번역가, 영상번역가, 문학번역가, 출판번역가
	통역가	★★★	☺	±△	수화통역사, 통역사, 동시통역사, 통역비서
	작가 및 관련 전문가	★★★	☺	±△	작가, 방송작가, 스크립터, 카피라이터, 콘티라이터
	무역사무원	★★★	☹	±⇧	영어, 일본어, 관세사무원
	여행사무원	★★★	😐	±⇧	여행사무원, 항공권발권사무원
	중·고등학교 교사	★★	☺	±▽	일본어교사, 기간제교사
	출판물전문가	★	☺	±△	출판물편집자, 출판물기획자
전공의 장점을 살릴 수 있는 직업	해외영업원	★★★★★	☹	±△	무역영업원, 해외영업원
	항공기승무원	★★★★	😐	±△	스튜어드, 스튜어디스, 여객기객실승무원
최근 생성된 직업	외식실무일본전문가, 문화교류코디네이터, 글로벌지역전문가				

국가과학기술표준분류로 일어일문학과 이해하기

구분	국가과학기술표준분류체계		
	대분류	중분류	소분류
일본어문학	언어	일본어	음성/음운론(일본어), 형태론(일본어), 통사론(일본어), 의미론(일본어), 화용론(일본어), 어휘론(일본어), 표현론(일본어), 응용언어(일본어), 일본어사, 한일대조언어, 일본어교육
	문학	일본문학	일본극문학, 일본문학비평, 일본비교문학, 일본고전산문, 일본고전운문, 일본근현대산문문학, 일본근현대시가문학, 일본문화

일어일문학과 준비자를 위한 꿀팁

학과 관련 고교 교과목과 준비사항

제2외국어, 한문, 국어 등과 관련되어 있다. 제2외국어 가운데 일본어와 직접적으로 관련되어 있으며, 일본어는 한자의 영향을 많이 받았으므로 한문과의 연관성이 높다. 통역과 번역의 경우 국어로 전환되어야 하므로 국어 과목과 관련성이 높다.

학과 관련 면허와 자격 현황

국가기술자격	비서, 워드프로세서, 컴퓨터활용능력
국가전문자격	관광통역안내사, 국내여행안내사, 호텔경영사, 외국어번역행정사
공인민간자격 및 기타	FLEX일본어, 한자급수인증시험, 실용한자, 문서실무사, 인터넷정보관리사

학과 관련 비전과 이슈

일어일문학의 경우 어문계열학과 관련한 교육대상 인구감소, 고령화, 인공지능의 발달(기계를 통한 통·번역) 등은 일어일문학 졸업자의 취업에 부정적 영향을 미칠 가능성이 있다. 이 외 일본과의 상대적 교역량의 축소, 일본의 저성장 기조 등은 일어일문학 졸업자의 사회적 수요를 감소시키며, 양국 간의 반일 감정, 반한 감정 역시 장애요인이다. 향후 한류의 확대, 일본과의 문화적 산업적 교역 같은 외부 변화와 함께 기계를 통한 통·번역 기술 변화 등을 함께 고려해야 한다. 특히 일본어 어순이 한국어 어순과 유사하고, 문화가 유사하므로 기계를 통한 통·번역이 용이한 특성 때문에 더욱 그렇다.

■ 일어일문학과를 졸업하면 어디로 진출할까?

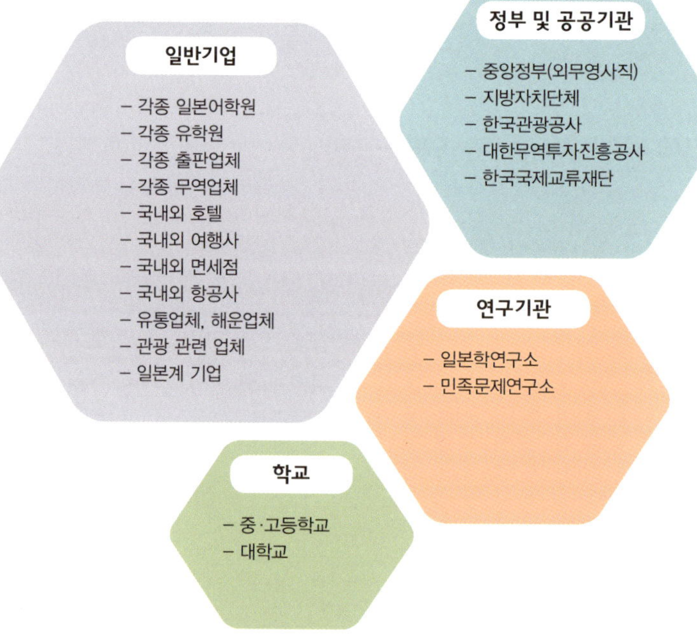

진출 산업 분류

일반 교습학원(6.7%), 가정용품도매업(5.3%), 기계장비와 관련 물품도매업(4.3%), 음식점업(4%), 숙박업(4%), 은행·저축기관(3.3%), 종합소매업(3%), 중등교육기관(2.7%), 보험업(2.3%), 여행사·기타 여행보조서비스업(2.3%)

한눈에 보는 중어중문학과 현황과 전망

■ 학과 개요

중어중문학은 중국어 교육, 작품의 이해, 창작·비평, 통·번역 등과 관련된 학문이다. 일차적으로 학생들이 중국어 능력(문법, 듣기, 읽기, 쓰기 등)을 바탕으로 중국의 역사와 문화, 사회 등에 대해 이해하도록 한다. 궁극적으로 사회인이 되었을 때 중국과 관련한 각종 문학작품과 통·번역물 등을 해석·비평하거나 시, 소설, 희곡, 수필 등을 창작할 수 있도록 커리큘럼이 구성되어 있다.

■ 중어중문학과의 미래 고용 관련 전망은 어떨까?

- 고용률 　　★★★★
- 전공 일치 비율 　★☆
- 정규직 비율 　★★★☆
- 월평균 소득 　★★★

긍정적 전망 요인	– 한류의 확대(예: 한식, K-POP), 중국인 유학생 증가 – 사업자와 소비자 간 거래(B2C) 급증 – 마이스(MICE) 산업의 확대
부정적 전망 요인	– 미국과 중국의 대립 가능성이 증가 – 중국 경제의 둔화 가능성 – 중국어 관련 전문 인력의 공급 확대

■ 중어중문학과를 졸업하면 어떤 직업이 유망할까?

	직업군	고용지표	인공지능 대체 가능성	인력수급 전망	직업명
졸업 후 진출 가능한 직업	기획·마케팅 사무원	★★★★★	☺	±△	경영기획·마케팅·광고·홍보·영업· 판매사무원
	해외영업원	★★★★★	☹	±△	무역영업원, 해외영업원
	대학교수	★★★★	☺	±⇩	중어중문학 교수
	인문과학연구원	★★★★	☺	±△	언어연구원
	항공기승무원	★★★★	☺	±△	스튜어드, 스튜어디스
	여행·관광통역 안내원	★★★★	☺	±⇧	국내외여행안내원, 관광통역안내원, 투어컨덕터
	총무사무원	★★★★	☹	±△	총무·병원행정·학교행정·일반 사무원, 대학행정조교
	여행사무원	★★★	☺	±⇧	여행사무원, 항공권발권사무원
	작가 및 관련 전문가	★★★	☺	±△	작가, 방송작가, 스크립터, 카피라이터, 콘티라이터
	번역가	★★★	☺	±△	전문서류번역가, 영상번역가, 문학번역가, 출판번역가
	통역가	★★★	☺	±△	수화통역사, 통역사, 동시통역사, 통역비서
	무역사무원	★★★	☹	±⇧	중국어, 관세사무원
	중·고등학교 교사	★★	☺	±▽	중국어교사, 기간제교사
	문리·어학강사	★	☺	±▽	보습·입시·고시학원강사, 어학강사
전공의 장점을 살릴 수 있는 직업	해외영업원	★★★★★	☹	±△	무역영업원, 해외영업원
	항공기승무원	★★★★	☺	±△	스튜어드, 스튜어디스
최근 생성된 직업	중국다예사, 중국어 요리놀이 지도자, 중국기업상담사, 투어컨덕터, 글로벌지역전문가				

국가과학기술표준분류로 중어중문학과 이해하기

구분	국가과학기술표준분류체계		
	대분류	중분류	소분류
중국어문학	언어	중국어	음성/음운론(중국어), 성운학(중국어), 어휘학(중국어), 의미론(중국어), 통사론(중국어), 고문자(중국어), 일반문자(중국어), 응용언어(중국어), 중국어사, 중국어교육
	문학	중문학	중국산문, 중국시, 중국희곡, 중국고전문학, 중국소설, 사곡, 중국현대문학, 문학비평(중문학), 비교문학(중문학), 경학(중문학), 중국문화, 중국서지학, 중국서예학

중어중문학과 준비자를 위한 꿀팁

학과 관련 고교 교과목과 준비사항

제2외국어, 한문, 국어, 특히 제2외국어 가운데 중국어와 직접적으로 관련되어 있다. 중국어는 한문과의 연관성이 매우 높다. 통역과 번역의 경우 일반적으로 국어로 전환되어야 하므로 국어와의 관련성도 높다.

학과 관련 면허와 자격 현황

국가기술자격	비서, 워드프로세서, 컴퓨터활용능력
국가전문자격	관광통역안내사, 국내여행안내사, 외국어번역행정사, 호텔서비스사
공인민간자격 및 기타	FLEX중국어, 한자능력급수, 한자실력급수, 실용한자, 한자급수인증, 한국한자검정, 한자능력자격, 상공회의소 한자, 한자어능력

학과 관련 비전과 이슈

중어중문학의 경우 어문계열학과 관련한 교육대상 인구감소, 고령화, 인공지능의 발달(기계를 통한 통·번역) 등은 졸업자의 취업에 부정적 영향을 미칠 가능성이 있다. 이 외 중국과의 상대적 교역량의 축소, 중국의 경제 성장률 감소 추이 등이 부정적 영향을 미칠 가능성이 있다. 중국 진출 기업의 축소에 따라 졸업 후 취업은 더욱 어려워질 수 있다. 향후 한류의 확대, 중국과의 문화교류 추이, 중국의 국내 관광 규모, 중국과의 산업적 교역 규모의 변화에 따라 졸업 후 취업 진로에 많은 영향을 받을 것으로 보인다. 이 외 중국어에 대한 기계를 통한 통·번역 기술 변화 등도 진로선택 시 고려해야 할 주요 요인 가운데 하나다.

■ 중어중문학과를 졸업하면 어디로 진출할까?

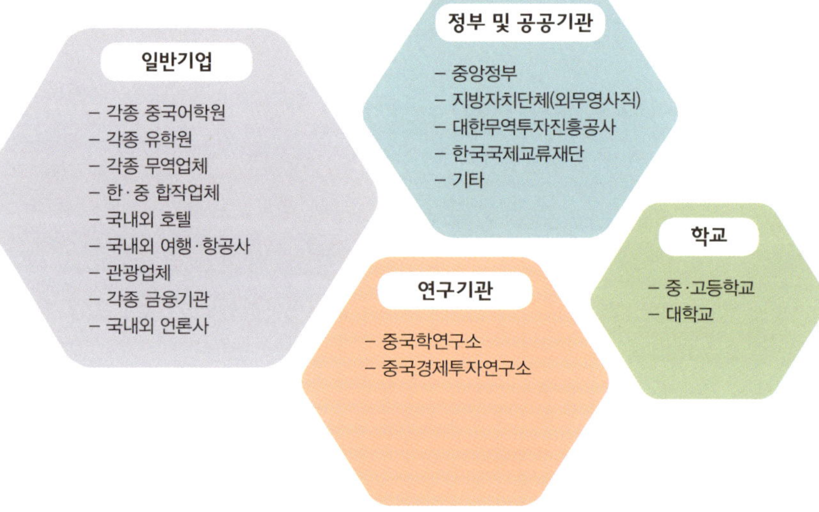

진출 산업 분류

일반 교습학원(9.7%), 입법·일반정부행정(4.8%), 은행·저축기관(4.5%), 고등교육기관(4.5%), 중등교육기관(4.1%), 보험업(3.3%), 사법·공공질서행정(2.6%), 음·식료품·담배도매업(2.6%), 가정용품도매업(2.2%), 기타 교육기관(2.2%)

한눈에 보는 영어영문학과 현황과 전망

■ 학과 개요

영어영문학은 영어 교육, 작품의 이해, 창작·비평, 통·번역 등과 관련된 학문이다. 일차적으로 학생들이 영어 능력(문법, 듣기, 읽기, 쓰기 등)을 바탕으로 영어의 역사와 문화, 사회 등에 대해 이해하도록 한다. 궁극적으로 사회인이 되었을 때 영어로 쓰인 각종 문학작품과 통·번역물 등을 해석·비평하거나 시, 소설, 희곡, 수필 등을 창작할 수 있도록 커리큘럼이 구성되어 있다.

■ 영어영문학과의 미래 고용 관련 전망은 어떨까?

- 고용률 　★★★☆
- 전공 일치 비율 ★★
- 정규직 비율 　★★★
- 월평균 소득 　★★★☆

긍정적 전망 요인	– 국가 간 교류 확대로 인한 세계 공용어로의 위상이 확대 – 한류의 확대(한식, K-POP)
부정적 전망 요인	– 재미교포와 유학생 증가로 인한 공급 확대 – 실용 영어교육 확대로 인한 영어 가능자 확대 – 교역 규모에서의 대미 의존도 축소

	직업군	고용지표	인공지능 대체 가능성	인력수급 전망	직업명
졸업 후 진출 가능한 직업	기획·마케팅 사무원	★★★★★	☺	±△	경영기획·마케팅·광고·홍보·영업·판매사무원
	해외영업원	★★★★★	☹	±△	무역영업원, 해외영업원
	정부·공공행정 전문가	★★★★	😐	±△	서기관, 사무관
	비서	★★★★	☺	±△	일반비서, 전문비서, 개인비서
	항공기승무원	★★★★	☺	±△	스튜어드, 스튜어디스
	대학교수	★★★★	☺	±⇩	영문학 교수
	인문과학연구원	★★★★	☺	±△	언어연구원
	여행·관광통역 안내원	★★★★	😐	±⇧	국내외여행안내원, 관광통역안내원, 투어컨덕터
	장학관·연구관 교재개발원	★★★★	☺	±⇩	장학관·연구관, 교재·교구개발원
	여행사무원	★★★	😐	±⇧	여행사무원, 항공권발권사무원
	작가 및 관련 전문가	★★★	☺	±△	작가, 방송작가, 스크립터, 카피라이터, 콘티라이터
	학습지방문교사	★★★	😐	±△	학습지방문교사
	무역사무원	★★★	☹	±⇧	영어, 관세사무원
	번역가	★★★	☺	±△	전문서류번역가, 영상번역가, 문학번역가, 출판번역가
	통역가	★★★	☺	±△	수화통역사, 통역사, 동시통역사, 통역비서
	중·고등학교 교사	★★	☺	±▽	영어교사, 기간제교사
	출판물전문가	★	☺	±△	출판물편집자, 출판물기획자
	기자, 논설위원	★	☺	±△	신문·잡지·방송·생활정보기자, 논설위원, 칼럼니스트
	문리·어학강사	★	☺	±▽	보습·입시·고시학원강사, 어학강사
	국가·지방· 공공행정사무원	★★★★	😐	±△	국가직·지방직공무원, 공공기관행정사무원
	방과후교사	★	☺	±▽	방과후교사, 방과후학생지도교사

	직업군	고용지표	인공지능 대체 가능성	인력수급 전망	직업명
전공의 장점을 살릴 수 있는 직업	해외영업원	★★★★★	☹	±△	무역영업원, 해외영업원
	항공기승무원	★★★★	☺	±△	스튜어드, 스튜어디스
최근 생성된 직업	영어뮤지컬지도전문가, 영어스토리텔링전문가, 영어체육·요리전문가, 컨벤션프로그램기획자(CPO), 글로벌지역전문가, 예술융합영어지도전문가, 장애인영어독서전문지도자				

국가과학기술표준분류로 영어영문학과 이해하기

구분	국가과학기술표준분류체계		
	대분류	중분류	소분류
영미어문학	언어	영어	음성/음운론(영어), 형태론(영어), 통사론(영어), 의미론(영어), 화용론(영어), 고대/중세영어, 영어사, 응용언어(영어), 영어교육
	교육	어문학 교과교육	영어
	문학	영문학	현대영미시, 현대영미소설, 현대영미희곡, 영미문학비평 비교영문학, 중세영문학, 셰익스피어, 르네상스영문학, 17/18세기영문학, 17/18세기미국문학, 19세기영문학, 19세기미국문학, 영문학과성/젠더

영어영문학과 준비자를 위한 꿀팁

학과 관련 고교 교과목과 준비사항

영어, 국어 등과 관련되어 있다. 영어와 직접적으로 관련되어 있으며, 통역과 번역의 경우 국어로 전환되어야 하므로 국어와의 관련성도 높다. 영어는 국제 공용어이므로 전공자의 문화적 포용 능력이 중요하다.

학과 관련 면허와 자격 현황

국가기술자격	비서, 워드프로세서, 컴퓨터활용능력
국가전문자격	관광통역안내사, 국내여행안내사, 외국어번역행정사
공인민간자격 및 기타	실용영어, 한국영어검정(TESL), TEPS(영어능력검정), 무역영어, FLEX영어, 영어회화능력평가시험

학과 관련 비전과 이슈

영어영문학의 경우 어문계열학과 관련한 교육대상 인구감소, 고령화, 인공지능의 발달(기계를 통한 통·번역) 등은 졸업자의 취업에 부정적 영향을 미칠 가능성이 있다. 이 외 영어의 경우 수학능력평가와 같은 입시제도에 크게 영향을 받는 전공이다. 최근 영어 절대평가제 도입에 따라 영어의 중요성이 감소하고 있으며, 영어에 능숙한 교포 2세대의 사회 진출 확대, 어학연수 일반화에 따라 영어 능력이 전반적으로 상향되었다. 따라서 같은 전공 졸업자의 졸업 후 취업 가능성은 개선되기 어렵다. 이 외 미국 중심의 인공지능을 갖춘 기계를 통한 자동 통번역 기술이 발달함에 따라 영어 능력의 중요성은 채용 시장에서 축소될 수 있다. 정보통신이 발달함에 따라 영어에 능숙한 인도 사람의 진출이 확대될 경우 영어 능력의 희소성이 감소될 우려가 있다. 반면 영어를 통한 정보와 자료는 지속적으로 확대되고 있다는 점이 영어영문학과 관련한 기회요인으로 보인다.

■ **영어영문학과를 졸업하면 어디로 진출할까?**

진출 산업 분류

일반 교습학원(21.5%), 중등교육기관(10.4%), 은행·저축기관(4.4%), 기타 교육기관(4%), 입법·일반정부행정(3.7%), 고등교육기관(3.4%), 가정용 품도매업(2%), 초등교육기관(1.9%), 종합소매업(1.8%), 보험업(1.8%)

한눈에 보는 독어독문학과 현황과 전망

■ 학과 개요

독어독문학은 독일어 교육, 작품의 이해, 창작·비평, 통·번역 등과 관련된 학문이다. 일차적으로 학생들이 독일어 능력(문법, 듣기, 읽기, 쓰기 등)을 바탕으로, 독일의 역사와 문화, 사회 등에 대해 이해하도록 한다. 궁극적으로 사회인이 되었을 때 독일어로 쓰인 각종 문학작품과 통·번역물을 해석·비평하거나 시, 소설, 희곡, 수필 등을 창작할 수 있도록 커리큘럼이 구성되어 있다.

■ 독어독문학과의 미래 고용 관련 전망은 어떨까?

- 고용률 　★★★★
- 전공 일치 비율 　★
- 정규직 비율 　★★★
- 월평균 소득 　★★★

긍정적 전망 요인	– 히든 챔피언으로 독일에 대한 관심 증가
부정적 전망 요인	– 교육내용의 직무 적용 가능성이 낮음 – 한국의 독일 수출증대 가능성 미흡

■ 독어독문학과를 졸업하면 어떤 직업이 유망할까?

	직업군	고용지표	인공지능 대체 가능성	인력수급 전망	직업명
졸업 후 진출 가능한 직업	해외영업원	★★★★★	☹	±△	해외영업원(독일어), 수출입영업원(독일어), 무역영업원(독일어)
	항공기승무원	★★★★	☺	±△	스튜어드, 스튜어디스
	대학교수	★★★★	☺	±⇩	독어독문학 교수
	인문과학연구원	★★★★	☺	±△	언어연구원
	장학관·연구관, 교재개발원	★★★★	☺	±⇩	장학관·연구관, 교재·교구개발원
	여행·관광통역안내원	★★★★	😐	±⇧	국내외여행안내원, 관광통역안내원, 투어컨덕터
	제품·광고영업원	★★★★	😐	±△	일반·제약·건축자재·인테리어·인쇄·광고·식품·체인점영업원
	번역가	★★★	☺	±△	전문서류번역가, 영상번역가, 문학번역가, 출판번역가
	통역가	★★★	☺	±△	수화통역사, 통역사, 동시통역사, 통역비서
	여행사무원	★★★	😐	±⇧	여행사무원, 항공권발권사무원
	무역사무원	★★★	☹	±⇧	독일어, 관세사무원
	중·고등학교 교사	★★	☺	±▽	독일어교사, 기간제교사
	문리·어학강사	★	☺	±▽	보습·입시·고시학원강사, 어학강사
전공의 장점을 살릴 수 있는 직업	해외영업원	★★★★★	☹	±△	해외영업원(독일어), 수출입영업원(독일어), 무역영업원(독일어)
	항공기승무원	★★★★	☺	±△	스튜어드, 스튜어디스
최근 생성된 직업	원산지관리사, 문학치료사				

🔍 국가과학기술표준분류로 독어독문학과 이해하기

구분	국가과학기술표준분류체계		
	대분류	중분류	소분류
독일어·문학	언어	독일어	음성/음운론(독일어), 형태론(독일어), 조어론(독일어) 통사론(독일어), 의미론(독일어), 화용론(독일어) 비교문법(독일어), 독일어사, 텍스트언어(독일어) 응용언어(독일어), 독어교육
	문학	독일문학	소설(독일문학), 희곡(독일문학), 시(독일문학), 문예학(독일문학) 독일문학사, 문학비평(독일문학), 비교문학(독일문학) 구비문학(독일문학), 독일문화

🔍 독어독문학과 준비자를 위한 꿀팁

📄 학과 관련 고교 교과목과 준비사항

제2외국어, 국어 등과 관련되어 있다. 제2외국어 가운데 독일어와 직접적으로 관련되어 있다. 통역과 번역의 경우 국어로 전환되어야 하므로 국어와의 관련성도 높다.

📋 학과 관련 면허와 자격 현황

국가기술자격	워드프로세서, 컴퓨터활용능력
국가전문자격	관광통역안내사, 국내여행안내사, 호텔경영사, 외국어번역행정사
공인민간자격 및 기타	FLEX독일어, 인터넷정보관리사, 정보기술자격(ITQ)시험, 디지털정보활용능력(DIAT), PC활용능력평가시험(PCT)

🌿 학과 관련 비전과 이슈

독어독문학의 경우 어문계열학과 관련한 교육대상 인구감소, 고령화, 인공지능의 발달(기계를 통한 통·번역) 등은 졸업자의 취업에 부정적 영향을 미칠 가능성이 있다. 이 외 독일과의 교역량이 급격히 확대될 가능성은 매우 낮다. 기계를 통한 통·번역 기술이 확대됨에 따라 관련 전공자의 노동 희소가치가 감소될 수 있다. 독일의 경우 통·번역 시장 역시 문화적 수요보다 기술과 관련한 수요가 상대적으로 많기 때문에 독어독문학 전공자의 졸업 후 취업이 밝지 않다.

■ 독어독문학과를 졸업하면 어디로 진출할까?

진출 산업 분류

일반 교습학원(9%), 입법·일반정부행정(7.9%), 기타 교육기관(6.7%), 사법·공공질서행정(6.7%), 음식점업(5.6%), 고등교육기관(3.4%), 종합소매업(3.4%), 기계장비와 관련 물품도매업(3.4%), 사회·산업정책행정(3.4%), 중등교육기관(2.2%)

한눈에 보는 러시아어문학과 현황과 전망

■ 학과 개요

러시아어문학은 러시아어 교육, 작품의 이해, 창작·비평, 통·번역 등과 관련된 학문이다. 일차적으로 학생들이 러시아어 능력(문법, 듣기, 읽기, 쓰기 등)을 바탕으로 러시아의 역사와 문화, 사회 등에 대해 이해하도록 한다. 궁극적으로 사회인이 되었을 때 러시아어로 쓰인 각종 문학작품과 통·번역물 등을 해석·비평하거나 시, 소설, 희곡, 수필 등을 창작할 수 있도록 커리큘럼이 구성되어 있다.

■ 러시아어문학과의 미래 고용 관련 전망은 어떨까?

- 고용률 ★★★★
- 전공 일치 비율 ★☆
- 정규직 비율 ★★★
- 월평균 소득 ★★★☆

긍정적 전망 요인	– 빈약한 양국 간 교역과 교류로 인한 시장 개척 가능성 – 급증하는 한국과 러시아의 교역 규모 – 국가 간 FTA 체결로 인한 상생 효과
부정적 전망 요인	– 교육내용의 직무 적용 가능성이 낮음 – 제한된 졸업 후 진로 – 미국과 러시아 사이의 외교적 불안

■ 러시아어문학과를 졸업하면 어떤 직업이 유망할까?

	직업군	고용지표	인공지능 대체 가능성	인력수급 전망	직업명
졸업 후 진출 가능한 직업	해외영업원	★★★★★	☹	±△	무역영업원, 해외영업원
	항공기승무원	★★★★	☺	±△	스튜어드, 스튜어디스
	대학교수	★★★★	☺	±⇩	러시아문학 교수
	장학관·연구관, 교재개발원	★★★★	☺	±⇩	장학관·연구관, 교재·교구개발원
	인문과학연구원	★★★★	☺	±△	언어연구원
	여행·관광통역안내원	★★★★	☺	±⇧	국내외여행안내원, 관광통역안내원, 투어컨덕터
	번역가	★★★	☺	±△	전문서류번역가, 영상번역가, 문학번역가, 출판번역가
	통역가	★★★	☺	±△	수화통역사, 통역사, 동시통역사, 통역비서
	무역사무원	★★★	☹	±⇧	러시아어, 관세사무원
	출판물전문가	★	☺	±△	출판물편집자, 출판물기획자
전공의 장점을 살릴 수 있는 직업	해외영업원	★★★★★	☹	±△	무역영업원, 해외영업원
	항공기승무원	★★★★	☺	±△	스튜어드, 스튜어디스
최근 생성된 직업	투어컨덕터, 메디컬투어매니저, 메디컬투어컨덕터, 예술치료사, 문화치료사				

국가과학기술표준분류로 러시아어문학과 이해하기

구분	국가과학기술표준분류체계		
	대분류	중분류	소분류
러시아어 · 문학	언어	러시아어	음성/음운론(러시아어), 형태론(러시아어), 통사론(러시아어), 어휘론(러시아어), 의미론(러시아어), 화용론(러시아어), 비교역사문법(러시아어), 응용언어(러시아어), 러시아어교육
	문학	러시아 문학	시(러시아문학), 소설(러시아문학), 희곡(러시아문학), 평론(러시아문학), 러시아문학사(러시아문학), 비교문학(러시아문학), 러시아문학이론

러시아어문학과 준비자를 위한 꿀팁

학과 관련 고교 교과목과 준비사항

제2외국어, 국어 등과 관련되어 있다. 제2외국어 가운데 러시아어와 직접적으로 관련되어 있다. 통역과 번역의 경우 국어로 전환되어야 하므로 국어와의 관련성도 높다.

학과 관련 면허와 자격 현황

국가기술자격	비서, 워드프로세서, 컴퓨터활용능력, 정보처리산업기사
국가전문자격	국내여행안내사, 관광통역안내사, 외국어번역행정사
공인민간자격 및 기타	FLEX러시아, 문서실무사, 인터넷정보관리사, PC활용능력평가시험(PCT), 정보기술자격(ITQ)시험, IEQ(인터넷윤리자격)

🌳 학과 관련 비전과 이슈

러시아어문학의 경우 어문계열학과 관련한 교육대상 인구감소, 고령화, 인공지능의 발달(기계를 통한 통·번역) 등은 졸업자의 취업에 부정적 영향을 미칠 가능성이 있다. 이 외 러시아의 경우 러시아의 경제발전 전망, 그리고 한국과 러시아의 교류확대 변수가 있다. 현재 러시아와의 교류가 많지 않으나 양국의 관계가 증진될 경우, 관련 전공자들이 많지 않아 취업 진로에 크게 영향을 미칠 수 있다.

■ 러시아어문학과를 졸업하면 어디로 진출할까?

진출 산업 분류

일반 교습학원(9.4%), 은행·저축기관(6.3%), 서적·잡지·기타 인쇄물출판업(6.3%), 외무·국방행정(6.3%), 기타 교육기관(3.1%), 사법·공공질서행정(3.1%), 음식점업(3.1%), 고등교육기관(3.1%), 기타 운송 관련 서비스업(3.1%), 부동산 관련 서비스업(3.1%)

한눈에 보는 스페인어문학과 현황과 전망

■ 학과 개요

스페인어문학과는 스페인어 교육, 작품의 이해, 창작·비평, 통·번역 등과 관련된 학문을 배운다. 일차적으로 학생들이 스페인어 능력(문법, 듣기, 읽기, 쓰기 등)을 바탕으로 스페인의 역사와 문화, 사회 등에 대해 이해하도록 한다. 궁극적으로 사회인이 되었을 때 스페인어로 쓰인 각종 문학작품과 통·번역물 등을 해석·비평하거나 시, 소설, 희곡, 수필 등을 창작할 수 있도록 커리큘럼이 구성되어 있다.

■ 스페인어문학과의 미래 고용 관련 전망은 어떨까?

- 고용률　　　　★★★★
- 전공 일치 비율　★★
- 정규직 비율　　★★☆
- 월평균 소득　　★★☆

긍정적 전망 요인	– 빈약한 양국 간 교역과 교류로 인한 시장 개척 가능성 – 한국과 스페인어 사용 국가(예: 스페인, 멕시코) 간의 FTA 체결(가능성)과 상생 효과
부정적 전망 요인	– 교육내용의 직무 적용 가능성이 낮음 – 제한된 졸업 후 진로 – 유럽 경제의 침체와 유로존의 위기

■ 스페인어문학과를 졸업하면 어떤 직업이 유망할까?

	직업군	고용지표	인공지능 대체 가능성	인력수급 전망	직업명
졸업 후 진출 가능한 직업	해외영업원	★★★★★	☹	±△	중국어해외영업원, 중국어수출입영업원
	대학교수	★★★★	☺	±⇩	스페인어문학 교수
	인문과학연구원	★★★★	☺	±△	언어연구원
	여행·관광통역 안내원	★★★★	😐	±⇧	국내외여행안내원, 관광통역안내원, 투어컨덕터
	여행사무원	★★★	😐	±⇧	여행사무원, 항공권발권사무원
	무역사무원	★★★	☹	±⇧	무역영업원(스페인어), 해외영업원(스페인어), 관세사무원
	작가 및 관련 전문가	★★★	☺	±△	작가, 방송작가, 스크립터, 카피라이터, 콘티라이터
	번역가	★★★	☺	±△	전문서류번역가, 영상번역가, 문학번역가, 출판번역가
	통역가	★★★	☺	±△	수화통역사, 통역사, 동시통역사, 통역비서
	중·고등학교 교사	★★	☺	±▽	스페인어교사, 기간제교사
전공의 장점을 살릴 수 있는 직업	인문과학연구원	★★★★	☺	±△	언어연구원
	해외영업원	★★★★★	☹	±△	중국어해외영업원, 중국어수출입영업원
	여행·관광통역 안내원	★★★★	😐	±⇧	국내외여행안내원, 관광통역안내원, 투어컨덕터
최근 생성된 직업	감성표현디렉터, 문화융합콘텐츠디자이너				

🔍 국가과학기술표준분류로 스페인어문학과 이해하기

구분	국가과학기술표준분류체계		
	대분류	중분류	소분류
스페인어·문학	언어	스페인어	음성/음운론(스페인어), 형태론(스페인어), 통사론(스페인어), 의미론(스페인어), 화용론(스페인어), 응용언어(스페인어), 스페인어교육
	문학	스페인문학	스페인중남미시, 스페인중남미소설, 스페인중남미희곡, 스페인중남미문학비평, 스페인중남미비교문학

🔍 스페인어문학과 준비자를 위한 꿀팁

📋 학과 관련 고교 교과목과 준비사항

제2외국어, 국어 등과 관련되어 있다. 제2외국어 가운데 스페인어와 직접적으로 관련되어 있다. 통역과 번역의 경우 국어로 전환되어야 하므로 국어와의 관련성도 높다.

📑 학과 관련 면허와 자격 현황

국가기술자격	비서, 워드프로세서, 컴퓨터활용능력, 정보처리산업기사
국가전문자격	국내여행안내사, 관광통역안내사, 외국어번역행정사
공인민간자격 및 기타	FLEX스페인어, 문서실무사, 인터넷정보관리사, PC활용능력평가시험(PCT), 디지털정보활용능력(DIAT), 정보기술자격(ITQ)시험

🌳 학과 관련 비전과 이슈

스페인어문학의 경우 어문계열학과 관련한 교육대상 인구감소, 고령화, 인공지능의 발달(기계를 통한 통·번역) 등은 졸업자의 취업에 부정적 영향을 미칠 가능성이 있다. 하지만 스페인의 경우 전공자가 많지 않으며, 과거 스페인 식민지(예: 중남미 국가, 미국 내 히스패닉 등)가 많았기에 스페인어의 활용성은 생각보다 높다. 따라서 스페인 외에 관련 국가와의 교류 전망 등을 종합적으로 고려해야 한다.

■ **스페인어문학과를 졸업하면 어디로 진출할까?**

진출 산업 분류

일반 교습학원(9.7%), 기계장비나 관련 물품도매업(9.7%), 은행·저축기관(6.5%), 서적·잡지·기타 인쇄물출판업(3.2%), 기타 교육기관(3.2%), 사법·공공질서행정(3.2%), 고등교육기관(3.2%), 보험업(3.2%), 인력공급·고용알선업(3.2%), 실내건축·건축마무리공사업(3.2%)

한눈에 보는 불어불문학과 현황과 전망

■ 학과 개요

불어불문학은 프랑스어 교육, 작품의 이해, 창작·비평, 통·번역 등과 관련된 학문이다. 일차적으로 학생들이 프랑스어 능력(문법, 듣기, 읽기, 쓰기 등)을 바탕으로 프랑스의 역사와 문화, 사회 등에 대해 이해하도록 한다. 궁극적으로 사회인이 되었을 때 프랑스어로 쓰인 각종 문학작품과 통·번역물 등을 해석·비평하거나, 시, 소설, 희곡, 수필 등을 창작할 수 있도록 커리큘럼이 구성되어 있다.

■ 불어불문학과의 미래 고용 관련 전망은 어떨까?

- 고용률 ★★★★
- 전공 일치 비율 ★☆
- 정규직 비율 ★★★
- 월평균 소득 ★★★

긍정적 전망 요인	– 한국과 프랑스의 FTA 체결 효과 발생 가능성 – 한류(한식, K-POP, 한국 드라마)의 등장
부정적 전망 요인	– 교육내용의 직무 적용 가능성이 미흡 – 제한된 졸업 후 취업과 진로 – 유럽 경제의 침체와 유로존의 위기

	직업군	고용지표	인공지능 대체 가능성	인력수급 전망	직업명
졸업 후 진출 가능한 직업	해외영업원	★★★★★	☹	±△	해외영업원(불어), 무역영업원(불어), 수출입영업원(불어)
	대학교수	★★★★	☺	±⇩	불어불문학 교수
	인문과학연구원	★★★★	☺	±△	언어연구원
	여행·관광통역안내원	★★★★	😐	±⇧	국내외여행안내원, 관광통역안내원, 투어컨덕터
	항공기승무원	★★★★	☺	±△	스튜어드, 스튜어디스
	여행사무원	★★★	😐	±⇧	여행사무원, 항공권발권사무원
	작가 및 관련 전문가	★★★	☺	±△	작가, 방송작가, 스크립터, 카피라이터, 콘티라이터
	학습지방문교사	★★★	😐	±△	학습지방문교사
	무역사무원	★★★	☹	±⇧	불어, 관세사무원
	번역가	★★★	☺	±△	전문서류번역가, 영상번역가, 문학번역가, 출판번역가
	통역가	★★★	☺	±△	수화통역사, 통역사, 동시통역사, 통역비서
	중·고등학교 교사	★★	☺	±▽	제2외국어교사, 기간제교사
	출판물전문가	★	☺	±△	출판물편집자, 출판물기획자
	문리·어학강사	★	☺	±▽	보습·입시·고시학원강사, 어학강사
전공의 장점을 살릴 수 있는 직업	해외영업원	★★★★★	☹	±△	해외영업원(불어), 무역영업원(불어), 수출입영업원(불어)
	항공기승무원	★★★★	☺	±△	스튜어드, 스튜어디스
최근 생성된 직업	프랑스소셜큐레이션서비스기획자, 프랑스소셜커머스품질관리자, 해외디지털마케터				

국가과학기술표준분류로 불어불문학과 이해하기

구분	국가과학기술표준분류체계		
	대분류	중분류	소분류
프랑스어·문학	언어	프랑스어	음성/음운론(프랑스어), 형태론(프랑스어), 통사론(프랑스어), 의미론(프랑스어), 화용론(프랑스어), 프랑스어발달사 기호(프랑스어), 텍스트언어(프랑스), 응용언어(프랑스어) 프랑스어교육
	문학	프랑스 문학	소설(프랑스문학), 희곡(프랑스문학), 시(프랑스문학) 비평(프랑스문학), 비교문학(프랑스문학), 프랑스문화

불어불문학과 준비자를 위한 꿀팁

학과 관련 고교 교과목과 준비사항

제2외국어, 국어와 관련되어 있다. 제2외국어 가운데 프랑스어와 직접적으로 관련되어 있다. 통역과 번역의 경우 국어로 전환되어야 하므로 국어와의 관련성도 높다.

학과 관련 면허와 자격 현황

국가기술자격	워드프로세서, 컴퓨터활용능력
국가전문자격	국내여행안내사, 관광통역안내사, 외국어번역행정사
공인민간자격 및 기타	FLEX프랑스어, 인터넷정보관리사, 문서실무사, PC활용능력평가시험, 디지털정보활용능력(DIAT)

어문계열학과 관련한 교육대상 인구감소, 고령화, 인공지능의 발달(기계를 통한 통·번역) 등은 졸업자의 취업에 부정적 영향을 미칠 가능성이 있다. 이 외 프랑스와 교역량이 급격히 확대될 가능성은 매우 낮다. 기계를 통한 통·번역 기술이 확대됨에 따라 관련 전공자의 노동 희소가치가 감소될 수 있다. 통·번역 시장 역시 문화적 수요보다 기술과 관련한 수요가 상대적으로 많기 때문에 전공자의 졸업 후 취업이 밝지 않다.

■ 불어불문학과를 졸업하면 어디로 진출할까?

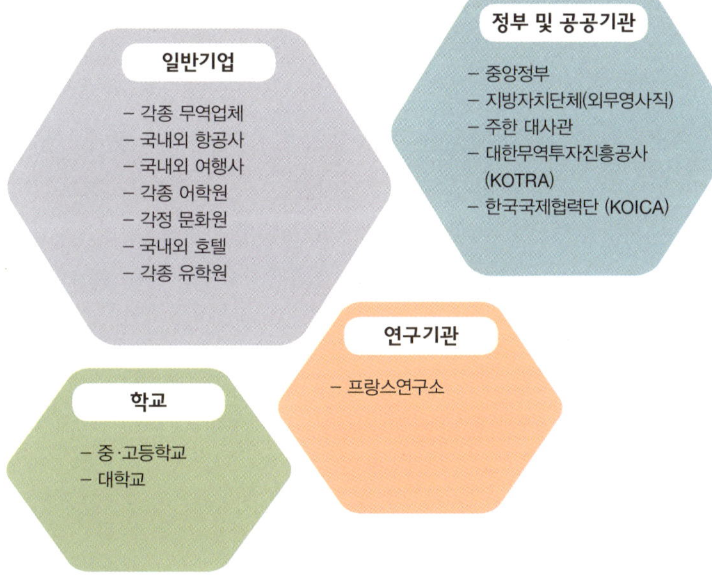

진출 산업 분류

일반 교습학원(11%), 은행·저축기관(5.5%), 입법·일반정부행정(5.5%), 고등교육기관(4.6%), 영화·비디오물·방송프로그램 제작·배급업(3.7%), 보험업(3.7%), 기타 교육기관(3.7%), 여행사·기타 여행보조서비스업(3.7%), 서적·잡지·기타 인쇄물출판업(2.8%), 창작·예술 관련 서비스업(2.8%)

한눈에 보는 문헌정보학과 현황과 전망

■ 학과 개요

문헌정보학은 인류가 만든 지식 활동을 총체적으로 수집, 추적, 분류, 활용, 평가하기 위한 학문이다. 과거 인쇄매체가 중심이던 시절 도서관은 정보서비스 중심이었으며, 사서는 정보의 중개자이며 매개자 역할을 수행했다. 하지만 정보 영역에 있어서 오프라인 기능은 감소되고 온라인 기능이 강화되고 있으므로 많은 변화가 예상되는 학문 분야다.

■ 문헌정보학과의 미래 고용 관련 전망은 어떨까?

- 고용률　　　★★★★
- 전공 일치 비율　★★☆
- 정규직 비율　★★
- 월평균 소득　★

긍정적 전망 요인	– 전문 주제 사서제도의 도입 시 활성화 가능성 – 평생교육과 학습의 필요성 증가 – 도서관 관련 정부지원 정책의 강화 가능성
부정적 전망 요인	– 전자책과 사이버 대학의 확대 – 도서관 사서 직무의 일반행정직으로 대체 가능성

■ **문헌정보학과를 졸업하면 어떤 직업이 유망할까?**

	직업군	고용지표	인공지능 대체 가능성	인력수급 전망	직업명
졸업 후 진출 가능한 직업	큐레이터, 문화재보존원	★★★★★	☺	±△	학예사, 큐레이터, 문화재보존원, 컨서베이터
	문화·예술·디자인 영상 관련 관리자	★★★★★	☺	±△	도서관장, 박물관장
	사서, 기록물관리사	★★★★	☺	±△	사서, 사서교사, 기록물관리사, 기록물보관원
	대학교수	★★★★	☺	±⇩	문헌정보학 교수
	인문과학연구원	★★★★	☺	±△	언어연구원, 문예창작연구원, 문학연구원
	국가·지방·공공행정사무원	★★★★	☺	±△	국가직·지방직공무원, 공공기관행정사무원
	전산자료입력원, 사무보조원	★★★★	☺	±△	전산자료입력원, 사무보조원
	기타 사무원	★★★★	☺	±△	도서정리·속기사, 출판·자료편집사무원
전공의 장점을 살릴 수 있는 직업	학예사	★★★★★	☺	±△	박물관학예사, 미술관학예사, 학예연구사, 큐레이터, 갤러리스트
	사서, 기록물관리사	★★★★	☺	±△	사서, 사서교사, 기록물관리사, 기록물보관원
	작가 및 관련 전문가	★★★	☺	±△	작가, 방송작가, 스크립터, 카피라이터, 콘티라이터, 드라마작가, 시나리오작가, 평론가, 기록물관리사
최근 생성된 직업	주제별지식정보큐레이터, 큐레이션서비스기획자, 지식큐레이션서비스관리자				

국가과학기술표준분류로 문헌정보학과 이해하기

구분	국가과학기술표준분류체계		
	대분류	중분류	소분류
문헌 정보학	미디어/ 커뮤니케이션/ 문헌정보	도서관/정보/ 이용자	도서/도서관사, 도서관/정보정책, 독서지도/ 정보문해, 출판/저작권, 도서관/정보센터경영/평가 도서관/정보서비스, 지식관리, 정보원/정보매체/ 장서관리, 정보행위/이용자연구
		정보조직/검색/ 시스템	분류/편목, 색인/시소러스/온톨로지, 데이터/ 메타데이터의미관리, 서지/용어/인용분석, 검색모형/기법, 자동분류/클러스터링, 시스템분석/설계,데이터모델링/인포메이션아키텍쳐, 데이터베이스설계/구축
		서지학	형태/체계서지학, 교감학, 고전자료조직 고문서관리, 금석자료
		기록관리	기록법제, 전자기록관리, 민간기록관리, 선별평가 기록서비스
		기타 미디어/ 커뮤니케이션/ 문헌정보	미디어/커뮤니케이션/문헌정보

문헌정보학과 준비자를 위한 꿀팁

학과 관련 고교 교과목과 준비사항

특정한 과목과의 관련성을 찾기는 어려우나, 상대적으로 국어, 한문 과목과
관련성이 비교적 높다.

학과 관련 면허와 자격 현황

국가기술자격	정보처리산업기사, 컴퓨터활용능력, 워드프로세서, 사무자동화산업기사
국가전문자격	사서, 사서교사
공인민간자격 및 기타	문서실무사, 인터넷정보관리사, 한자급수자격검정, 한자급수인증시험, 한국실용글쓰기검정, 한자능력급수, 실용한자, 한자어능력, 한국한자검정, 한자실력급수, KBS한국어능력시험, 한자능력자격

정보통신과 기록 매체(예: e-book)가 발달함에 따라 사서 직업의 정체성과 관련한 위기가 많이 언급되고 있다. 정보의 공급자와 수요자가 직접 거래함에 따라 중개자의 역할이 감소하고 있다. 아울러 과거 오프라인 중심의 대학은 도서관이 중요한 소통의 창구였으나, OCU(Open Cyber University)가 증가됨에 따라 대학 도서관의 필요성은 감소하고 있다. 반면 최근 평생학습기관은 증가되고 있다. 따라서 문헌정보의 경우 청소년에서 고령자로 무게중심이 이동되고 있다. 문헌정보학은 현재 주제별 사서제도가 일반화되어 있지 못하고, 사회적 수요가 감소하고 있으므로, 위기에 놓인 전공으로 보인다. 문헌정보학과의 경우 도서관 정책에 따른 제도적 요인과 주제별 사서제도의 도입에 따라 주제별 지식정보 큐레이터의 활성화 가능성 등을 살펴보아야 한다.

■ **문헌정보학과를 졸업하면 어디로 진출할까?**

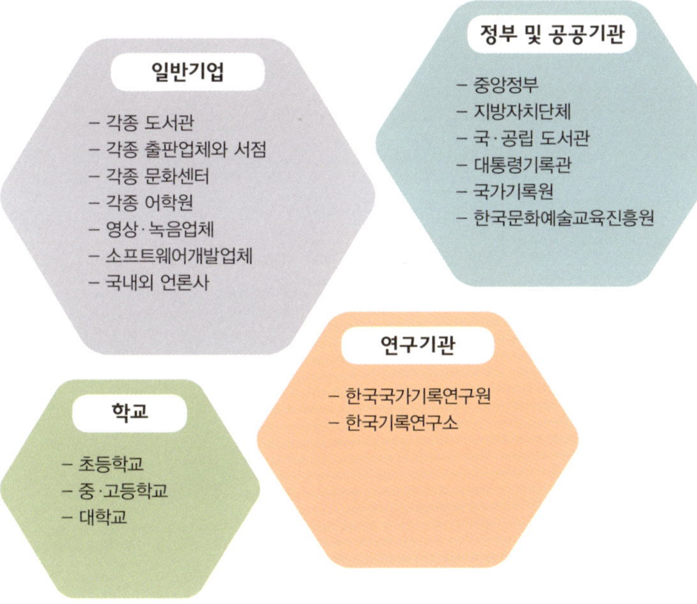

도서관·사적지·유사 여가 관련 서비스업(12.3%), 일반 교습학원(9.4%), 고등교육기관(9.4%), 초등교육기관(7.5%), 입법·일반정부행정(3.8%), 무점포소매업(3.8%), 서적·잡지·기타 인쇄물출판업(2.8%), 종합소매업(2.8%), 텔레비전방송업(2.8%), 비거주 복지시설운영업(2.8%), 사회·산업정책행정(2.8%)

한눈에 보는 심리학과 현황과 전망

■ 학과 개요

심리학은 사람의 의식, 전의식, 무의식 등의 심리상태와 행태를 과학적으로 분석하는 학문이다. 심리학은 개인 또는 집단의 행동과 심리와의 상관관계와 작동방식을 규명하기 위한 학문이다. 심리학의 경우 자연과학적 접근을 취할 경우, 생물심리, 건강심리, 뇌과학 등으로 연결 또는 발전하며, 사회철학 접근 시 사회심리, 범죄심리, 상담심리, 산업심리, 조직심리, 교육심리 등의 분야로 파생된다.

■ 심리학과의 미래 고용 관련 전망은 어떨까?

- 고용률　　　　★★★☆
- 전공 일치 비율　★★
- 정규직 비율　　★★☆
- 월평균 소득　　★☆

긍정적 전망 요인	– 사회구조의 복잡화로 인한 스트레스 증가로 각종 상담인력과 산업적 요구 증가
부정적 전망 요인	– 심리학과 증설과 공급인력 증가

■ 심리학과를 졸업하면 어떤 직업이 유망할까?

	직업군	고용지표	인공지능 대체 가능성	인력수급 전망	직업명
졸업 후 진출 가능한 직업	상담전문가, 청소년지도사	★★★★★	☺	±⇧	청소년상담사, 재활상담사, 노인상담사, 성폭력상담사, 가정폭력상담원
	임상심리사, 기타 치료사	★★★★★	☺	±△	임상심리사, 심리치료사, 놀이·음악·미술·보이타· 보바스·원예·독서·언어 치료사, 아로마테라피스트
	광고·홍보전문가	★★★★★	☺	±△	광고기획자, AE, 광고매체기획원, 광고대리인, 광고컨설턴트, AP, 프레젠테이션컨설턴트
	대학교수	★★★★	☺	±⇩	심리학 교수
	인문과학연구원	★★★★	☺	±△	심리학연구원
	사회과학연구원	★★★	☺	±△	범죄학연구원, 심리학연구원
	직업상담사, 취업알선원	★	☺	±⇧	직업상담사, 직업상담원, 경력컨설턴트, 커리어컨설턴트, 헤드헌터, 고급인력컨설턴트, 헤드헌팅리서치, 커리어코칭전문가, 경력상담원, 커리어코치, 취업알선원
	국가·지방·공공 행정사무원	★★★★	😐	±△	국가직·지방직공무원, 공공기관행정사무원
전공의 장점을 살릴 수 있는 직업	상담전문가, 청소년지도사	★★★★★	☺	±⇧	청소년상담사, 재활상담사, 노인상담사, 성폭력상담사, 가정폭력상담원
	광고·홍보전문가	★★★★★	☺	±△	광고기획자, AE, 광고매체기획원, 광고대리인, 광고컨설턴트, AP, 프레젠테이션컨설턴트
최근 생성된 직업	범죄심리학프로파일러, 전문노인상담사, 개별맞춤전문상담가, 범죄상담사, 학교상담사				

국가과학기술표준분류로 심리학과 이해하기

구분	국가과학기술표준분류체계		
	대분류	중분류	소분류
심리학	심리	심리학 일반	심리학사, 심리학연구방법
		실험심리	생물심리, 학습심리, 지각심리, 인지심리, 공학심리, 언어심리
		사회심리	사회심리, 성격심리, 사회문제, 문화심리, 법정심리, 범죄심리, 군사심리, 재난심리
		산업/조직/소비자심리	조직심리, 산업심리, 소비자심리, 광고심리, 인사/심리
		발달심리	아동심리, 청년심리, 성인/노인심리, 여성심리, 가족심리
		상담심리	개인상담, 집단상담, 부부및가족상담, 진로및학업상담, 아동및청소년상담, 학교심리
		임상심리	인지장애, 정서장애, 성격장애, 발달장애, 노년기장애/정신장애예방, 건강심리, 중독
		기타 심리	달리 분류되지 않는 심리
심리학 관련 융합 기술 및 융합 학문	수학	응용통계	사회/심리통계
	철학/종교	철학일반	심리철학
		종교일반	종교심리학
	언어	언어 일반	심리언어
	문화/예술/체육	음악	음악심리/치료
		무용	무용심리학(무용치료 포함)
		체육 인문사회	스포츠심리학
		문화/인류	언어/심리/인지인류학
		여성/젠더	여성과 문학/종교/심리
	교육	교육일반	교육심리
	인지/감성 과학	감성과학	감성심리/생리

🔍 심리학과 준비자를 위한 꿀팁

📑 학과 관련 고교 교과목과 준비사항

특정한 과목의 관련성을 찾기는 어려우나, 상담이 많은 비중을 차지하므로 국어와 비교적 관련성이 높다.

📋 학과 관련 면허와 자격 현황

국가기술자격	소비자전문상담사, 직업상담사, 임상심리사, 워드프로세서, 컴퓨터활용능력
국가전문자격	청소년지도사, 청소년상담사, 정신보건임상심리사
공인민간자격 및 기타	문서실무사, 인터넷정보관리사, 심리상담사, 아동심리상담사, 청소년심리상담사, 노인심리상담사, 가족심리상담사, 미술심리상담사, 음악심리상담사, 놀이심리상담사, 분노조절상담사, 인성지도사

🌿 학과 관련 비전과 이슈

심리학과의 경우 과거와 비교하여 학과 증설이 가장 많이 일어난 전공이다. 따라서 노동공급 측면을 살펴볼 필요가 있다. 심리학과의 경우 임상적 측면과 사회적 측면 두 가지 측면의 상담과 관련한 직업이 많다. 현재 사회가 복잡해지고 스트레스가 증대됨에 따라 청소년상담, 노인상담. 직업상담 등 각종 전문 상담이 증가되고 있는 점은 긍정적이다. 하지만 상담의 경우 심리학 전공 외에 사회복지학, 교육학 등 다른 전공자들이 많이 진출하는 특성이 있으므로 노동공급 측면을 함께 고려해야 한다. 노동 수요와 공급의 관점에서 볼 때, 심리학과 졸업자의 졸업 후 진로가 개선될 가능성은 높지 않다.

■ **심리학과를 졸업하면 어디로 진출할까?**

진출 산업 분류

고등교육기관(11.2%), 비거주 복지시설운영업(11.2%), 초등교육기관(10.3%), 중등교육기관(4.7%), 일반 교습학원(3.7%), 입법·일반정부행정(2.8%), 사회·산업정책행정(2.8%), 보험업(2.8%), 기타 교육기관(2.8%), 사법·공공질서행정(2.8%), 기타 보건업(2.8%)

한눈에 보는 역사·고고학과 현황과 전망

■ 학과 개요

역사·고고학 분야는 인류의 시간적 변화에 따른 인간과 자연 활동의 변화 과정, 그리고 그 결과물을 탐구하는 학문 분야다. 역사의 경우 우리 선조와 관련한 사람들의 활동과 변천 과정 속에 일어난 사건, 경제, 사회, 문화의 상태 등이 주된 관심사이며, 고고학은 인류라는 관점에서 먼 역사적 사건, 경제, 사회, 문화의 상태와 자연의 변화 등이 관심이 된다. 따라서 고고학은 매우 시간적으로 멀고, 공간적으로 넓은 영역을 차지하는 학문이다.

■ 역사·고고학과의 미래 고용 관련 전망은 어떨까?

· 고용률　　　　★★★☆　　　· 정규직 비율　　★★☆
· 전공 일치 비율　★☆　　　　　· 월평균 소득　　★☆

긍정적 전망 요인	– 한국사, 국사 관련 교육과 시험의 강화 – 문화콘텐츠의 강화
부정적 전망 요인	– 저출산으로 인한 교육 관련 노동수요의 감소 – 매장 문화재의 발굴 관련 경쟁 심화 – 역사 관련 학과 증설

■ 역사·고고학과를 졸업하면 어떤 직업이 유망할까?

	직업군	고용지표	인공지능 대체 가능성	인력수급 전망	직업명
졸업 후 진출 가능한 직업	큐레이터, 문화재보존원	★★★★★	☺	±△	학예사, 큐레이터, 문화재보존원, 컨서베이터
	대학교수	★★★★	☺	±⇩	역사·고고학 교수
	인문과학연구원	★★★★	☺	±△	역사연구원
	사서·기록물 관리사	★★★★	☺	±△	사서, 사서교사, 기록물관리사, 기록물보관원
	여행·관광통역 안내원	★★★★	☻	±⇧	국내외여행안내원, 관광통역안내원, 투어컨덕터
	국가·지방·공공 행정사무원	★★★★	☻	±△	국가직·지방직공무원, 공공기관행정사무원
전공의 장점을 살릴 수 있는 직업	큐레이터, 문화재보존원	★★★★★	☺	±△	학예사, 큐레이터, 문화재보존원, 컨서베이터
	조사전문가	★★★★	☹	±△	시장조사분석가, 사회조사분석가, 여론조사분석가, 조사연구원, 여론조사연구원
	여행·관광통역 안내원	★★★★	☻	±⇧	국내외여행안내원, 관광통역안내원, 투어컨덕터
	작가 및 관련 전문가	★★★	☺	±△	작가, 방송작가, 스크립터, 카피라이터, 콘티라이터
	사진작가	★	☺	±⇩	사진작가, 사진사
최근 생성된 직업	항공고고학자, 기록연구사, 지역문화교육사, 전통문양디자인관리사, 전통문화교육전문가				

구분	국가과학기술표준분류체계		
	대분류	중분류	소분류
역사·고고학	역사/고고학	역사일반	사학이론/사학사, 사상사, 정치사, 경제사, 사회사, 문화사, 국제관계사, 군사사, 여성사, 비교사, 도시사, 역사교육
		한국사	한국고대사, 고려시대사, 조선전기사, 조선후기사, 한국근대사, 한국현대사, 한국지역사
		동양사	중국고대사, 중국중세사1(위진수당), 중국중세사2(송요금원), 중국근세사(명청), 중국근대사, 중국현대사, 일본고대사, 일본중세사, 일본근세사, 일본근현대사, 동남아시아사(인도사등), 서아시아/중앙아시아사(중동사등)
		서양사	서양사학사, 서양사상사, 서양고대사, 서양중세사, 서양근대사, 서양현대사, 미국사, 영국사, 프랑스사, 독일사, 러시아사, 이베로/라틴아메리카사, 기타유럽사
		고고학	고고학이론, 한국선사고고학, 한국역사고고학, 동양고고학, 서양고고학
		미술사	미술사이론, 한국미술사, 동양미술사, 서양미술사
		민속	사회민속, 신앙민속, 구전민속, 예술민속, 물질민속
		기타 역사/고고학	달리 분류되지 않는 역사/고고학
역사·고고학 관련 융합 기술 및 융합 학문	문화/예술/체육	문화재	문화재정책, 건축문화재, 동산문화재(박물관등), 무형문화재, 역사유적, 자연문화재, 민속문화재, 매장문화재, 근대문화재, 역사문화환경
	사회/인류/복지/여성	사회변동	사회사/역사사회
		문화/인류	문화사/역사인류학
		여성/젠더	여성과 역사
	교육	사회과 교과교육	역사

역사·고고학과 준비자를 위한 꿀팁

학과 관련 고교 교과목과 준비사항

사회, 국어, 한문 과목과 관련되어 있다. 특히 사회탐구영역 가운데 한국사와 직접적으로 관련되어 있으며, 세계사, 사회문화 등과도 관련되어 있다. 역사·고고학의 경우 한자 관련 문헌을 많이 접하게 되므로 한문과의 관련성도 높다.

학과 관련 면허와 자격 현황

국가기술자격	워드프로세서, 컴퓨터활용능력
국가전문자격	사서, 사서교사, 박물관·미술관준학예사, 문화재수리기술자·기능자, 관광통역안내사, 문화예술교육사
공인민간자격 및 기타	한자능력급수, 한자실력급수, 한자·한문지도사, 실용한자, 한자급수인증, 한국한자검정, 한자능력자격, 상공회의소 한자, 한자어능력, 문서실무사, 인터넷정보관리사, ITQ

학과 관련 비전과 이슈

역사·고고학의 경우 과거와 비교하여 정원이 확대되고 있으나, 이에 따른 노동수요는 크게 개선되고 있지 못하다. 역사·고고학의 괜찮은 일자리는 공공부분에 많다. 따라서 정부정책과 공공부문의 일자리 변화를 잘 살펴볼 필요가 있다. 아울러 역사, 한국사 관련 시험이 수능과 공무원 채용 등에 가산점 혜택을 주는 추세다. 따라서 역사·고고학 전공을 통한 공무원 진출은 상대적으로 유리한 측면이 있다. 역사·고고학의 경우 다학문적 성격이 강하다. 한자 외에 건축, 미술과 관련성이 높다. 따라서 학제 간 연구의 중요성이 커지고 있다. 예를 들어 지리정보시스템, 측량 등은 문화재 발굴과 문화재 정보와 관련성이 높아, 학제 간 융합의 대표적 분야다. 고고학의 경우 융합고고학, 항공고고학 등의 새로운 분야 개척이 많이 이루어지고 있다. 역사·고고학의 경우 관광산업과의 관련성이 높으므로 이 부분의 점검도 필요하다.

■ 역사·고고학과를 졸업하면 어디로 진출할까?

일반기업
- 유네스코한국위원회
- 한국문화재재단·지역문화재단
- 각 시·도립 박물관
- 각종 문화재연구소
- 민족문화연구소

정부 및 공공기관
- 중앙정부
- 지방자치단체
- 문화재청
- 국가기록원
- 국립중앙박물관
- 국립민속박물관
- 국·공립문화재관련 기관

학교
- 초등학교
- 중·고등학교
- 대학교

연구기관
- 각종 출판업체
- 각종 문화원
- 각종 무역업체

진출 산업 분류

중등교육기관(12.8%), 일반 교습학원(9.1%), 고등교육기관(4.8%), 보험업(4.3%), 기타 교육기관(4.3%), 사회·산업정책행정(3.7%), 인문·사회과학연구개발업(3.7%), 입법·일반정부행정(3.2%), 사법·공공질서행정(2.7%), 기타 협회·단체(2.7%), 은행·저축기관(2.7%)

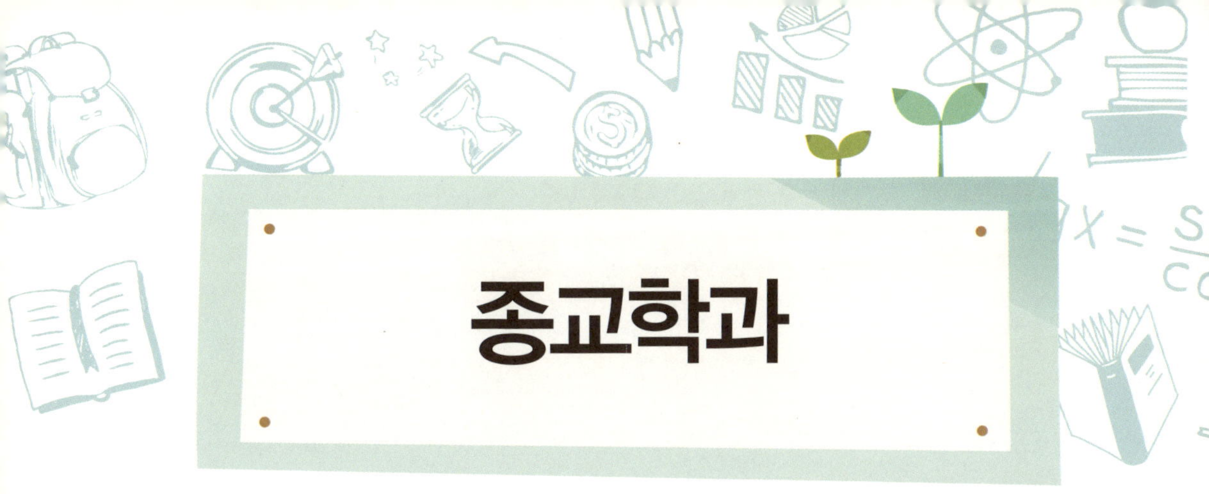

종교학과

한눈에 보는 종교학과 현황과 전망

■ 학과 개요

종교학과는 학문적으로 인간의 믿음, 신앙과 관련한 유례, 인간 활동, 역사·문화 활동 등을 포괄적으로 다룬다. 따라서 종교학은 기독교, 이슬람, 불교 등 개별적 종교의 구체적 생성 배경, 사용 도구, 의례, 교리, 신앙, 조직 형태 등을 배우게 된다. 종교학은 각 종교의 기능, 철학, 현상 등을 밝히고 이를 통해 종교 간의 차이를 파악하기도 한다.

■ 종교학과의 미래 고용 관련 전망은 어떨까?

- 고용률　　　★★★☆
- 전공 일치 비율　★★☆
- 정규직 비율　★★
- 월평균 소득　★

긍정적 전망 요인	– 고령화로 인한 종교 활동 강화 가능성
부정적 전망 요인	– 종교단체에 대한 세금 부과

■ 종교학과를 졸업하면 어떤 직업이 유망할까?

	직업군	고용지표	인공지능 대체 가능성	인력수급 전망	직업명
졸업 후 진출 가능한 직업	사회복지사	★★★★★	☺	±⇧	의료사회사업가, 사회복지사, 자활프로그램개발자, 사회복지상담원, 정신보건사회복지사, 장애인사회복지사, 학교사회복지사, 노인사회복지사
	큐레이터, 문화재보존원	★★★★★	☺	±△	학예사, 큐레이터, 문화재보존원, 컨서베이터
	보육교사	★★★★	☺	±△	보육교사, 놀이방교사, 어린이집교사, 영아교사, 시설보육사
	인문과학연구원	★★★★	☺	±△	종교연구원
	성직자	★★★★	☺	±⇧	목사, 신부, 승려, 선교사, 전교, 교무
	대학교수	★★★★	☺	±⇩	종교학 교수
	기타 종교 관련 종사자	★★★★	☺	±⇧	포교사, 전도사, 수도사, 수녀
	시민단체활동가	★★★★	😐	±△	사회단체활동가, NGO간사, 시민운동가, 인권운동가
	중·고등학교 교사	★★	☺	±▽	교리교사, 종교교사
전공의 장점을 살릴 수 있는 직업	사회복지사	★★★★★	☺	±⇧	사회복지사, 자활프로그램개발자, 사회복지상담원, 학교사회복지사
	기타 치료사	★★★★★	☺	±△	놀이·음악·미술·언어치료사, 아로마테라피스트
	성직자	★★★★	☺	±⇧	목사, 신부, 승려, 선교사, 전교, 교무
최근 생성된 직업	종교문화해설자, 문화영성·종교문화기획자, 임상상담가, 종교상담사, 영성치료사				

🔍 국가과학기술표준분류로 **종교학과 이해하기**

구분	국가과학기술표준분류체계		
	대분류	중분류	소분류
종교학	철학/종교	종교일반	비교종교학, 종교현상학, 종교철학, 종교심리학, 종교사회학, 종교인류학, 종교교육학, 종교윤리학, 신화/의례
		한국종교	한국종교일반, 한국종교사, 무속/민속종교, 한국신종교
		동양종교	인도종교, 중국종교, 일본종교, 동남아종교, 중앙아시아종교, 불교, 유교, 도교, 샤머니즘
		서양종교/기타 지역종교	유대교, 기독교신학, 가톨릭신학, 이슬람교, 기타지역종교(아프리카,오세아니아등)
		기타 철학/종교	달리 분류되지 않는 철학/종교
종교학 관련 융합 기술 및 융합 학문	문화/예술/체육	미술	종교미술
	사회/인류/복지/여성	사회구조/문제	종교/신앙
		문화/인류	종교/의례/신화
		여성/젠더	여성과 문학/종교/심리

🔍 **종교학과 준비자를 위한 꿀팁**

📄 학과 관련 고교 교과목과 준비사항

사회, 음악, 미술 등의 과목과 관련되어 있다. 특히 사회탐구영역 가운데 생활과 윤리, 윤리와 사상, 세계사와 관련성이 높다. 서양 역사의 경우 종교와 직결된 경우가 많으며, 종교 활동 내에서 음악과 미술이 긴밀히 결합되어 있다.

📋 학과 관련 면허와 자격 현황

국가기술자격	워드프로세서, 컴퓨터활용능력, 정보처리산업기사
국가전문자격	사회복지사, 청소년지도사, 청소년상담사, 문화예술교육사
공인민간자격 및 기타	문서실무사, 인터넷정보관리사

종교학의 경우 과거와 비교하여 정원이 완만히 축소되고 있다. 최근 급격한 고령화에 따라 노인인구가 많아지므로, 사람들의 종교 활동이 증가될 수 있다. 반면 종교 관련 종사자에 대한 세금 부담은 점차 확대될 수 있다.

■ **종교학과를 졸업하면 어디로 진출할까?**

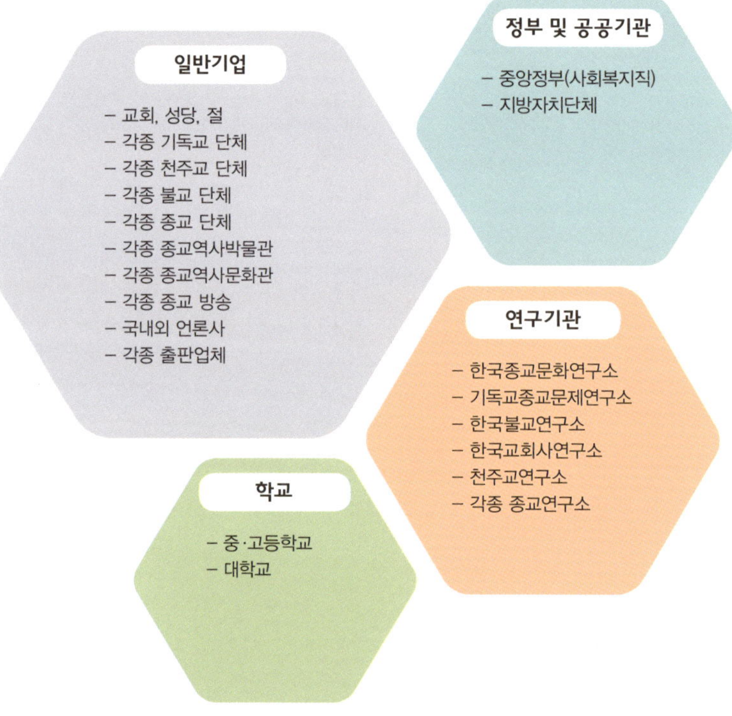

진출 산업 분류

기타 협회·단체(76.6%), 비거주 복지시설운영업(1.7%), 입법·일반정부행정(1.5%), 고등교육기관(1.3%), 음식점업(1.3%), 작물재배업(1.1%), 거주 복지시설운영업(1.1%)

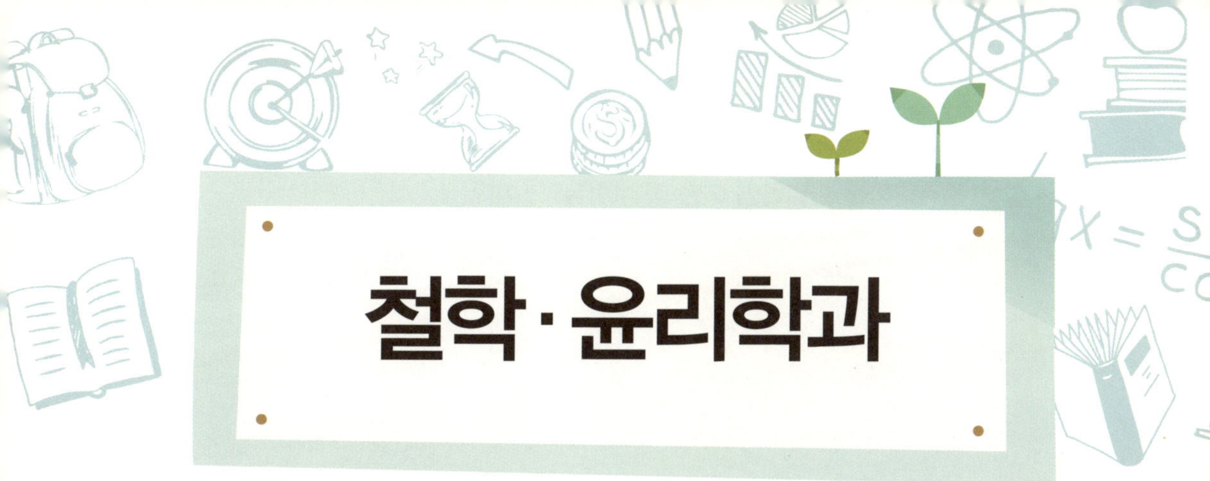

철학·윤리학과

한눈에 보는 철학·윤리학과 현황과 전망

■ 학과 개요

철학·윤리학과는 인간이 어디서 왔으며, 무엇을 하며, 어디로 향해야 하는지 근원적 질문과 행동 강령을 학문적으로 다룬다. 따라서 철학·윤리학은 광범위한 대상의 학문이며, 만물의 근원과 존재의 본질, 진리와 같이 형이상학적인 주제에 대하여 논리적 해결을 추구하는 학문이다. 현대철학은 고전적 마음의 틀을 넘어서 과학과 접목되고 있으며, 윤리학은 인류를 존속하기 위한 정신적 강령과 규범적 틀을 제시하려고 노력하는 학문이다.

■ 철학·윤리학과의 미래 고용 관련 전망은 어떨까?

- 고용률　　　　★★★☆
- 전공 일치 비율　★☆
- 정규직 비율　★★☆
- 월평균 소득　★★☆

긍정적 전망 요인	– 100세 시대 도래에 따른 철학 문제에 대한 관심 증가 – 인문학적 소양을 갖춘 인력에 대한 산업적 요구 증대 – 기술발달에 따른 여가의 확대
부정적 전망 요인	– 저출산으로 인한 교육인력(예: 도덕 과목 교사) 수요 축소

	직업군	고용지표	인공지능 대체 가능성	인력수급 전망	직업명
졸업 후 진출 가능한 직업	대학교수	★★★★	☺	±⇩	철학 교수, 윤리학 교수
	인문과학연구원	★★★★	☺	±△	철학연구원, 역사연구원, 윤리학연구원
	시민단체활동가	★★★★	☺	±△	사회단체활동가, NGO간사, 시민운동가, 인권운동가
	작가 및 관련 전문가	★★★	☺	±△	작가, 방송작가, 스크립터, 카피라이터, 콘티라이터
	학습지방문교사	★★★	☺	±△	학습지방문교사
	중·고등학교 교사	★★	☺	±▽	중학교 교사, 고등학교 교사
	문리·어학강사	★	☺	±▽	보습·입시·고시학원강사, 어학강사
	기자, 논설위원	★	☺	±△	신문·잡지·방송·생활정보기자, 논설위원, 칼럼니스트
	출판물전문가	★	☺	±△	출판물편집자, 출판물기획자
전공의 장점을 살릴 수 있는 직업	대학교수	★★★★	☺	±⇩	철학 교수, 윤리학 교수
	성직자	★★★★	☺	±⇧	목사, 신부, 승려, 선교사
	출판물전문가	★	☺	±△	출판물편집자, 출판물기획자
최근 생성된 직업	인생컨설턴트, 과학철학가				

국가과학기술표준분류로 철학·윤리학과 이해하기

구분	국가과학기술표준분류체계		
	대분류	중분류	소분류
철학·윤리학	철학/종교	철학일반	철학방법론, 형이상학, 인식론, 논리학/논리철학 도덕철학, 철학적인간학, 철학사, 정치/사회철학 언어철학, 심리철학, 과학/기술철학, 문화철학 여성철학, 역사철학, 동서비교철학
		한국철학	한국불교철학, 한국유가철학, 한국도가철학 한국근대철학, 한국현대철학
		동양철학	동양철학사, 유가철학, 도가철학, 인도철학 일본철학, 불교철학, 이슬람철학
		서양철학	서양고대철학, 서양중세철학, 영국근대철학 프랑스근대철학, 독일근대철학, 영미현대철학 유럽현대철학(현상학/해석학등), 분석철학
		미학/예술학	예술철학
		종교일반	종교윤리학
		윤리	규범윤리, 응용윤리
		기타 철학/종교	달리 분류되지 않는 철학/종교
철학·윤리학 관련 융합 기술 및 융합 학문	문화/예술/체육	음악	음악미학/철학
		무용	무용철학/미학/무용사
		체육 인문사회	체육철학/체육사
	법	법학일반	법철학
	정치/행정	정치이론/사상	정치철학
		행정이론/방법론	행정철학/윤리
	경제/경영	경제일반	경제철학/윤리/사상
		경영전략/윤리	기업경영윤리/철학
	사회/인류/복지/여성	사회복지 정책/행정	사회복지철학/사상/윤리
	생활	가정자원 경영	가정철학/윤리
	교육	교육일반	교육철학/사상
		사회과 교과교육	윤리
	과학기술과 인문사회	과학기술 철학	물리과학철학, 생명과학철학, 인지과학철학, 기술철학, 의철학, 과학/공학윤리
		생명/의료윤리	생명윤리, 환경생태윤리, 연구윤리, 의료윤리

철학·윤리학과 준비자를 위한 꿀팁

학과 관련 고교 교과목과 준비사항

사회, 수학 등의 과목과 관련되어 있다. 특히 사회탐구영역 선택 과목 가운데 생활과 윤리, 윤리와 사상과 관련되어 있다. 철학의 경우 논리성을 강조하므로 수학과의 관련성이 높으며, 과학철학의 경우 수학과 직접적으로 관련되어 있다. 따라서 논리적 사고능력이 중요하다.

학과 관련 면허와 자격 현황

국가기술자격	워드프로세서, 컴퓨터활용능력
국가전문자격	문화예술교육사, 실기교사(도덕과목)
공인민간자격 및 기타	문서실무사, 인터넷정보관리사, 정보기술자격(ITQ), IEQ(인터넷윤리자격), 실천예절지도사

학과 관련 비전과 이슈

지금까지 철학은 여전히 배고픈 학문이었으며 실용성을 인정받지 못하고 취업에 있어서 매우 큰 어려움이 있는 학과인 것이 사실이다. 하지만 미래 사회에 있어서 철학·윤리학의 중요성은 커질 수 있다. 최근 인문학과 자연과학의 결합 가능성이 증대되고 있으며, 과학기술과 철학의 결합 역시 중요성이 커지고 있다. 아울러 의료기술의 발달에 따라 100세 시대에서 120세 시대에 대한 전망이 나오고 있다. 지적·경제적 능력을 갖춘 사람을 중심으로 여가를 활용하는 수단인 철학에 대해 관심이 증대될 수 있다.

진출 산업 분류

◆ 철학

고등교육기관(10.2%), 일반 교습학원(10.2%), 음식점업(8.2%), 서적·잡지·기타 인쇄물 출판업(5.1%), 기타 교육기관(4.1%), 기타 전문도매업(4.1%), 기타 협회·단체(3.1%), 종합소매업(3.1%), 보험업(3.1%), 텔레비전방송업(3.1%)

◆ 윤리학

중등교육기관(63.6%), 초등교육기관(9.1%), 종합소매업(4.5%), 보험업(4.5%), 기타 가정용품소매업(4.5%), 비거주 복지시설운영업(4.5%), 병원(4.5%), 소화물 전문 운송업(4.5%)

사회계열

사회계열 학과 정보

- 경영학과
- 경제학과
- 관광학과
- 광고·홍보학과
- 금융·회계·세무학과
- 법학과
- 가족·사회·복지학과
- 국제학과
- 사회학과
- 언론·방송·매체학과
- 정치외교학과
- 행정학과

돈과 법과 규범으로 인간 사회에 질서를 부여하는 학문

인문·어문계열학과가 이상적이고 삶의 근본적인 문제에 대해서 고민한다면, 사회계열 학과는 지극히 현실적인 문제를 다룬다. 굳이 비유하자면 사회계열에는 차도남(차가운 도시 남자)과 차도녀(차가운 도시 여자)에게 어울리는 학과들이 많다. 따라서 사회계열은 인류가 살아가기 위해 현실적으로 당면한 문제와 관련한 실용적 측면의 학문이 많다.

한국교육개발원의 학과(전공) 분류에 속하는 사회계열들의 학과로는 경제학과, 경영학과, 관광학과, 광고·홍보학과, 금융·회계·세무학과, 법학과, 가족·사회·복지학과, 국제학과, 사회학과, 언론·방송·매체학과, 정치외교학과·행정학과 등이 있다. 사회계열 학과의 경우 전반적으로 전공만족도가 학과별로 그리 큰 차이는 보이지 않지만, 사회복지학이 비교적 전공만족도가 높으며, 경제학, 경영학의 경우 전공만족도가 다소 낮게 나타난다. 전공과 관련하여 취업에 도움이 되는 자격증으로 공인회계사, 사회복지사, 전산회계, 재무설계사, 투자상담사, 물류관리사, 자산관리사 등의 자격증이 거론되고 있다. 사회계열 가운데 가족·사회·복지학과, 금융·회계·세무학과의 경우 졸업자의 전공과 직무 일치도가 상대적으로 높으나, 그 외 학과의 경우 학과 전공과 직무와의 일치도가 그리 높지 않다.

사회계열 학과들은 돈으로 표현되는 것과 법과 제도로 인간 사회에 질서를 부여하는 것이 주된 관심사다. 수능 기준으로 보면 사회탐구 분야 중에서 법과 사회, 정치, 경제 과목을, 직업탐구 중에서는 상업정보 과목을 심화해 공부한다.

사회계열 학과를 졸업할 경우 회계사, 경영지도사, 세무사, 기자, 사회복지사, 외교관, 지역문제전문가 등 매우 다양한 직업을 선택할 수 있다. 이중에는 비교적 실용성이 높고 현실적인 가치를 추구하는 직업이 많이 포함되어 있다.

사회계열에서는 합리적이고 냉철한 머리를 사용하도록 교육받기 때문에 분석력과 법률 체계 해석 능력, 수치 해석 능력 등이 중요하다. 사회는 크게는 헌법과 법률부터 작게는 사규(社規, 회사의 규칙)와 작은 모임의 회칙에 이르기까지 각종 규정에 의해서 운영된다. 때문에 이들 규정을 만들고, 시행된 법, 제도, 기업 활동 등이 적절한지 분석하기 위한 수단인 수치로 성과를 측정·관리하기에 법, 수치 해석 능력이 중요하다. 이런 활동 중에는 누가 우수한지, 실적이나 성과가 좋은지 숫자(예: 판매실적, 시청률, 지지율 등)로 분석하고 표현하는 일이 많다. 그래서 숫자, 특히 통계에 대한 감각이 좋으면 이 분야에서 사회 활동을 하는 데 많은 도움이 된다.

문과에서 가장 높은 비율을 차지하는 사회계열의 경우 일자리가 많기 때문에 취업이 상대적으로 잘되지만 공부하는 내용이 비교적 어렵고 많은 사람들과 생존경쟁, 실적경쟁을 해야 하는 일이 많아 대인관계로 인한 스트레스가 많다. 흔히 인생을 살면서 법원, 경찰서, 세무서를 멀리하라고 말한다. 그만큼 행복이라는 단어와 멀어진다는 의미다.

그리고 사회계열의 경우 학과별로 배우는 내용이나 학습 강도, 취업률, 요구되는 능력 등의 편차가 크므로 학과 특성을 꼼꼼히 살펴볼 필요가 있다. 예를 들어 경제학의 경우 수학이 많이 활용되며, 비서학의 경우 그렇지 않다. 취업률의 경우 경영학, 경제학의 경우 비교적 취업이 잘되는 편이나, 정치외교학의 경우 취업률은 높지 않다.

사회계열의 경우 인공지능과 정보통신 관련 소프트웨어가 발달함에 따라서 직업 정체성이나 직무고유성에 위협이 있다. 특히 회계, 세무, 단순한 법률사무 등은 기계화로 위협받고 있는 대표적 분야다. 만약 당신이 사회계열의 학과를 생각하고 있다면, 기술변화와 대인관계 능력 등의 변수를 꼼꼼히 따져보기 바란다.

관련 학과	4년제 대학		2~3년제 대학	
경영·경제	경영학		경영·경제	
	경제학		관광	
	관광학		금융·회계·세무	
	광고·홍보학		무역·유통	
	금융·회계·세무학			
	무역·유통학			
	교양경상학			
법률	법학		법	
사회과학	가족·사회·복지학		가족·사회·복지	
	국제학		비서	
	도시·지역학		언론·방송	
	사회학		행정	
	언론·방송·매체학			
	정치외교학			
	행정학			
	교양사회과학			

👤 = 1명　👤 = 10명

직업	인원
경영지원, 행정 관련 사무원	20
영업원, 상품중개인	9
회계, 경리 관련 사무원	6
금융, 보험 관련 사무원	6
판매원, 상품대여원	5
생산 관련 사무원	4
학원강사, 학습지교사	4
경찰·소방·교도 관련 종사자	3
경영지원·행정, 금융 관련 관리자	2
사회복지, 상담전문가	2
자동차운전원	2
안내·접수, 고객응대, 통계조사 관련 사무원	2
부동산중개인	2
비서, 사무보조원	2
금융·보험 관련 전문가	2
경영, 행정 관련 전문가	1
작물재배종사자	1
보험 관련 영업원	1
회계·세무, 감정평가 관련 전문가	1
무역, 운송 관련 사무원	1
계산원, 매표원	1
법률 관련 사무원	1
식당 서비스 관련 종사자	1
기타	21
합계	100

경영학과

한눈에 보는 경영학과 현황과 전망

■ 학과 개요

경영학은 기업과 조직의 관점에서 기업 경영과 관리에 필요한 지식이나 기술, 소양 등의 능력을 배우는 학문이다. 기업 경영 활동은 일반적으로 인사, 조직, 경영정보(MIS), 마케팅, 재무회계, 생산 등을 수반한다. 경영학과 비교적 유사한 전공은 경제학, 행정학, 산업공학 등이 있다. 경영학의 주된 관점이 기업 경영이라면, 행정학은 국가의 관점을 중요시하며, 경제학은 개인, 국가, 기업 모두를 포괄한다.

■ 경영학과의 미래 고용 관련 전망은 어떨까?

- 고용률 ★★★★
- 전공 일치 비율 ★★
- 정규직 비율 ★★★☆
- 월평균 소득 ★★★★

긍정적 전망 요인	– 인구구조의 변화로 선진국 고령화는 새로운 시장개척의 기회 – 한국의 저출산으로 인한 젊은 인재확보의 어려움 – 생산 가능 인구의 부족 – 공유경제 확대로 인한 소비 감소
부정적 전망 요인	– 임금피크제 도입과 정년연장으로 인한 고령 근로자 확대 – 글로벌 인재의 부상에 따른 해외인력의 유입 – 스마트 팩토리(smart factory) 확대로 인한 노동력 감소 – 인공지능의 확대로 인한 사무인력 감소

	직업군	고용지표	인공지능 대체 가능성	인력수급 전망	직업명
졸업 후 진출 가능한 직업	인사·교육·훈련 사무원	★★★★★	☺	±△	인사·노무관리·교육·교육기획·훈련사무원, 평생교육사
	기획·마케팅 사무원	★★★★★	☺	±△	경영기획·마케팅·광고·홍보·영업·판매사무원
	광고·홍보전문가	★★★★★	☺	±△	광고기획자, 광고매체기획원, 프레젠테이션컨설턴트
	투자·신용분석가	★★★★★	☺	±△	재정·신용·투자·기업·시황·증권 분석가, 애널리스트
	상품기획전문가	★★★★★	☺	±△	(마케팅·상품기획·개발전문가, MD, 문화마케터
	생산·품질관리 사무원	★★★★★	☹	±△	생산·품질관리기술자, 생산·품질관리사무원
	경영·진단전문가	★★★★★	☺	±△	프랜차이즈·기업경영·M&A컨설턴트, 경영진단전문가, 경영분석가, 경영전략가, 경영지도사, 창업컨설턴트, 경영컨설턴트
	보험·금융상품 개발자	★★★★★	☹	±△	보험계리인, 보험·금융·파생상품개발자, 보험리스크매니저
	기술영업원	★★★★★	☹	±△	전자·통신·전산·의료·산업·농업·자동차부품·화학제품기계장비
	해외영업원	★★★★★	☹	±△	무역영업원, 해외영업원
	시민단체활동가	★★★★	☺	±⇧	사회단체활동가, NGO간사, 시민운동가, 인권운동가, 환경운동가
	자산운용가	★★★★	☺	±△	펀드매니저, 채권운용가, 파생상품투자운용가, 증권투자전문가
	행사기획자	★★★★	☺	±△	컨벤션코디네이터, 시사회·회의·전시·공연·이벤트·페스티벌기획자, 회의전문가, 파티플래너, 이벤트전문가, MEETING PLANNER
	총무사무원	★★★★	☹	±△	총무·병원행정·학교행정·일반사무원, 대학행정조교
	비서	★★★★	☺	±△	일반비서, 전문비서, 개인비서

	직업군	고용지표	인공지능 대체 가능성	인력수급 전망	직업명
졸업 후 진출 가능한 직업	변리사	★★★★	☺	±△	변리사, 특허전문가
	대학교수	★★★★	☺	±⇩	경영학 교수
	손해사정인	★★★★	☹	±△	손해사정인
	조사전문가	★★★★	☹	±△	시장·사회·여론조사분석가, 조사연구원, 여론조사연구원
	제품·광고 영업원	★★★★	😐	±△	일반·제약·인테리어·인쇄· 광고·식품·체인점관리영업원
	경영지원관리자	★★★	☹	±▽	총무·인사관리자, 기획·홍보 관리자, 재무관리자, 자재관리자
	금융 관련 사무원	★★★	😐	±△	증권·은행·카드· 캐피탈금융사무원
	관세사	★★★	😐	±△	관세사
	사회과학연구원	★★★	☺	±△	경영연구원
	증권·외환딜러	★★★	😐	±△	증권·외환중개인, 증권·외환딜러, 브로커
	회계사	★★	☹	±△	공인회계사, CPA, AICPA, 회계감사역, 재무감사역
	경리사무원	★★	☹	±△	경리장부·전표정리원, 4대보험· 급여관리·매입매출 경리사무원
	통계 관련 사무원	★	☹	±△	통계·설문·여론·시장· 전화설문·인구조사원
	신용추심원	★	☹	±△	채권관리원, 연체안내원
	감정평가전문가	★	☺	±△	감정평가사, 국제보석·부동산 감정사, 조향사, 위폐감식전문가
	상점판매원	★	😐	±▽	상점·일반소매점·백화점· 대형마트·면세점 판매원, 매장관리원
	부동산컨설턴트· 중개인	★	☹	±▽	부동산컨설턴트, 공인중개사, 분양·임대사무원
	국가·지방·공공 행정사무원	★★★★	😐	±△	국가직·일반직공무원, 국가·지방행정사무원

	직업군	고용지표	인공지능 대체 가능성	인력수급 전망	직업명
전공의 장점을 살릴 수 있는 직업	경영·진단전문가	★★★★★	☺	±△	프랜차이즈·기업경영·M&A컨설턴트, 경영진단전문가, 경영분석가, 경영전략가, 경영지도사, 창업컨설턴트, 경영컨설턴트
	인사·교육·훈련 사무원	★★★★★	☺	±△	인사·노무관리·교육·교육기획·훈련사무원, 평생교육사
	투자·신용분석가	★★★★★	☺	±△	재정·신용·투자·기업·시황·증권 분석가, 애널리스트
	보험·금융상품 개발자	★★★★★	☹	±△	보험계리인, 보험·금융·파생상품개발자, 보험리스크매니저
	행사기획자	★★★★	☺	±△	컨벤션코디네이터, 시사회·회의·전시·공연·이벤트·페스티벌기획자, 회의전문가, 파티플래너, 이벤트전문가, MEETING PLANNER
최근 생성된 직업	친환경마케팅전문가, 빅데이터분석가, 데이터마이너, CRM전문가, ERP전문가, 경영지식전문가				

구분	국가과학기술표준분류체계		
	대분류	중분류	소분류
경영학	경제/경영	경영전략/윤리	경영전략/혁신, 창업/벤처기업, 중소기업경영, 기술경영, 기업경영윤리/철학, 경영사
		인사/조직관리	인사관리, 인적자원개발, 노사관계, 조직개발/관리, 조직행동
		경영정보/e-비즈니스	정보기술관리및전략, 정보시스템개발, DB/지식경영, 정보통신경영, e-비즈니스/전자상거래, 지능형정보기술, 엔터프라이즈시스템, 정보시스템보안
		경영과학	최적화, 수리/확률통계모형, 시뮬레이션, 데이터마이닝/CRM, 서비스경영
		국제경영	국제재무, 국제마케팅, 국제경영전략
		무역	무역실무/경영
		기타 경제/경영	달리 분류되지 않는 경제/경영
경영학 관련 융합 기술 및 융합 학문	수학	응용통계	경제/경영통계
	농림수산 식품	산림 자원학	산림측정/경영/수확
		농림수산식품 경영/정보	농림수산식품경영/경제
	보건의료	보건학	보건경제/경영/사회
		영양 관리	단체급식 관리/급식경영
	환경	환경예측/감시/평가	환경경영/정보화기술
	문화/예술/체육	체육 인문사회	스포츠경영학
		디자인 일반	디자인 경영
	사회/인류/복지/여성	문화/인류	경제/경영인류학
	생활	가정자원 경영	가정경영이론/정책
	지리/지역/관광	관광	호텔/외식경영
	교육	교육일반	교육행정/경영
	미디어/커뮤니케이션/문헌정보	미디어/수용자	미디어경영
		도서관/정보/이용자	도서관/정보센터 경영/평가
	과학기술과 인문사회	과학기술 정책/사회	과학기술과 경제/경영

경영학과 준비자를 위한 꿀팁

학과 관련 고교 교과목과 준비사항

사회, 영어 등의 과목과 관련성이 높다. 경영학과의 경우 사회탐구영역 가운데 특히 경제 부문은 경영자가 알아야 할 기초 지식이 많이 포함되어 있으며, 국제 사업을 수행하기 위하여 영어를 많이 활용한다.

학과 관련 면허와 자격 현황

국가기술자격	정보처리기사, 사무자동화산업기사, 전자상거래운용사, 전자상거래관리사, 사회조사분석사
국가전문자격	가맹거래사, 물류관리사, 감정평가사, 경영지도사, 보험계리사, 유통관리사, 공인회계사, 공인노무사, 호텔관리사, 호텔서비스사, 세무사
공인민간자격 및 기타	회계관리, ERP회계정보관리사, 전산세무회계, 세무회계

학과 관련 비전과 이슈

과거 디지털과 경영학의 접목이 많았기에 전자상거래, e-비지니스 등이 화두였다면, 최근 창업 관련 교육과 관심이 확대되고 있으며, 빅데이터, 가상현실, 로봇기술 등이 중요한 화두다. 경영학과의 경우 문과 가운데 가장 취업이 용이한 학과였으나, 최근 과학기술이 발달함에 따라 공대 출신의 경영자가 증가되고 있는 추세다. 기업에 있어서 투명성과 경영윤리가 강조되고 있다. 생산 단계에서 아웃소싱이 증가되고 있으며, 경영에 있어서 인간 능력에 의존한 의사결정 방식에서 집단지성, 빅데이터 등의 정보에 의한 공학적 의사결정이 강조되고 있다. 경영학에 있어서 재무회계 분야의 중요성은 감소되고 있으며, 경영정보, 기술경영 등의 산업적 수요와 중요성은 증가되고 있다. 경영학은 매우 광범위한 진출이 가능한 포괄적 전공이다. 예를 들어 호텔경영, 관광경영 등 다양한 파생 분야가 있으므로 진로가 불명확한 사람에게는 기회요인과 위기요인이 동시에 존재하는 전공이다. 최근 학과 정원과 복수전공자가 매우 증가하여 희소가치가 미흡한 학과다.

진출 산업 분류

은행·저축기관(6.3%), 입법·일반정부행정(3.4%), 회계·세무 관련 서비스업(3.2%), 보험업(2.8%), 가정용품도매업(2.8%), 음식점업(2.5%), 일반 교습학원(2.4%), 음·식료품·담배도매업(2.2%), 종합소매업(2.1%), 부동산 관련 서비스업(2.1%)

한눈에 보는 경제학과 현황과 전망

■ 학과 개요

경제학은 정부, 기업, 가계라는 세 가지 경제주체의 관점에서 미시적 경제현상과 거시적 경제현상을 살펴보는 기초 학문이다. 경제학은 제한적인 재화를 어떤 방식으로 생산, 소비, 분배할 것인지에 대하여, 국가 간의 관계성에서 거시적으로 보기도 하고 개인의 행태라는 관점에서 미시적으로 조망하기도 한다. 경제학은 정부, 기업, 개인의 거래 행위를 더욱 체계적이고 논리적으로 설명하려는 학문이다. 경제학과 유사한 전공은 경영학, 사회학, 행정학 등이 있다.

■ 경제학과의 미래 고용 관련 전망은 어떨까?

- 고용률 ★★★★
- 전공 일치 비율 ★★
- 정규직 비율 ★★★★
- 월평균 소득 ★★★★☆

긍정적 전망 요인	– 새로운 성장엔진 개발에 따른 경제 활성화 가능성 – 중국의 재부상에 따른 경제 활성화 가능성 – FTA 확대를 통한 새로운 시장 확대 – 공공부문, 사회보장제도의 확대를 통한 관련 인력 증대
부정적 전망 요인	– 신경제전쟁의 개막(FTA와 역내무역 강화, 환율전쟁)에 따른 피해 – 핀테크(Fin-tech)를 통한 비용절감과 노동력 감소 – 가계부채 증가에 따른 금융 부문 구조조정 가능성 – 인공지능의 확대로 인한 화이트칼라 직업의 대체 가능성 증대

■ 경제학과를 졸업하면 어떤 직업이 유망할까?

	직업군	고용지표	인공지능 대체 가능성	인력수급 전망	직업명
졸업 후 진출 가능한 직업	기획·마케팅 사무원	★★★★★	☺	±△	경영기획·마케팅·광고·홍보·영업· 판매사무원
	인사·교육·훈련 사무원	★★★★★	☺	±△	인사·노무관리·교육·교육기획· 훈련 사무원, 평생교육사
	상품기획전문가	★★★★★	☺	±△	마케팅·상품기획·개발전문가, MD, 문화마케터
	투자·신용분석가	★★★★★	😐	±△	재정·신용·투자·기업·시황· 증권 분석가, 애널리스트
	경영·진단전문가	★★★★★	😐	±△	프랜차이즈·기업경영·M&A컨설턴트, 경영진단전문가, 경영분석가, 경영전략가, 경영지도사, 창업컨설턴트, 경영컨설턴트
	생산·품질관리 사무원	★★★★★	☹	±△	생산·품질관리기술자, 생산·품질관리사무원
	기술영업원	★★★★★	☹	±△	전자·통신·전산·의료·산업·농업· 자동차부품·화학제품 기계장비
	해외영업원	★★★★★	☹	±△	무역영업원, 해외영업원
	보험·금융상품 개발자	★★★★★	☹	±△	보험계리인, 보험리스크매니저, 파생상품개발원
	대학교수	★★★★	☺	±⇩	경제학 교수
	변리사	★★★★	☺	±△	변리사, 특허전문가
	자산운용가	★★★★	😐	±△	펀드매니저, 채권·파생상품 투자운용가, 증권투자전문가
	총무사무원	★★★★	☹	±△	총무·병원행정·학교행정·일반사무원, 대학행정조교
	보험심사원· 사무원	★★★★	☹	±△	보험사정·수리·청구·증권사무원, 방카슈랑스사무원, 자동차사고처리원, 손해사정사무원
	조사전문가	★★★★	☹	±△	시장·사회·여론조사분석가, 조사연구원, 여론조사연구원
	손해사정인	★★★★	☹	±△	손해사정인
	사회과학연구원	★★★	☺	±△	경제연구원
	경영지원관리자	★★★	☹	±▽	총무·인사관리자, 기획·홍보관리자, 재무관리자, 자재관리자
	관세사	★★★	😐	±△	관세사
	금융 관련 사무원	★★★	😐	±△	증권·은행·카드·캐피탈금융사무원
	증권·외환딜러	★★★	😐	±△	증권·외환중개인, 증권·외환딜러, 브로커

	직업군	고용지표	인공지능 대체 가능성	인력수급 전망	직업명
졸업 후 진출 가능한 직업	무역사무원	★★★	☹	±⇧	무역사무원, 관세사무원
	보험영업원	★★★	☹	±△	보험대리인·중개인, 보험모집인, 보험설계사, 간접투자증권판매인, 금융상품영업·판매원
	학습지방문교사	★★★	☺	±△	학습지방문교사
	중·고등학교 교사	★★	☺	±▽	중학교 교사, 고등학교 교사
	경리사무원	★★	☹	±△	경리장부·전표정리원, 4대보험·급여관리·매입매출 경리사무원
	회계사	★★	☹	±△	공인회계사, CPA, AICPA, 회계감사역, 재무감사역
	상품중개인· 경매사	★★	☹	±⇩	농산물·수산물·청과물위탁중개인, 상품선물거래중개사, 회원권딜러, 가축·농산물·수산물·예술품· 청과물·농수산물·미술품경매사
	기자, 논설위원	★	☺	±△	신문·잡지·방송·생활정보기자, 논설위원, 칼럼니스트
	문리·어학강사	★	☺	±▽	보습·입시·고시학원강사, 어학강사
	신용추심원	★	☹	±△	채권관리원, 연체안내원
	부동산컨설턴트· 중개인	★	☹	±▽	부동산컨설턴트, 공인중개사, 분양·임대 사무원
	기타 금융·보험 관련 전문가	★★★	😐	±⇩	금융컨설턴트, 투자·보험인수심사원, 투자신탁 관리인
	조세행정사무원	★★★	☹	±△	조세행정사무원, 조세공무원, 세무공무원
전공의 장점을 살릴 수 있는 직업	상품기획전문가	★★★★★	☺	±△	마케팅·상품기획·개발전문가, MD, 문화마케터
	투자·신용분석가	★★★★★	😐	±△	재정·신용·투자·기업·시황· 증권 분석가, 애널리스트
	보험·금융상품 개발자	★★★★★	☹	±△	보험계리인, 보험리스크매니저, 파생상품개발원
	대학교수	★★★★	☺	±⇩	경제학 교수
	금융 관련 사무원	★★★	😐	±△	증권·은행·카드·캐피탈금융사무원
	사회과학연구원	★★★	☺	±△	경제연구원
최근 생성된 직업	데이타사이언티스트(Data Scientist), 탄소거래원, 클라우드펀딩매니저				

구분	국가과학기술표준분류체계		
	대분류	중분류	소분류
경제학	경제/경영	경제일반	경제철학/윤리/사상, 경제사, 경제정책, 계량경제/경제통계, 정치경제학, 경제체제론, 수리경제
		거시경제	경제성장, 경제발전/개발경제, 경제변동/예측, 금융(화폐)경제
		미시경제	소비자경제, 노동/인력경제, 산업조직론
		재정/공공경제	공공경제, 후생경제, 재정학
		국제경제	국제무역이론, 국제금융/외환, 경제통합/국제경제기구, 국제통상, 해외투자
		분야별 경제	법경제, 에너지/자원경제, 환경경제, 문화경제, 산업/서비스경제, 교통경제, 기술/디지털경제, 농업경제, 보건/의료경제, 지역경제, 북한경제
		인사/조직관리	인사관리, 인적자원개발, 노사관계, 조직개발/관리, 조직행동
		생산관리	생산전략/계획, 제품/서비스설계, 공급사슬관리, 품질관리, 재고관리
		마케팅	마케팅전략, 서비스마케팅, 소비자행동, 제품관리/신제품개발, 광고/프로모션, 물류/유통관리, 콜센터/텔레마케팅
		재무관리	금융기관, 기업재무, 투자/위험관리, 보험
		회계	재무회계, 원가/관리회계, 세무회계, 회계감사, 회계정보시스템, 정부/비영리회계
		무역	무역실무/경영, 무역계약/관습, 국제결제, 상사중재, 국제운송/물류, 국제상품/관세, 전자무역
		기타 경제/경영	달리 분류되지 않는 경제/경영

구분	국가과학기술표준분류체계		
	대분류	중분류	소분류
경제학관련 융합 기술 및 융합 학문	수학	응용통계	경제/경영통계
	농림수산식품	산림 자원학	산림휴양/경제/정책
		농림수산식품 경영/정보	농림수산식품, 경영/경제
	보건의료	보건학	보건경제/경영/사회
	기계	생산 기반 기술	경제성공학기술
	역사/고고학	역사일반	경제사
	법	법학일반	법경제
		분야별 전문법	경제법
		국제법	국제경제법
	정치/행정	정치경제	비교정치경제, 정치경제사, 국제정치경제
	사회/인류/복지/여성	사회제도	경제사회
		문화/인류	경제/경영인류학
		여성/젠더	여성과 정치/경제/사회제도
	생활	소비자	가계경제/재무
	지리/지역/관광	도시/지역개발	지역경제
		부동산	부동산경제/부동산금융
	교육	교육일반	교육재정/경제
	과학기술과 인문사회	과학기술정책/사회	과학기술과 경제/경영

경제학과 준비자를 위한 꿀팁

학과 관련 고교 교과목과 준비사항

사회, 수학 등의 과목과 관련성이 높다. 경제학과의 경우 사회탐구영역 가운데 특히 경제 부문은 경제학의 기초 이론과 개념을 가르쳐주므로, 직접적 관련성이 매우 높다. 경제학은 수업에 있어서 수학을 가장 많이 활용하는 문과 분야 학과 가운데 하나다. 특히 미적분과 통계가 중요하다.

학과 관련 면허와 자격 현황

국가기술자격	사회조사분석사, 워드프로세서, 컴퓨터활용능력, 정보처리산업기사
국가전문자격	공인회계사, 감정평가사, 관세사, 변리사, 세무사, 공인노무사, 보험계리사
공인민간자격 및 기타	전산세무회계, 신용관리사, 신용위험분석사, 신용분석사, 자산관리사, 국제금융역, 여신심사역, 외환전문역

학과 관련 비전과 이슈

경제학은 대학졸업보다 대학원 졸업장을 가지고 있어야 이코노미스트로서 전문성을 발휘할 수 있는 전공이다. 경제학의 경우 새로운 연구방법론이 많이 발생하는 분야다. 경제가 복잡해짐에 따라 이론적으로 설명되지 않는 경제현상이 심화되고 있다. 따라서 경제이론보다 어떤 이론을 응용하여 산업적 수요를 창출하고, 경제현상과 문제를 해결하기 위한 각종 방법론적 측면이 현실에서 강조되고 있다. 그 가운데 하나는 데이터를 만들어내고 분석하는 능력이다. 경제학은 기업 관점보다 개인이나 국가 측면이 강조되므로 공공부문에 취업할 가능성이 경영학보다 높다. 따라서 공공부문의 채용동향을 살펴볼 필요가 있다.

■ **경제학과를 졸업하면 어디로 진출할까?**

정부 및 공공기관

- 중앙정부(통계직, 세무직,
  관세직, 감사직)
- 지방자치단체
- 한국조폐공사
- 한국고용정보원
- 한국자산관리공사
- 한국주택금융공사
- 예금보험공사

일반기업

- 영업, 기획, 재무, 마케팅팀
- 각종 시중은행
- 각종 금융기관
- 각종 투자자문사
- 한국투자공사
- 한국생산성본부
- 각종 보험·증권업체
- 컨설팅·마케팅업체
- 외국계 업체

연구기관

- 민간 경제연구원
- 한국직업능력개발원
- 한국개발연구원
- 한국노동연구원
- 한국조세연구원
- 산업연구원
- 각종 국제기구

학교

- 초등학교
- 중·고등학교
- 대학교

기타(국제기구)

- 국제통화기금(IMF)
- 세계은행(IBRD)
- 세계무역기구(WTO)
- 경제개발협력기구
  (OECD) 등

진출 산업 분류

은행·저축기관(8.4%), 보험업(4.5%), 입법·일반정부행정(4%), 가정용품도매업(3.8%), 금융지원서비스업(3.1%) 일반 교습학원(2.8%), 음·식료품·담배도매업(2.2%), 기계장비와 관련 물품도매업(2.2%), 건물건설업(2.1%), 종합소매업(2%)

관광학과

한눈에 보는 **관광학과 현황과 전망**

■ 학과 개요

관광학은 인간의 여가생활과 관련된 분야를 대상으로 하며, 속칭 '굴뚝 없는 산업'이라 불리는 관광산업을 탐구하는 실용적 성격의 전공이다. 관광학과에서는 관광에 필요한 각종 자원을 개발하기 위한 정책 개발과 관리 방안 등을 배우게 된다. 관광학과는 국제회의, 포상관광, 컨벤션, 전시나 이벤트와 관련한 마이스(MICE) 산업과의 관련성이 높다.

■ 관광학과의 미래 고용 관련 전망은 어떨까?

- 고용률　　　★★★★
- 전공 일치 비율　★☆
- 정규직 비율　★★★
- 월평균 소득　★★★

긍정적 전망 요인	– 세계화와 정보통신 발달, 교통 발달에 따른 관광 수요 증가 – 글로벌 경제협력과 문화교류 확대로 인한 관광 인력 증가 – 여가문화 가치 증대에 따른 관광 수요 증가 – 고령화에 따른 노인복지 관광 수요의 확대, 의료관광의 확대
부정적 전망 요인	– 세계 경제의 성장 동력 약화로 저성장 기조로 인한 관광산업 축소 – 가계부채 증가에 따른 관련 가계소비 축소 – 기후변화로 인한 자연재해 증가, 국제적 질병 등으로 인한 관광 수요 감소 – 국가 간, 종교 간 갈등 증대(예: 테러)로 관광 수요 축소 가능성

	직업군	고용지표	인공지능 대체 가능성	인력수급 전망	직업명
졸업 후 진출 가능한 직업	기획·마케팅 사무원	★★★★★	☺	±△	경영기획·마케팅·광고·홍보·영업·판매사무원
	바텐더	★★★★★	☺	±△	바텐더, 조주사
	항공기승무원	★★★★	☺	±△	스튜어드, 스튜어디스
	행사기획자	★★★★	☺	±△	컨벤션코디네이터, 시사회·회의·전시·공연·이벤트·패션쇼·페스티벌기획자, 회의전문가, MEETING PLANNER, 파티플래너, 이벤트전문가
	대학교수	★★★★	☺	±⇩	관광학 교수
	여행·관광통역안내원	★★★★	😐	±⇧	국내외여행·관광통역안내원, 투어컨덕터
	음식서비스 관련 관리자	★★★★	😐	±▽	호텔식당지배인, 레스토랑매니저, 카페관리자
	총무사무원	★★★★	☹	±△	총무·병원행정·학교행정·일반사무원, 대학행정조교
	제품·광고영업원	★★★★	😐	±△	일반·제약·인테리어·인쇄·광고·식품·체인점관리영업원
	사회과학연구원	★★★	☺	±△	관광연구원
	여행사무원	★★★	😐	±⇧	여행사무원, 항공권발권사무원, 항공기예약사무원
	관세행정사무원	★★★	😐	±⇧	여권검사공무원
	웨이터·접객원	★★★	😐	±△	웨이터, 웨이트리스, 홀써빙원, 카페종업원, 호스트
	여행상품개발자	★★★	😐	±△	여행상품기획원, 투어-오퍼레이터, 여행상담원
	선박·열차 객실승무원	★★★	😐	±△	선박객실승무원, KTX승무원, 새마을승무원, 기차승무원
	출판물전문가	★	☺	±△	출판물편집자, 출판물기획자
	상점판매원	★	😐	±▽	상점·일반소매점·백화점·대형마트·면세점 판매원, 매장관리원
	운송사무원	★★★	😐	±△	도로·항공·철도·항공·수상·물류관리사무원, 물류관리사
	안내·접수 사무원, 전화교환원	★	☹	±△	접수·예약·호텔·콘도 프런트 사무원, 데스크·승강기 안내원, 시설·견학안내원, 방송안내원, 박물관안내원, 번호안내원

	직업군	고용지표	인공지능 대체 가능성	인력수급 전망	직업명
전공의 장점을 살릴 수 있는 직업	행사기획자	★★★★	☺	±△	컨벤션코디네이터, 시사회·회의· 전시·공연·이벤트·패션쇼· 페스티벌기획자, 회의전문가, MEETING PLANNER, 파티플래너, 이벤트전문가
	여행·관광통역 안내원	★★★★	☺	±⇧	국내외여행·관광통역안내원, 투어컨덕터
	여행상품개발자	★★★	☺	±△	여행상품기획원, 투어-오퍼레이터, 여행상담원
	여행사무원	★★★	☺	±⇧	여행사무원, 항공권발권사무원, 항공기예약사무원
최근 생성된 직업	맞춤형관광컨설턴트, 융합관광관리사, 이벤트코디네이터, 실버복지관광코디네이터, 윤리적 관광코디네이터, 관광경영전문가				

국가과학기술표준분류로 관광학과 이해하기

구분	국가과학기술표준분류체계		
	대분류	중분류	소분류
관광학	지리/지역/관광	관광	관광정책, 호텔/외식경영, 항공사/여행사경영, 관광행동/관광마케팅/서비스, 관광자원/리조트/ 테마파크/상품개발, 관광콘텐츠/정보, 관광문화/ 교육, 컨벤션/카지노/크루즈, 문화관광/축제/이벤트, 녹색/환경/생태관광
		기타 지리/지역/ 관광	달리 분류되지 않는 지리/지역/관광
	정치/행정	분야별/유형별	문화관광

관광학과 준비자를 위한 꿀팁

학과 관련 고교 교과목과 준비사항

영어, 사회, 제2외국어 과목과 관련성이 높다. 관광 분야의 경우 외국인을 상대해야 할 일이 많으므로 영어, 제2외국어와 관련성이 높으며, 사회탐구영역 가운데 해외관광의 경우 세계사, 세계지리와 관련성이 높으며, 국내관광의 경우 한국사, 한국지리와 관련성이 높다.

학과 관련 면허와 자격 현황

국가기술자격	워드프로세서, 컴퓨터활용능력, 정보처리산업기사
국가전문자격	관광통역안내사, 국내여행안내사, 호텔경영사, 호텔관리사, 호텔서비스사, 문화예술교육사
공인민간자격 및 기타	FLEX영어, TEPS, 무역영어, CS Leaders(관리사), 실용영어, 국어능력인증시험, KBS한국어능력시험

학과 관련 비전과 이슈

관광학과는 국제회의, 포상관광, 컨벤션, 전시나 이벤트와 관련한 마이스(MICE) 산업의 동향을 잘 살펴볼 필요가 있으며, 한류의 영향에 따라 관광객이 크게 증가하기도 감소하기도 한다. 특히 중국 관광객이 차지하는 비중이 높다. 관광산업의 기초 인프라는 국가가 만들기 때문에 관광산업을 육성하려는 정부정책과 의지가 졸업생의 취업에 직간접적으로 영향을 미칠 수 있다.

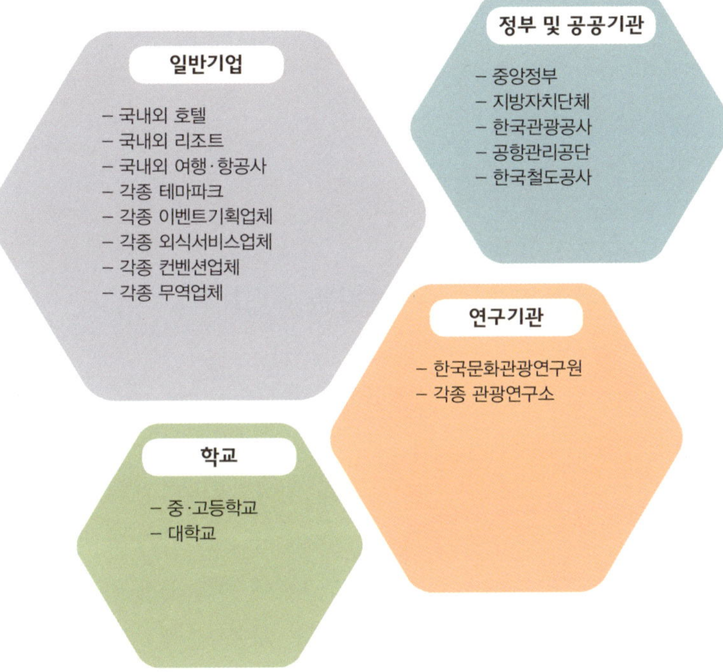

진출 산업 분류

여행사·기타 여행보조서비스업(9.8%), 숙박시설운영업(8.3%), 음식점업(6.2%), 음·식료품·담배도매업(4.2%), 섬유·의복·신발 가죽제품소매업(4.2%), 일반 교습학원(3.3%), 정기항공운송업(3%), 의원(2.7%), 기타 사업지원서비스업(2.4%), 스포츠서비스업(2.4%)

한눈에 보는 광고 · 홍보학과 현황과 전망

■ 학과 개요

광고 · 홍보학은 인간과 인간, 기업과 인간 사이의 커뮤니케이션과 관련하여 응용된 실용적 성격의 전공이다. 따라서 심리학과 경영학의 마케팅 분야와 관련성이 높다. 최근 광고 · 홍보 매체가 매우 다양해지고, 소비자의 트렌드도 빠르게 변화되고 있다. 광고 · 홍보의 경우 빠른 트렌드에 적응하기 위해서 각종 다양한 매체를 잘 활용하고, 빅데이터 분석 활용 등을 통해 소비자 심리를 분석하는 것이 중요하다.

■ 광고 · 홍보학과의 미래 고용 관련 전망은 어떨까?

- 고용률　　　★★★★
- 전공 일치 비율　★★
- 정규직 비율　★★★☆
- 월평균 소득　★★

긍정적 전망 요인	– 생산인구 감소로 인한 청년 고용 증가 – B2C로 해외시장 개척 확대로 인한 인력 증원 가능성 – 클라우드소싱을 통한 새로운 광고 · 홍보 방법에 따른 인력 증가
부정적 전망 요인	– 임금피크제 확대와 정년 연장으로 인한 청년고용 대체 증가 – 학과 증설로 인한 노동공급 증가

	직업군	고용지표	인공지능 대체 가능성	인력수급 전망	직업명
졸업 후 진출 가능한 직업	기획·마케팅 사무원	★★★★★	☺	±△	경영기획·마케팅·광고·홍보·영업· 판매사무원
	상품기획전문가	★★★★★	☺	±△	마케팅·상품기획·개발전문가, MD, 문화마케터
	광고·홍보전문가	★★★★★	☺	±△	광고기획자, 광고컨설턴트, 프레젠테이션컨설턴트
	행사기획자	★★★★	☺	±△	컨벤션코디네이터, 시사회·회의· 전시·공연·이벤트·패션쇼·페스티벌 기획자, 회의전문가, MEETING PLANNER, 파티플래너, 이벤트전문가
	시각디자이너	★★★★	☺	±△	시각·광고·포장·편집·북디자이너
	대학교수	★★★★	☺	±⇩	광고·홍보학 교수
	총무사무원	★★★★	☹	±△	총무·병원행정·학교행정·일반사무원, 대학행정조교
	조사전문가	★★★★	☹	±△	시장·사회·여론조사분석가, 조사연구원, 여론조사연구원
	제품·광고영업원	★★★★	😐	±△	일반·제약·인테리어·인쇄·광고· 식품·체인점관리영업원
	웹마스터, 웹개발자	★★★	☺	±⇧	웹마스터, 웹PD, 웹게발자, 웹프로그래머, 웹엔지니어
	작가 및 관련 전문가	★★★	☺	±△	작가, 방송작가, 스크립터, 카피라이터, 콘티라이터
	웹·멀티미디어 기획자	★★★	☺	±⇧	웹마케터, 웹·멀티미디어·컴퓨터· 모바일게임기획자
	경영지원관리자	★★★	😐	±▽	총무·인사관리자, 기획·홍보관리자, 재무관리자, 자재관리자
	출판물전문가	★	☺	±△	출판물편집자, 출판물기획자
	사진작가, 사진사	★	☺	±⇩	사진작가, 사진사
	통계 관련 사무원	★	☹	±△	통계·설문·여론·시장·전화설문· 인구 조사원
	기타 사무원	★★★★	☺	±△	도서정리·속기사, 출판·자료편집 사무원
	출판·자료편집 사무원	★★★★	☺	±△	잡지편집사무원, 자료편집사무원, 전자조판원
	인쇄·광고영업원	★★★★	😐	±△	옥외광고물영업원, 광고판매원, 인터넷콘텐츠광고영업원, 광고대행영업원, 신문광고영업원, 광고수주원, 디지털콘텐츠영업원

	직업군	고용지표	인공지능 대체 가능성	인력수급 전망	직업명
전공의 장점을 살릴 수 있는 직업	광고·홍보전문가	★★★★★	☺	±△	광고기획자, 광고컨설턴트, 프레젠테이션컨설턴트
	상품기획전문가	★★★★★	☺	±△	마케팅·상품기획·개발전문가, MD, 문화마케터
	시각디자이너	★★★★	☺	±△	시각·광고·포장·편집·북디자이너
최근 생성된 직업	매체관리자, 브랜드매니저, 디지털음원마케터, 문화마케터, 친환경마케팅전문가				

국가과학기술표준분류로 광고·홍보학과 이해하기

구분	국가과학기술표준분류체계		
	대분류	중분류	소분류
광고·홍보학	미디어/ 커뮤니케이션/ 문헌정보	광고/홍보	광고이론, 광고기획관리, 광고표현, 광고효과, 광고산업 및 정책, 홍보이론, 홍보기획관리, 홍보효과, 홍보산업 및 정책, 광고홍보이벤트/SP
	경제/경영	마케팅	광고/프로모션
	심리	산업/조직/ 소비자심리	광고심리

광고·홍보학과 준비자를 위한 꿀팁

학과 관련 고교 교과목과 준비사항

국어, 미술, 영어 과목과 관련성이 비교적 높다. 광고·홍보의 경우 문자 언어 또는 이미지 등을 활용하는 경우가 많으므로 국어와 미술 등의 과목과 관련성이 높다.

학과 관련 면허와 자격 현황

국가기술자격	컴퓨터그래픽스운용기능사, 컴퓨터활용능력, 멀티미디어콘텐츠제작전문가, 웹디자인기능사, 워드프로세서, 정보처리산업기사
국가전문자격	한국어교육능력검정시험, 문화예술교육사
공인민간자격 및 기타	디지털정보활용능력, 문서실무사, 인터넷정보관리사, 옥외광고사, TEPS, FLEX영어, 무역영어, 실용영어

학과 관련 비전과 이슈

광고·홍보학은 인간과 인간, 기업과 인간 사이의 커뮤니케이션과 관련해 심리학과 경영학의 마케팅 분야와 관련성이 높다. 최근 인터넷방송, 종편방송, 스마트폰, SNS 등 다양한 신종 광고와 홍보 수단이 등장하고 있다. 아울러 소비자의 트렌드도 빠르게 변화되고 있다. 따라서 매체를 이해하고 관리하는 것이 광고·홍보에서 중요해지고 있다. 광고·홍보의 경우 빠른 트렌드에 적응하기 위해서 각종 빅데이터를 분석하고 동향을 파악하는 능력이 중요해지고 있다.

■ 광고·홍보학과를 졸업하면 어디로 진출할까?

일반기업

- 각 홍보부서
- 각종 광고기획업체
- 각종 이벤트업체
- 각종 리서치업체
- 광고·홍보대행업체
- 중앙·지방 신문사
- 각종 출판·잡지사
- 방송사(지상파·케이블·종합편성채널)

정부 및 공공기관

- 중앙정부
- 지방자치단체
- 문화체육관광부
- 한국관광공사

연구기관

- 한국문화관광연구원
- 각종 광고연구소

학교

- 초등학교
- 중·고등학교
- 대학교

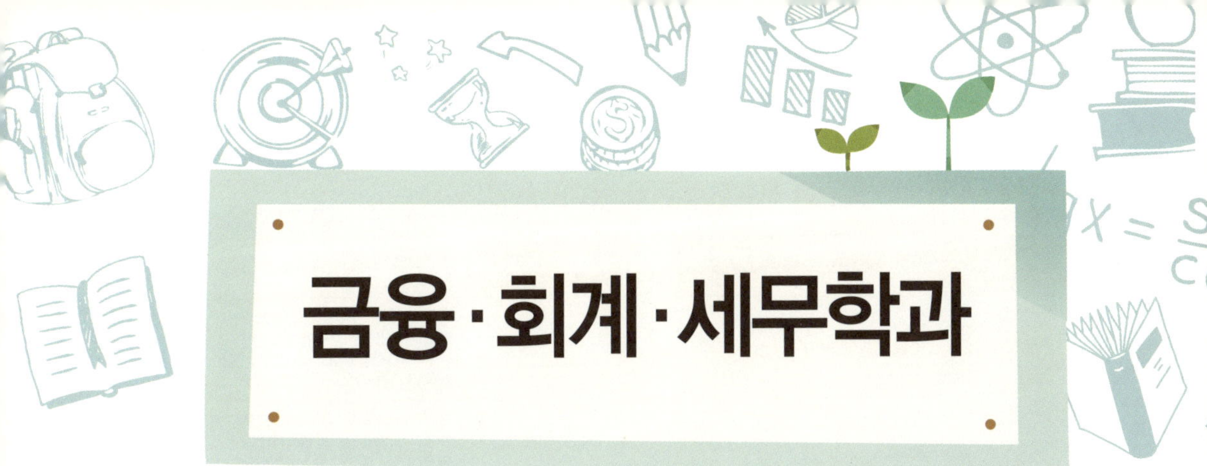

한눈에 보는 금융·회계·세무학과 현황과 전망

■ 학과 개요

금융·회계·세무학은 경제학, 경영학, 법학 등의 여러 전공 분야에서 파생된 학과다. 금융의 경우 거시경제학의 한 분야인 화폐·금융과 관련된 분야이며, 회계는 경영학의 재무회계, 관리회계와 관련성이 높고, 세무는 세법과 관련된 분야다. 따라서 금융·회계·세무학과는 경제학, 경영학, 법학 등이 복합된 융합전공이다. 금융의 경우 거시적 시각과 통찰력이 중요하며, 회계·세무는 세심하고 꼼꼼한 능력이 요구된다.

■ 금융·회계·세무학과의 미래 고용 관련 전망은 어떨까?

• 고용률	★★★★	• 정규직 비율	★★★★
• 전공 일치 비율	★★☆	• 월평균 소득	★★★★

긍정적 전망 요인	− 저개발국가에 한국형 금융산업 전파에 따른 인력 증가 − 고령화사회 도래에 따른 노령층 재무설계 분야 인력 증가
부정적 전망 요인	− 금융·회계·세무 직무의 인공지능 대체성이 증가 − 회계·세무 분야의 전문 인력(예: 전산세무, 전산회계) 공급 과잉

	직업군	고용지표	인공지능 대체 가능성	인력수급 전망	직업명
졸업 후 진출 가능한 직업	경영·진단전문가	★★★★★	😐	±△	프랜차이즈·기업경영·M&A컨설턴트, 경영진단전문가, 경영분석가, 경영전략가, 경영지도사, 창업컨설턴트, 경영컨설턴트
	보험·금융상품 개발자	★★★★★	☹	±△	보험계리인, 보험·금융상품개발자, 보험리스크매니저, 파생상품개발원, 금융설계가, 방카슈랑스상품개발자
	투자·신용분석가	★★★★★	😐	±△	재정·신용·투자·기업·시황· 증권분석가, 애널리스트
	비서	★★★★	🙂	±△	일반비서, 전문비서, 개인비서
	자산운용가	★★★★	😐	±△	펀드매니저, 채권·파생상품투자운용가, 증권투자전문가
	총무사무원	★★★★	☹	±△	총무·병원행정·학교행정· 일반사무원, 대학행정조교
	금융 관련 사무원	★★★	😐	±△	증권·은행·카드 캐피탈금융 사무원
	증권·외환 딜러	★★★	😐	±△	증권·외환중개인, 증권·외환딜러, 브로커
	경영지원관리자	★★★	😐	±▽	총무·인사관리자, 기획·홍보관리자, 재무관리자, 자재관리자
	회계사	★★	☹	±△	공인회계사, CPA, AICPA, 회계감사역, 재무감사역
	세무사	★	😐	±△	세무사
	감정평가전문가	★	🙂	±△	감정평가사, 국제보석·부동산감정사, 조향사, 위폐감식전문가
전공의 장점을 살릴 수 있는 직업	보험·금융상품 개발자	★★★★★	☹	±△	보험계리인, 보험·금융상품개발자, 보험리스크매니저, 파생상품개발원, 금융설계가, 방카슈랑스상품개발자
	투자·신용분석가	★★★★★	😐	±△	재정·신용·투자·기업·시황· 증권분석가, 애널리스트
	회계사	★★	☹	±△	공인회계사, CPA, AICPA, 회계감사역, 재무감사역
최근 생성된 직업	기업가치평가사, 노후설계전문가, 은퇴 후 재무설계전문가, 퀀트(Quant)				

국가과학기술표준분류로 금융·회계·세무학과 이해하기

구분	국가과학기술표준분류체계		
	대분류	중분류	소분류
금융·회계·세무학	경제/경영	재무관리	금융기관, 기업재무, 투자/위험관리, 보험
		회계	재무회계, 원가/관리회계, 세무회계, 회계감사, 회계정보시스템, 정부/비영리회계
		거시경제	금융(화폐)경제
		국제경제	국제금융/외환
금융·회계·세무학 관련 융합기술 및 통합학문	수학	응용통계	금융/보험통계
		응용수학	금융수학
	농림수산식품	농림수산식품 경영/정보	농업 금융/보험
	지리/지역/관광	부동산	부동산경제/부동산금융
	정치/행정	재무행정	정부회계

금융·회계·세무학과 준비자를 위한 꿀팁

학과 관련 고교 교과목과 준비사항

사회, 수학 등의 과목과 관련성이 높다. 금융의 경우 사회탐구영역 가운데 특히 경제 부문의 특정 분야와 관련성이 높다. 최근 금융을 공학적으로 접근하기 때문에 수학이 많이 활용된다. 반면 회계 분야의 경우 사회탐구영역 가운데 경제와 관련성이 높으며, 회계처리는 법에 따라 이루어지므로 법과 정치와의 관련성이 있다.

학과 관련 면허와 자격 현황

국가기술자격	전산회계운용사, 사회조사분석사, 컴퓨터활용능력, 사무자동화산업기사, 워드프로세서
국가전문자격	손해사정사, 보험계리사, 공인회계사, 세무사, 공인중개사, 감정평가사
공인민간자격 및 기타	자산관리사, 신용분석사, 회계관리, 재경관리사, ERP회계정보관리사, 전산세무회계, 국제금융역, 외환전문역, 신용분석사

학과 관련 비전과 이슈

최근 인공지능이 발달함에 따라 기계화가 용이한 직무다. 특히 회계·세무 분야의 인공지능 대체 확률이 높게 점쳐지고 있으므로, 이와 관련한 동향과 뉴스에 관심을 가질 필요가 있다.

진출 산업 분류

◆ 기타 상경계열

은행·저축기관(8.6%), 입법·일반정부행정(6.9%), 중등교육기관(6.9%), 인력공급·고용알선업(5.2%), 작물재배업(5.2%), 기타 금속가공제품제조업(3.4%), 기타 운송 관련 서비스업(3.4%), 토목건설업(3.4%), 병원(3.4%), 금융지원서비스업(3.4%)

한눈에 보는 법학과 현황과 전망

■ 학과 개요

법학은 사회 구성원들의 행태를 규율하는 사회제도와 관련된 유구한 역사를 가진 학문이다. 법학은 행정학, 정치·외교학과 관련성이 비교적 높다. 언어적 능력과 논리적 사고를 통한 리걸 마인드(Regal Mind)의 형성이 중요하다. 법학은 주로 헌법, 행정법, 공법, 민법, 소송법, 상법 등을 다룬다. 최근 법학은 실용성이 강조되고 있으며 특히 상법이 강화되고 있는 추세다.

■ 법학과의 미래 고용 관련 전망은 어떨까?

· 고용률　　　★★★　　　　· 정규직 비율　　★★★☆
· 전공 일치 비율　★☆　　　　· 월평균 소득　　★★★

긍정적 전망 요인	– 법률 서비스의 대중화를 통한 시장 확충 가능성 – 사회 갈등이 늘어남에 따른 법적 다툼의 증가 가능성
부정적 전망 요인	– 인공지능과 빅데이터 증가로 인한 직무 대체 가능성 증가 – 법조 관련 노동공급(로스쿨, 법률시장 개방)의 증가에 따른 법률시장 경쟁 심화

■ 법학과를 졸업하면 어떤 직업이 유망할까?

	직업군	고용지표	인공지능 대체 가능성	인력수급 전망	직업명
졸업 후 진출 가능한 직업	경찰관	★★★★★	☺	±△	해양경찰관, 경찰관, 사이버경찰관, 교통경찰관
	판사, 검사	★★★★★	☺	±△	판사, 검사
	소년보호관, 교도관	★★★★★	☻	±△	정복교도관, 사복교도관
	대학교수	★★★★	☺	±⇩	법학 교수
	변리사	★★★★	☺	±△	변리사, 특허전문가
	시민단체활동가	★★★★	☻	±⇧	사회단체활동가, NGO간사, 시민운동가, 인권운동가, 환경운동가
	정부·공공행정 전문가	★★★★	☻	±△	서기관, 사무관
	보험심사원, 보험사무원	★★★★	☹	±△	보험사정·수리·청구·증권사무원, 방카슈랑스사무원, 자동차사고처리원, 보상센터사고처리원, 손해사정사무원
	총무사무원	★★★★	☹	±△	총무·병원행정·학교행정·일반사무원, 대학행정조교
	손해사정인	★★★★	☹	±△	손해사정인
	사회과학연구원	★★★	☺	±△	법학연구원
	관세사	★★★	☻	±△	관세사
	법률 관련 사무원	★★	☻	±△	법무사무원, 특허법률사무원
	변호사	★	☺	±△	변호사
	감정평가전문가	★	☺	±△	감정평가사, 국제보석·부동산감정사, 조향사, 위폐감식전문가
	세무사	★	☻	±△	세무사
	법무사·집행관	★	☻	±△	법무사·집행관
	부동산컨설턴트·중개인	★	☹	±▽	부동산컨설턴트, 공인중개사, 분양·임대사무원
	국가·지방·공공 행정사무원	★★★★	☻	±△	국가직·일반직공무원, 국가·지방행정사무원

	직업군	고용지표	인공지능 대체 가능성	인력수급 전망	직업명
전공의 장점을 살릴 수 있는 직업	판사, 검사	★★★★★	☺	±△	판사, 검사
	변리사	★★★★	☺	±△	변리사, 특허전문가
	보험심사원, 보험사무원	★★★★	☹	±△	보험사정·수리·청구·증권사무원, 방카슈랑스사무원, 자동차사고처리원, 보상센터사고처리원, 손해사정사무원
	변호사	★	☺	±△	변호사
최근 생성된 직업	해상변호사, 지적재산관리사				

국가과학기술표준분류로 법학과 이해하기

구분	국가과학기술표준분류체계		
	대분류	중분류	소분류
법학	법	법학일반	법철학, 법사상, 법정책, 비교법, 법학교육, 법정보, 법사학, 법경제, 법정치, 법사회, 법여성, 법해석, 입법, 법과학
		헌법/행정법	헌법, 헌법재판, 행정법, 행정소송법, 지방자치법, 통일관계법(헌법/행정법), 인권법
		형사법	형법, 형사정책, 형사소송법
		민사법	민법, 물권법, 채권법, 친족법, 상속법, 민사소송법 신용거래법(민사법), 전자거래법(민사법), 국제사법(민사법) 국제거래법(민사법)
		상사법	상법, 상행위, 신용거래법(상사법), 전자거래법(상사법) 유가증권/어음수표법, 해상/해상운송/보험법, 국제사법(상사법), 국제거래법(상사법)
		국제법	국제법, 해양법, 국제경제법, 국제환경법, 국제인권법 통일관계법(국제법)
		분야별 전문법	경제법, 조세법, 노동법, 사회보장/사회법, 교육법, 환경법, 교통법, 항공/우주법, 의료/보건법, 중재법, 지적재산권법, 토지/부동산/주택/농지법, 소비자보호법, 문화/미디어/엔터테인먼트/스포츠법
		기타 법	달리 분류되지 않는 법
법학 관련 융합 기술 및 융합 학문	정치/행정	국제정치	국제법 및 국제기구
	경제/경영	분야별 경제	법경제
	사회/인류/복지/여성	사회제도	법사회
		문화/인류	정치/법인류학
	지리/지역/관광	지적/지리정보	지적행정/법
	심리	사회심리	법정심리, 범죄심리
	교육	교육일반	교육법학

 준비자를 위한 꿀팁

학과 관련 고교 교과목과 준비사항

사회, 국어 등의 과목과 관련성이 높다. 법의 경우 사회탐구영역 가운데 특히 법과 정치와 직접적으로 관련되어 있다. 법학의 경우 언로를 활용하여 논리적으로 표현하고 기술해야 되므로, 국어 능력이 중요한 분야다.

학과 관련 면허와 자격 현황

국가기술자격	워드프로세서, 컴퓨터활용능력
국가전문자격	변호사, 법무사, 감정평가사, 공인중개사, 공인노무사, 세무사, 변리사, 관세사, 일반행정사
공인민간자격 및 기타	원산지관리사, 행정관리사, 문서실무사, 인터넷정보관리사

학과 관련 비전과 이슈

최근 법학부와 법학과 관련한 많은 대학생들이 일반공무원시험, 경찰공무원시험, 또는 취업을 위한 자격시험(변리사, 세무사, 법무사, 공인중개사 등) 등을 준비한다. 따라서 대학에서 학생들의 취업과 진로개척을 위하여 교육과정을 개편하는 경우가 증가하고 있다. 예를 들면 과거와 비교하여 교육과정에 있어서 행정법의 비중이 증가되고 있다. 만약 법학을 전공하려면, 법률시장개방, 법률서비스 시장의 확대, 로스쿨 배출 인원, 전문변호사제도의 도입, 인공지능으로 인한 직무대체, 면허(법무사, 변호사, 변리사 등), 공무원시험 채용동향 등을 꼼꼼히 따져볼 필요가 있다.

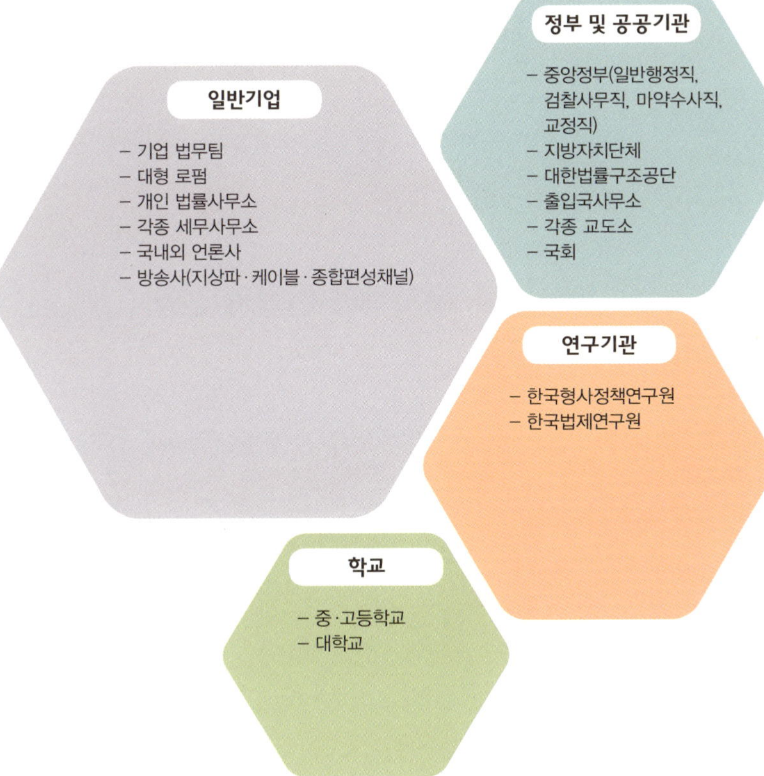

진출 산업 분류

사법·공공질서행정(16.2%), 법무 관련 서비스업(11.7%), 입법·일반정부행정(4.9%), 일반 교습학원(4.7%), 은행·저축기관(4.6%), 보험업(4.6%), 부동산 관련 서비스업(3.3%), 작물재배업(2.2%), 건물건설업(2.1%), 서적·잡지·기타 인쇄물출판업(1.8%), 기타 교육기관(1.8%), 고등교육기관(1.8%)

한눈에 보는 가족·사회·복지학과 현황과 전망

■ 학과 개요

가족·사회·복지학과는 가족과 그 구성원인 아동, 청소년, 노인, 장애인 등과 관련한 행태 양식을 탐구하고, 이와 관련된 사회적 또는 심리적 문제를 해결하기 위한 학문이다. 따라서 이 학과는 사회학과 관련성이 높은 실용적 전공이며, 대인접촉, 상담 등이 많으므로 언어, 특히 구어적 능력과 대인관계 능력이 중요하다. 특히 노인, 장애인, 결손가정의 청소년 등 취약계층을 상대할 일이 많다.

■ 가족·사회·복지학과의 미래 고용 관련 전망은 어떨까?

- 고용률 ★★★★
- 전공 일치 비율 ★★★
- 정규직 비율 ★★★
- 월평균 소득 ☆

긍정적 전망 요인	– 100세 시대의 도래에 따른 사회복지 관련 인력수요 증가 – 라이프스타일의 변화, 뉴시니어를 위한 실버복지 강화 – 사회보장제도의 확충에 따른 인력 증원 – 가족해체에 따른 상담 인력 증가 – 다문화가정의 증가에 따른 복지와 상담 인력 증가
부정적 전망 요인	– 사회복지 관련 학과 증설과 노동공급의 대폭적 증가 가능성 – 한국 정서상의 문제로 상담·컨설팅 관련 유료시장 형성이 어려움 – 사회복지 관련 종사자의 낮은 임금 구조

	직업군	고용지표	인공지능 대체 가능성	인력수급 전망	직업명
졸업 후 진출 가능한 직업	임상심리사	★★★★★	☺	±△	임상심리상담원, 심리치료사, 정신보건임상심리사
	상담전문가, 청소년지도사	★★★★★	☺	±⇧	청소년·재활·노인·성폭력상담사, 가정폭력상담원
	사회복지사	★★★★★	☺	±⇧	자활프로그램개발자, 정신보건·장애인·학교·노인사회복지사
	특수교육 교사	★★★★★	☺	±△	시각·청각 장애학교, 정신지체학교, 지역사회재활 교사
	유치원 교사	★★★★★	☺	±▽	유치원 교사
	소년보호관, 교도관	★★★★★	☺	±△	정복교도관, 사복교도관
	시민단체활동가	★★★★	☺	±⇧	사회단체활동가, NGO간사, 시민운동가, 인권운동가, 환경운동가
	육아도우미	★★★★	☹	±△	베이비시터, 아기돌보기도우미
	총무사무원	★★★★	☹	±△	총무·병원행정·학교행정·일반사무원, 대학행정조교
	보육교사	★★★★	☺	±△	보육교사, 놀이방교사, 어린이집교사, 영아교사, 시설보육사
	대학교수	★★★★	☺	±⇩	사회복지학
	사회과학연구원	★★★	☺	±△	아동연구원, 사회복지연구원
	학습지방문교사	★★★	☺	±△	학습지방문교사
	보조 교사, 기타 교사	★★	☹	±▽	컴퓨터보조교사, 실습보조교사, 학습매니저
	직업상담사, 취업알선원	★	☺	±⇧	경력컨설턴트, 헤드헌터, 커리어코칭전문가
	사회복지 관련 관리자	★★★★★	☺	±△	종합·아동·노인복지관, 사회복지협회장
	기타 사회복지 관련 종사원	★★★★★	☺	±△	노인·아동·장애인 생활지도원, 사회복지·시설보조원
	국가·지방·공공 행정사무원	★★★★★	☺	±△	국가직·일반직공무원, 국가·지방행정사무원

	직업군	고용지표	인공지능 대체 가능성	인력수급 전망	직업명
전공의 장점을 살릴 수 있는 직업	상담전문가, 청소년지도사	★★★★★	☺	±⇧	청소년·재활·노인·성폭력상담사, 가정폭력상담원
	사회복지사	★★★★★	☺	±⇧	자활프로그램개발자, 정신보건·장애인·학교·노인사회복지사
	직업상담사, 취업알선원	★	☺	±⇧	경력컨설턴트, 헤드헌터, 커리어코칭전문가
최근 생성된 직업	사회복지모금전문가, 사회복지여가지도자, 장애인활동보조인, 노인요양보호사, 사례관리자, 노후생활설계코디네이터, 노후생활설계사				

국가과학기술표준분류로 가족·사회·복지학과 이해하기

구분	국가과학기술표준분류체계		
	대분류	중분류	소분류
가족·사회·복지학	사회/인류/복지/여성	사회구조/문제	가족/성
		문화/인류	가족/친족/혼인
		사회복지정책/행정	사회복지철학/사상/윤리, 사회복지발달사, 사회복지행정/정책/제도, 사회복지프로그램개발/평가, 사회보장, 비교사회복지
		사회복지서비스/임상	영유아복지, 아동복지, 청소년복지, 가족복지, 여성복지, 노인복지, 장애인복지, 학교사회복지, 교정복지, 의료사회복지, 정신보건사회복지, 지역사회복지, 산업복지, 군사회복지, 자원봉사
		여성/젠더	여성과가족, 여성정책/복지
		기타 사회/인류/복지/여성	달리 분류되지 않는 사회/인류/복지/여성
가족·사회·복지학 관련 융합 기술 및 융합 학문	생활	가정자원경영	가족기업/공공가정관리
		가족	가족정책, 가족관계, 가족생활사, 가족상담/가족문제, 가족생활교육, 가족발달/노년학
		주거	주거사회/문화
	심리	발달심리	가족심리
		사회심리	사회심리, 사회문제
	보건의료	보건학	노인 및 가족보건
			보건경제/경영/사회
		간호과학	지역사회/보건간호 중재
	수학	응용통계	사회/심리통계
	법	분야별 전문법	사회보장/사회법
	지리/지역/관광	도시/지역개발	지역사회
	문화/예술/체육	콘텐츠	문화복지
	정치/행정	분야별/유형별행정/정책	복지

가족·사회·복지학과 준비자를 위한 꿀팁

학과 관련 고교 교과목과 준비사항

사회, 국어, 체육 등의 과목과 관련성이 높다. 사회복지학과의 경우 사회탐구 영역 가운데 경제, 사회문화, 법과 정치 등의 과목과 관련성이 높다. 가족·사회·복지 관련 학문은 상담이 많으므로 국어 능력이 요구되며, 장애인, 아동의 경우 체육을 통한 놀이와 재활, 교육 등이 중요하다.

학과 관련 면허와 자격 현황

국가기술자격	직업상담사
국가전문자격	청소년지도사, 사회복지사, 보육교사, 정교사, 준교사, 실기교사, 청소년상담사
공인민간자격 및 기타	요양보호사, 수화통역사, 점역교정사, 심리치료사, 인터넷정보관리사, 문서실무사, ITQ

학과 관련 비전과 이슈

정부의 지원제도와 공공부문, 비영리 사회단체의 주된 활동 영역이다. 따라서 정부의 각종 지원제도(건강보험, 기초생활보장제, 장애인복지지원제도 등)의 변화를 잘 살펴볼 필요가 있다. 가족·사회·복지 관련 학과의 경우 고령화사회로 진입할 경우 졸업자에 대한 사회적 노동수요가 증가될 수 있지만, 노동공급도 빠르게 증가되고 있다. 이 분야의 경우 전공자 외에 자격·면허증을 통한 인력양성이 많이 이뤄지므로 노동공급 추이를 잘 살펴보아야 한다.

일반기업

- 각종 장애인복지시설
- 각종 사회복지기관
- 각종 노인복지기관
- 각종 고용지원센터
- 각종 자선기관
- YMCA, YWCA, NGO
- 각 요양원
- 각종 상담소
- 1·2·3차 의료기관

정부 및 공공기관

- 중앙정부(사회복지직, 보호직, 교정직)
- 지방자치단체
- 한국장애인고용공단

연구기관

- 한국청소년상담원
- 한국청소년정책연구원
- 한국보건사회연구원
- 사회복지연구소
- 사회조사연구소
- 사회정책연구원
- 사회과학연구소

학교

- 국·공·사립 유치원
- 국·공·사립 어린이집
- 초등학교
- 중·고등학교
- 대학교

진출 산업 분류

◆ 사회복지학

비거주 복지시설운영업(28.4%), 입법·일반정부행정(9%), 거주 복지시설운영업(8.8%), 병원(3.8%), 기타 교육기관(2.8%), 의원(2.8%), 기타 협회·단체(2.7%), 일반 교습학원(2.3%), 초등교육기관(1.8%), 보험업(1.7%)

한눈에 보는 **국제학과 현황과 전망**

■ 학과 개요

국제학은 국가 간의 정치, 경제, 외교적 관계와 다양한 문화, 제도 등을 탐구하는 학문이다. 국제학과는 최근 학과 신설과 입학정원이 증가되고 있는 대표적인 학과다. 다루는 대상(국가, 주제 등)별로 매우 다양한 특성이 있으므로, 학문적으로 다루는 대상이 매우 광범위한 학과다. 이 학과의 경우 도전정신이 필요하다. 특히 다양성을 받아들일 수 있는 개방적 성향의 오픈 마인드와 언어 능력이 중요하다.

■ 국제학과의 미래 고용 관련 전망은 어떨까?

- 고용률　　　★★★★
- 전공 일치 비율　★☆
- 정규직 비율　　★★★★
- 월평균 소득　　★★★☆

긍정적 전망 요인	– 세계화에 따른 교역, 문화교류 확대에 따른 인력수요 – 정치 환경 다변화에 따른 전문가 육성의 필요성 – 해외시장 개척을 위한 지역 전문가 수요확대 – FTA 신규 체결과 기존 체결 내용 발효에 따른 국제 전문 인력수요 증가
부정적 전망 요인	– 세계 경제의 성장 동력의 약화로 저성장 기조 – 다른 전공자로의 노동 대체 가능성(해외 교포, 다문화가정 자녀)

■ 국제학과를 졸업하면 어떤 직업이 유망할까?

	직업군	고용지표	인공지능 대체 가능성	인력수급 전망	직업명
졸업 후 진출 가능한 직업	기획·마케팅 사무원	★★★★★	☺	±△	경영기획·마케팅·광고·홍보· 영업·판매사무원
	경영·진단전문가	★★★★★	😐	±△	프랜차이즈·기업경영· M&A컨설턴트, 경영진단전문가, 경영분석가, 경영전략가, 경영지도사, 창업컨설턴트, 경영컨설턴트
	해외영업원	★★★★★	☹	±△	무역영업원, 해외영업원
	기술영업원	★★★★★	☹	±△	전자·통신·전산·의료·산업· 농업·자동차부품·화학제품 기계장비
	행사기획자	★★★★	☺	±△	컨벤션코디네이터, 시사회·회의· 전시·공연·이벤트·패션쇼· 페스티벌기획자, 회의전문가, MEETING PLANNER, 파티플래너, 이벤트전문가
	비서	★★★★	☺	±△	일반비서, 전문비서, 개인비서
	대학교수	★★★★	☺	±⇩	국제학 교수
	인문과학연구원	★★★★	☺	±△	국제학연구원
	여행·관광통역 안내원	★★★★	😐	±⇧	국내·국외여행·관광통역 안내원, 투어컨덕터
	총무사무원	★★★★	☹	±△	총무·병원행정·학교행정·일반사무원, 대학행정조교
	제품·광고영업원	★★★★	😐	±△	일반·제약·인테리어·인쇄·광고· 식품·체인점관리 영업원
	번역가	★★★	☺	±△	전문서류번역가, 영상번역가, 문학번역가, 출판번역가
	통역가	★★★	☺	±△	수화통역사, 통역사, 동시통역사, 통역비서
	작가 및 관련 전문가	★★★	☺	±△	작가, 방송작가, 스크립터, 카피라이터, 콘티라이터
	사회과학연구원	★★★	☺	±△	사회학연구원, 경영연구원, 행정연구원, 경제연구원, 정치연구원
	무역사무원	★★★	☹	±⇧	무역사무원, 관세사무원
	경영지원관리자	★★★	😐	±▽	총무·인사관리자, 기획·홍보관리자, 재무관리자, 자재관리자
	국가·지방·공공 행정사무원	★★★★	😐	±△	국가직·일반직공무원, 국가·지방행정사무원

	직업군	고용지표	인공지능 대체 가능성	인력수급 전망	직업명
전공의 장점을 살릴 수 있는 직업	인문과학연구원	★★★★	☺	±△	국제학연구원
	해외주재원	★★★★★	☹	±△	해외주재원
	행사기획자	★★★★	☺	±△	컨벤션코디네이터, 시사회·회의·전시·공연·이벤트·패션쇼·페스티벌기획자, 회의전문가, MEETING PLANNER, 파티플래너, 이벤트전문가
최근 생성된 직업	글로벌지역전문가, 국제문화교류지도자				

국가과학기술표준분류로 국제학과 이해하기

구분	국가과학기술표준분류체계		
	대분류	중분류	소분류
국제학	환경	환경예측/감시/평가	국제환경협약/예측/평가기술
국제학 관련 융합 기술 및 융합 학문	역사/고고학	역사일반	국제관계사
	법	민사법	국제사법(민사법), 국제거래법(민사법)
		상사법	국제사법(상사법), 국제거래법(상사법)
		국제법	국제법, 해양법, 국제경제법, 국제환경법, 국제인권법, 통일관계법(국제법)
	정치/행정	정치경제	국제정치경제
		국제정치	국제정치이론, 국제협력, 국제체제및국제질서, 국제법및국제기구, 지역국제정치, 전쟁/평화, 외교사, 외교정책
	경제/경영	국제경제	국제무역이론, 국제금융/외환, 경제통합/국제경제기구, 국제통상, 해외투자
		국제경영	국제재무, 국제마케팅, 국제경영전략
		무역	국제결제, 국제운송/물류, 국제상품/관세
	사회/인류/복지/여성	지역연구	북한사회, 국제비교연구, 국제사회, 해외지역
	미디어/커뮤니케이션/문헌정보	커뮤니케이션일반	국제 커뮤니케이션
	인력 및 인프라	인력양성	국제협력 및 해외 인적자원의 육성 및 지원

국제학과 준비자를 위한 꿀팁

학과 관련 고교 교과목과 준비사항

사회, 세계사, 제2외국어 등의 과목과 관련성이 높다. 특히 사회탐구영역 가운데 경제, 사회문화, 법과 정치 등의 과목과 관련성이 높다. 영어, 제2외국어의 경우 국제업무를 수행하기 위한 의사소통 수단이다.

국가기술자격	워드프로세서, 컴퓨터활용능력
국가전문자격	일반행정사, 외국어번역행정사, 관세사, 외국어번역행정사
공인민간자격 및 기타	원산지관리사, FLEX, TEPS, 실용영어, 문서실무사, 인터넷정보관리사

학과 관련 비전과 이슈

국제학과를 지원하기 위해서는 FTA 내용과 체결동향, 해외 원조사업, 해외시장 개척, 무역관, 국제외교, 국제기구 동향 등을 살펴볼 필요가 있으며, 관심 국가와 관심 사업 분야에 대한 사전적 이해와 고민이 필요하다.

■ 국제학과를 졸업하면 어디로 진출할까?

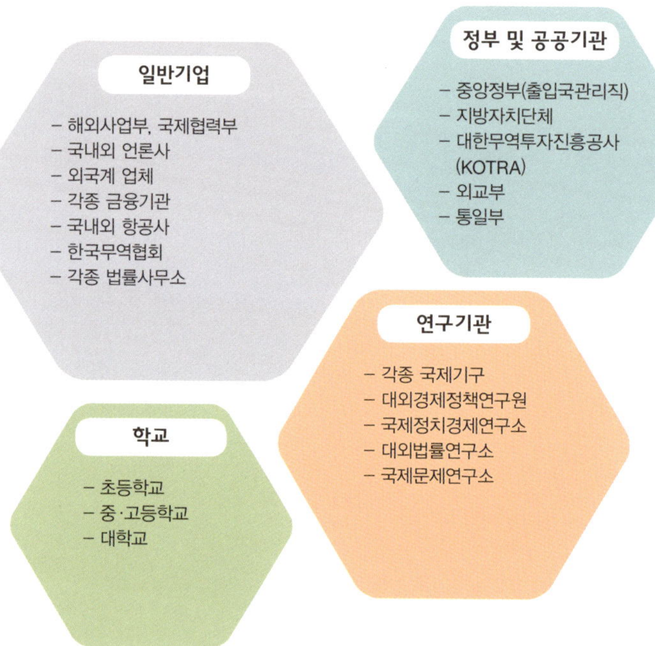

사회학과

한눈에 보는 사회학과 현황과 전망

■ 학과 개요

사회학은 인간이 구성하고 있는 사회와 관련된 행태 양식과 제반 문제를 다루는 폭넓은 범위의 기초 학문이다. 따라서 사회학은 사회복지, 정치사회, 경제사회, 정보사회, 사회조직 등 다양한 주제를 다루게 된다. 사회학의 경우 경제학, 사회복지학, 언론·방송·매체학, 문화인류학 등을 포괄하는 매우 광범위한 기초 학문이며 다차원적 인문 학문이다.

■ 사회학과의 미래 고용 관련 전망은 어떨까?

- 고용률 ★★★★
- 전공 일치 비율 ★☆
- 정규직 비율 ★★★☆
- 월평균 소득 ★★★

긍정적 전망 요인	– 사회 갈등 심화에 따른 인력수요 증가 – 사회의 복잡·다분화에 따른 노동수요 증가
부정적 전망 요인	– 학과와 산업인력 간 연계성 미흡 – 인구절벽으로 인한 학령인구 감소 – 최근 학과 증설을 통한 노동공급 증가

	직업군	고용지표	인공지능 대체 가능성	인력수급 전망	직업명
졸업 후 진출 가능한 직업	사회복지사	★★★★★	☺	±⇧	의료사회사업가, 사회복지사, 자활프로그램개발자, 사회복지상담원, 정신보건사회복지사, 장애인사회복지사, 학교사회복지사, 노인사회복지사
	시민단체활동가	★★★★	☺	±⇧	사회단체활동가, NGO간사, 시민운동가, 인권운동가, 환경운동가
	대학교수	★★★★	☺	±⇩	사회학 교수
	총무사무원	★★★★	☹	±△	총무·병원행정·학교행정·일반사무원, 대학행정조교
	조사전문가	★★★★	☹	±△	시장·사회·여론조사분석가, 조사연구원, 여론조사연구원
	아나운서, 리포터	★★★	☺	±△	아나운서, 리포터, 쇼핑호스트
	사회과학연구원	★★★	☺	±△	아동연구원, 사회복지연구원
	중·고등학교 교사	★★	☺	±▽	중학교 교사, 고등학교 교사
	감독, 기술감독	★★	☺	±△	방송연출자, 라디오·방송·편성· 다큐멘터리PD, 영화·CF·촬영·편집· 무대·뮤직비디오·광고제작 감독, VJ, 비디오저널리스트, 영화예고편제작자
	기자, 논설위원	★	☺	±△	신문·잡지·방송·생활정보기자, 논설위원, 칼럼니스트
	출판물전문가	★	☺	±△	출판물편집자, 출판물기획자
	국가·지방·공공 행정사무원	★★★★	☺	±△	국가직·일반직공무원, 국가·지방행정사무원
전공의 장점을 살릴 수 있는 직업	사회복지사	★★★★★	☺	±⇧	의료사회사업가, 사회복지사, 자활프로그램개발자, 사회복지상담원, 정신보건사회복지사, 장애인사회복지사, 학교사회복지사, 노인사회복지사
	시민단체활동가	★★★★	☺	±⇧	사회단체활동가, NGO간사, 시민운동가, 인권운동가, 환경운동가
최근 생성된 직업	갈등해소전문가, 화합전문가, 전문 분야별 사회문화평론가				

국가과학기술표준분류로 사회학과 이해하기

구분	국가과학기술표준분류체계		
	대분류	중분류	소분류
사회학	사회/인류/복지/여성	사회일반	사회사상/사회이론, 비교사회학, 사회조사/통계/방법
		사회구조/문제	가족/성, 인구/노인, 일탈/범죄, 사회계층/계급, 빈곤, 인권, 환경/재난, 종교/신앙, 의료/보건, 도시/농촌/지역사회
		사회변동	사회발전/변동, 미래사회, 시민/사회운동, 사회사/역사사회
		사회제도	조직/사회집단, 정치사회, 경제사회, 과학기술사회, 교육/지식사회, 군대사회, 노동/직업사회, 법사회, 산업사회, 문화/스포츠/여가사회, 영상/예술사회, 정보/미디어사회
		문화/인류	체질인류학, 언어/심리/인지인류학, 정치/법인류학, 환경/생태인류학, 경제/경영인류학, 도시/산업인류학, 예술/영상인류학, 정보/과학기술인류학, 교육인류학, 문화사/역사인류학, 가족/친족/혼인, 여성(인류), 종교/의례/신화, 문화이론, 이주/다문화, 인종/민족, 물질문화, 문화변동, 문화/언어공동체
		지역연구	북한사회, 국제비교연구, 국제사회, 해외지역
		여성/젠더	여성주의이론/방법론, 여성과문학/종교/심리, 섹슈얼리티/몸/성역할, 여성과일, 여성과가족, 여성과역사, 여성과정치/경제/사회제도, 여성과문화/예술/미디어, 여성주의지역연구, 여성운동/인권, 여성정책/복지, 여성주의공간/생태/환경, 여성과과학
		기타 사회/인류/복지/여성	달리 분류되지 않는 사회/인류/복지/여성

구분	국가과학기술표준분류체계		
	대분류	중분류	소분류
사회학 관련 융합 기술 및 융합 학문	수학	응용통계	사회/심리통계
	농림수산식품	농림수산 식품 경영/정보	농촌 사회/문화
	보건의료	보건학	보건경제/경영/사회
	역사/고고학	역사일반	사회사
		민속	사회민속
	철학/종교	철학일반	정치/사회철학
		종교일반	종교사회학
	언어	언어 일반	사회언어
	문화/예술/체육	무용	무용사회학/인류학
		체육인문사회	스포츠사회학
	법	법학일반	법사회
		분야별 전문법	사회보장/사회법
	정치/행정	비교정치	정치사회
	생활	주거	주거사회/문화
	지리/지역/관광	도시/지역개발	지역사회
	심리	사회심리	사회심리, 성격심리, 사회문제, 문화심리, 법정심리, 범죄심리, 군사심리, 재난심리
	교육	교육일반	교육사회학
		사회과교과교육	일반사회
	과학기술과 인문사회	과학기술정책/사회	과학기술과사회, 과학기술과문화, 과학기술과여성 과학기술과커뮤니케이션, 과학기술과정책, 과학기술과정치 과학기술과경제/경영, 과학기술인류학
		기타 과학기술과 인문사회	달리 분류되지 않는 과학기술과 인문사회

📊 사회학과 준비자를 위한 꿀팁

📑 학과 관련 고교 교과목과 준비사항

사회 과목과 직접적 관련성이 높다. 특히 사회탐구영역 가운데 경제, 사회문화, 법과 정치, 영어, 제2외국어의 경우 국제업무를 수행하기 위한 의사소통 수단이다.

🎓 학과 관련 면허와 자격 현황

국가기술자격	사회조사분석사, 워드프로세서, 컴퓨터활용능력
국가전문자격	실기교사, 정교사, 준교사, 한국어교육능력검정시험, 문화예술교육사
공인민간자격 및 기타	TEPS, FLEX, 실용영어, 문서실무사, 인터넷정보관리사

🌐 학과 관련 비전과 이슈

사회학의 경우 경제학, 사회복지학, 언론·방송·매체학, 문화인류학 등을 포괄하는 매우 광범위한 기초 학문이며 다차원적 학문이다. 이런 사회학의 특성은 폭넓게 이해하는 데는 도움이 되나, 특정 분야에 초점을 맞춘 활용성이 부족하므로, 학부만 졸업할 경우 취업에 있어서 상대적으로 불리한 면이 있다. 따라서 대학원 진학을 통한 전문성 강화가 취업에 도움이 될 수 있다.

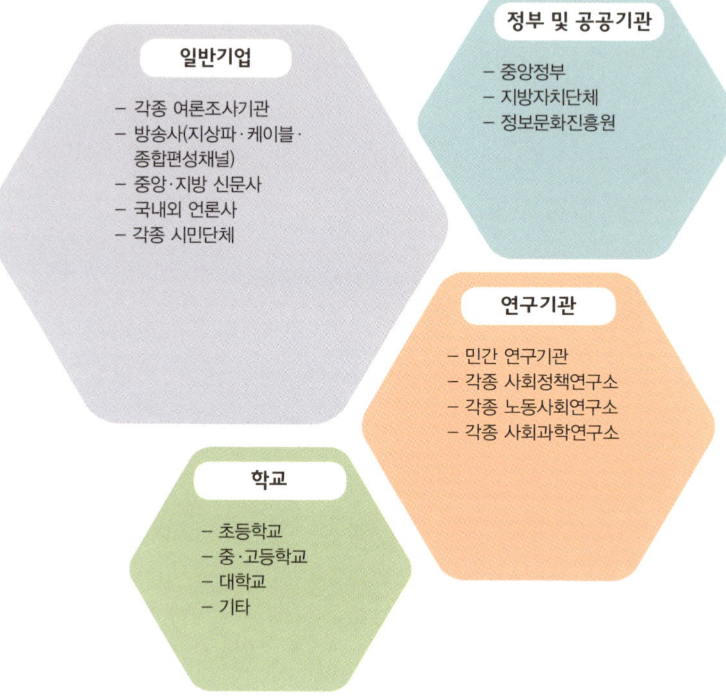

진출 산업 분류

중등교육기관(9.1%), 일반 교습학원(8.6%), 입법·일반정부행정(6.1%), 은행·저축기관(5.6%), 고등교육기관(3.6%), 서적·잡지·기타 인쇄물출판업(3.6%), 비거주 복지시설운영업(3%), 작물재배업(3%), 가정용품도매업(3%), 보험업(2.5%), 음식점업(2.5%)

한눈에 보는 언론·방송·매체학과 현황과 전망

■ 학과 개요

언론·방송·매체학과는 인간과 인간, 인간과 사회가 소통하기 위한 매체와 방법, 그리고 각종 사회 현상을 살펴보고 대중에게 전달하는 활동과 관련한 학문이다. 따라서 언론·방송·매체학은 사회학, 심리학과 관련성이 있다. 미디어와 관련된 전공이므로 트렌드를 분석하고, 이를 대중에게 표현하고 전달하는 능력(예: 국어 등)이 중요하다. 주요 교육내용은 미디어, 심리학, 언론학, 매체학, 방송·광고 기획과 제작에 관련한 것들을 배운다.

■ 언론·방송·매체학과의 미래 고용 관련 전망은 어떨까?

- 고용률　　　　★★★★
- 전공 일치 비율　★★
- 정규직 비율　　★★★☆
- 월평균 소득　　★★★

긍정적 전망 요인	－ SNS 발달로 인한 소요 인력 증대 － 한류에 따른 방송콘텐츠 수출 증대 － 방송매체의 다양화로 소규모 또는 1인 방송 증가
부정적 전망 요인	－ 학과 증설에 따른 노동공급 증가 － 언론과 방송사 간의 경쟁 심화 － 소규모 언론의 통합 가능성

	직업군	고용지표	인공지능 대체 가능성	인력수급 전망	직업명
졸업 후 진출 가능한 직업	광고·홍보전문가	★★★★★	☺	±△	광고기획자, 광고매체기획원, 광고대리인, 광고컨설턴트
	상품기획전문가	★★★★★	☺	±△	마케팅·상품기획·개발전문가, MD, 문화마케터
	연예인·스포츠 매니저	★★★★★	☺	±△	로드매니저, 연예인매니저, 제작매니저
	행사기획자	★★★★	☺	±△	컨벤션코디네이터, 시사회·회의·전시·공연·이벤트·패션쇼·페스티벌기획자, 회의전문가, MEETING PLANNER, 파티플래너, 이벤트전문가
	음향·녹음기사	★★★★	☺	±△	음향·영화·음반녹음기사, 음향디자이너, 방송장비기사
	대학교수	★★★★	☺	±⇩	언론홍보학 교수, 신문방송학 교수
	총무사무원	★★★★	☹	±△	총무·병원행정·학교행정·일반사무원, 대학행정조교
	시민단체활동가	★★★★	☻	±⇧	사회단체활동가, NGO간사, 시민운동가, 인권운동가, 환경운동가
	배우, 모델	★★★	☺	±⇧	배우, 모델, 탤런트, 성우, 개그맨
	영상·녹화편집 기사	★★★	☺	±△	영화필름기사, 스튜디오편집기사, 비디오편집기사, 영상편집기사, 방송편집기사, 프로덕션편집기사
	작가 및 관련 전문가	★★★	☺	±△	작가, 방송작가, 스크립터, 카피라이터, 콘티라이터
	사회과학연구원	★★★	☺	±△	신문방송연구원, 사회학연구원
	아나운서, 리포터	★★★	☺	±△	아나운서, 리포터, 쇼핑호스트
	감독, 기술감독	★★	☺	±△	방송연출자, 라디오·방송·편성·다큐멘터리PD, 영화·CF·촬영·편집·무대·뮤직비디오·광고제작 감독, VJ, 비디오저널리스트, 메이킹필름제작자
	기자, 논설위원	★	☺	±△	신문·잡지·방송·생활정보기자, 논설위원, 칼럼니스트
	촬영기사	★	☺	±△	영화, 광고비디오, TV, 비디오, 행사비디오, 결혼비디오
	사진작가, 사진사	★	☺	±⇩	사진작가, 사진사
	출판물전문가	★	☺	±△	출판물편집자, 출판물기획자
	기획·홍보관리자	★★★	☻	±▽	기획·홍보실장, 기획·홍보 부서장, 경영기획실장
	국가·지방·공공 행정사무원	★★★★	☻	±△	국가직·일반직공무원, 국가·지방행정사무원

	직업군	고용지표	인공지능 대체 가능성	인력수급 전망	직업명
전공의 장점을 살릴 수 있는 직업	광고·홍보전문가	★★★★★	☺	±△	광고기획자, 광고매체기획원, 광고대리인, 광고컨설턴트
	행사기획자	★★★★	☺	±△	컨벤션코디네이터, 시사회·회의·전시·공연·이벤트·패션쇼·페스티벌기획자, 회의전문가, MEETING PLANNER, 파티플래너, 이벤트전문가
	배우, 모델	★★★	☺	±⇧	배우, 모델, 탤런트, 성우, 개그맨
	감독, 기술감독	★★	☺	±△	방송연출자, 라디오·방송·편성·다큐멘터리PD, 영화·CF·촬영·편집·무대·뮤직비디오·광고제작 감독, VJ, 비디오저널리스트, 메이킹필름제작자
최근 생성된 직업	– 미디어컨설턴트, 문화컨설턴트 – 전문블로거, 온라인마케터, 소셜마케터				

구분	국가과학기술표준분류체계		
	대분류	중분류	소분류
언론·방송· 매체학	미디어/ 커뮤니케이션/ 문헌정보	커뮤니케이션 일반	언론/미디어정책, 언론사상, 언론사
		미디어/수용자	방송, 신문, 영상, 인터넷, 뉴미디어, 미디어산업, 미디어문화, 수용자연구, 미디어경영
		광고/홍보	광고이론, 광고기획관리, 광고표현, 광고효과, 광고산업및정책, 홍보이론, 홍보기획관리, 홍보효과, 홍보산업및정책, 광고홍보이벤트/SP
언론·방송· 매체학 관련 융합 기술 및 융합 학문	정보/통신	위성/전파	위성통신/방송전송, 위성통신/방송단말, 위성항법, 위성통신네트워크, 탑재체/관제, EMI/EMC, 전자파기기, 전자파진단/방호
		디지털방송	디지털방송서비스, 디지털방송매체, 디지털방송이동방송, 디지털방송통방융합, 디지털방송실감방송, 디지털방송단말
	정치/행정	분야별/ 유형별행정/정책	정보통신/방송
	문화/예술/체육	영화	영상매체/매체기술

📊 언론·방송·매체학과 준비자를 위한 꿀팁

📑 학과 관련 고교 교과목과 준비사항

사회, 국어 과목과의 관련성이 높다. 특히 사회탐구영역 가운데 다루는 주제가 주로 사회문화, 법과 정치 등의 과목과 관련된 것이 많다. 언론·방송·매체의 경우 국어로 표현되는 직무가 많으므로 국어와 관련성이 높다.

🏅 학과 관련 면허와 자격 현황

국가기술자격	사회조사분석사, 워드프로세서, 컴퓨터활용능력
국가전문자격	문화예술교육사, 한국어교원, 한국어교육능력검정시험
공인민간자격 및 기타	KBS한국어능력시험, 한국실용글쓰기검정, 옥외광고사, TEPS, FLEX, TOIEC, 실용영어

🌳 학과 관련 비전과 이슈

언론·방송·매체학과와 관련된 산업의 경우 수입원인 광고 규모는 일정한데 신문방송 매체의 다양화로 신문방송 관련 기업 간의 경쟁이 심화되고 있다. 따라서 많은 기업이 신문방송과 관련한 제작비를 삭감하여, 관련 종사자의 콘텐츠 제작의 어려움이 가중되고 있다. 이 학과와 관련된 산업의 경우 술, 상명하복, 야근과 출장이 잦은 직업이 많다. 아울러 학과 선택 시 언론·방송과 관련된 매체에 대한 이해와 기술변화 등을 살펴볼 필요가 있다. 대부분의 좋은 직장은 언론고시라 불리는 선발시험이 있으므로 이들 시험과 관련한 정보(국어, 영어, 시사, 작문, 기획 등)를 사전에 검색해볼 필요가 있다.

■ **언론·방송·매체학과를 졸업하면 어디로 진출할까?**

일반기업

– 한국언론진흥재단
– 국내외 언론사
– 방송사(지상파·케이블·종합편성채널)
– 중앙·지방 신문사
– 각종 출판·잡지사
– 광고기획·대행사
– 인터넷콘텐츠업체
– 애니메이션업체
– 웹디자인제작업체
– 콘텐츠제작업체
– 각종 이벤트업체

정부 및 공공기관

– 중앙정부
– 지방자치단체
– 문화체육관광부
– 한국방송영상산업진흥원
– 한국국제방송교류재단
– 한국콘텐츠진흥원
– 국회

연구기관

– 민간 연구기관
– 한국광고연구원
– 한국언론연구소

학교

– 초등학교
– 중·고등학교
– 대학교

진출 산업 분류

◆ **언론정보학**

서적·잡지·기타 인쇄물출판업(7.9%), 텔레비전방송업(7.9%), 광고업(6.6%), 일반 교습학원(4.8%), 입법·일반정부행정(3.1%), 고등교육기관(2.6%), 가정용품도매업(2.2%), 자료처리·호스팅·포털·기타 인터넷정보매개서비스업(2.2%), 작물재배업(1.8%), 보험업(1.8%)

한눈에 보는 정치외교학과 현황과 전망

■ 학과 개요

정치·외교학은 국가적 관점에서 국민을 통치하는 방법, 체계(법률과 제도 등), 그리고 국가 간 공적 교류와 관련한 문제를 다루는 역사가 깊은 학문이다. 정치·외교학은 행정학과 관련성이 높다. 이 학과와 관련한 특별한 능력이나 소양은 없으나, 소심한 성격보다 대범한 성격이 유리하다. 인간에 의한 정치와 정치공학이 연결되어 선거, 여론 조성, 정치에 많은 영향을 미치고 있으며, 정치는 인간에 의한 정치에서 사물에 의한 정치로 변화되고 있다.

■ 정치외교학과의 미래 고용 관련 전망은 어떨까?

- 고용률　　　　★★★★
- 전공 일치 비율　★☆
- 정규직 비율　　★★★☆
- 월평균 소득　　★★★☆

긍정적 전망 요인	– NGO의 확대 – 세계화에 따른 국제기구와 교류 확대 – 정치 환경의 다변화
부정적 전망 요인	– 교육내용과 일자리의 직무내용과의 연계성이 낮음 – 국제학과 등 대체학과의 증가 – 정치공학의 중요성 증가에 따른 다른 전공자의 직무 대체성 증가

	직업군	고용지표	인공지능 대체 가능성	인력수급 전망	직업명
졸업 후 진출 가능한 직업	경찰관	★★★★★	☺	±△	해양경찰관, 경찰관, 사이버경찰관, 교통경찰관
	해외영업원	★★★★★	☹	±△	무역영업원, 해외영업원
	대학교수	★★★★	☺	±⇩	정치외교학 교수
	시민단체활동가	★★★★	😐	±⇧	사회단체활동가, NGO간사, 시민운동가, 인권운동가, 환경운동가
	총무사무원	★★★★	☹	±△	총무·병원행정·학교행정·일반사무원, 대학행정조교
	조사전문가	★★★★	☹	±△	시장·사회·여론조사분석가, 조사연구원, 여론조사연구원
	기자, 논설위원	★	☺	±△	신문·잡지·방송·생활정보기자, 논설위원, 칼럼니스트
	국가·지방·공공 행정사무원	★★★★	😐	±△	국가직·일반직공무원, 국가·지방행정사무원
	관세행정사무원	★★★	😐	±⇧	여권검사공무원
전공의 장점을 살릴 수 있는 직업	의회의원, 고위공무원, 공공단체임원	★	😐	±⇩	국회의원, 의회의원, 교육위원, 대통령, 대법원장, 국무총리, 시·도지사, 사회·공공단체 고위임원, 정당 고위관리자
	비서	★★★★	☺	±△	일반비서, 대사관비서, 개인비서, 의회의원실비서관, 국회의원비서관, 시도의원비서관
	해외영업원	★★★★★	☹	±△	무역영업원, 해외영업원
최근 생성된 직업	정치기획가, 정치홍보가, 정치광고전문가, 정치컨설턴트				

구분	국가과학기술표준분류체계		
	대분류	중분류	소분류
정치 외교학	정치/행정	정치이론/사상	정치이론/방법론, 서양정치사상사, 동양정치사상사, 한국정치사상사, 정치철학
		비교정치	지방정치, 정치과정, 정치제도, 비교정부, 정치사회, 정치문화, IT정치
		정치경제	비교정치경제, 정치경제사, 국제정치경제
		지역정치	북미지역정치, 중남미지역정치, 유럽지역정치, 동북아지역정치, 동남아지역정치, 중동지역정치, 아프리카지역정치
		한국정치	한국정치사(고대/근대), 한국정치사(해방이후), 한국정치과정, 한국정부, 지방정치, 북한정치, 남북한관계
		국제정치	국제정치이론, 국제협력, 국제체제및국제질서, 외교사, 국제법및국제기구, 지역국제정치, 전쟁/평화, 외교정책
		공공정책	정책이론, 정책결정/집행, 정책분석/평가
		분야별/유형별행정/정책	규제, 복지, 노동, 문화관광, 보건/의료, 산업/통상, 과학기술, 정보통신/방송, 환경/자원, 교육/학술, 농림수산, 소방/방재, 경찰/경호, 국방/안보/북한
		기타 정치/행정	달리 분류되지 않는 정치/행정
정치 외교학 관련 융합 기술 및 융합 학문	역사/고고학	역사일반	정치사
	철학/종교	철학일반	정치/사회철학
	법	법학일반	법정치
	경제/경영	경제일반	정치경제학
	사회/인류/복지/여성	사회제도	정치사회
		문화/인류	정치/법인류학
		여성/젠더	여성과 정치/경제/사회제도
	미디어/커뮤니케이션/문헌정보	커뮤니케이션일반	정치 커뮤니케이션
	과학기술과 인문사회	과학기술정책/사회	과학기술과정치

정치외교학과 준비자를 위한 꿀팁

학과 관련 고교 교과목과 준비사항

사회, 국어, 영어와의 관련성이 높다. 특히 사회탐구영역 가운데 법과 정치 등의 과목과 직접적으로 관련되어 있다. 국내 정치가 중심일 경우 국어로 문서를 작성하거나, 발표, 토론하는 능력이 요구된다. 외교의 경우 의사소통을 위한 영어 능력이 중요하다.

학과 관련 면허와 자격 현황

국가기술자격	사회조사분석사, 컴퓨터활용능력, 워드프로세서
국가전문자격	한국어교원
공인민간자격 및 기타	TOEIC, TEPS, FLEX, 실용영어, 문서실무사, 인터넷정보관리사

학과 관련 비전과 이슈

정치외교학과 졸업자의 경우 공무원시험, 국회보좌관, 외무고시, 언론고시 등을 준비하는 사람이 많으므로 이들 시험의 채용규모와 동향을 파악할 필요가 있다. 이 외 정치외교학과 전공 졸업자들은 비정부 분야(NGO)가 아닌 비영리 단체(NPO; Non-profit organization) 분야로 취업하거나, 홍보학 등을 복수전공하여 일반기업 등으로 진출하는 사례가 많아지고 있다.

■ **정치외교학과를 졸업하면 어디로 진출할까?**

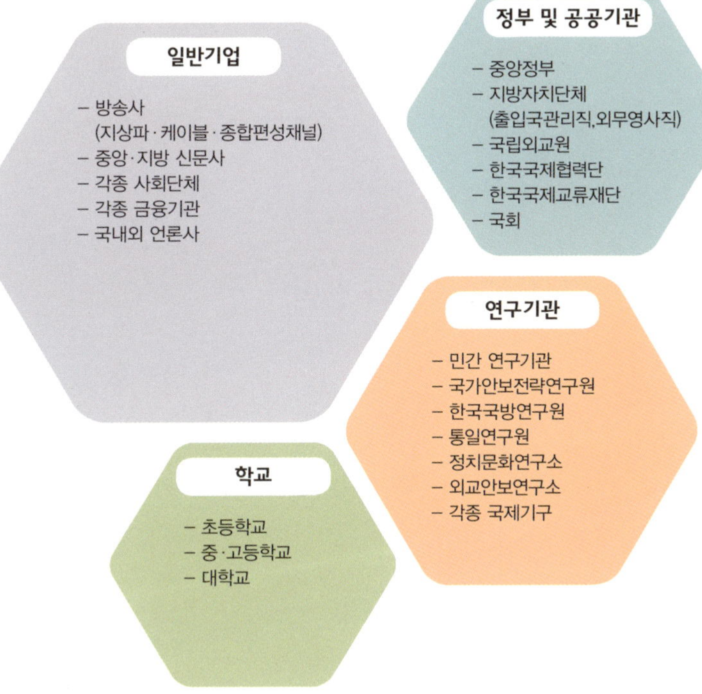

진출 산업 분류

◆ **정치학**

입법·일반정부행정(7.2%), 고등교육기관(5.9%), 일반 교습학원(5.3%), 사법·공공질서행정(5.3%), 보험업(3.9%), 작물재배업(3.3%), 은행·저축기관(3.3%), 건물건설업(2.6%), 초등교육기관(2.6%), 서적·잡지·기타 인쇄물출판업(2%)

행정학과

한눈에 보는 행정학과 현황과 전망

■ 학과 개요

행정학은 국가의 관점에서 국가 운영과 나라 살림에 관한 내용을 다루는 응용 학문이다. 이 학문은 비교적 다양한 범위의 전공 학문이다. 행정학과의 경우 경찰행정, 교도행정, 소방행정, 교육행정 등 다양한 세부 분야가 있다. 따라서 행정학과에 입학하기 전에 어느 분야로 갈 것인지 사전에 목표를 미리 설정해두면 유리하다.

■ 행정학과의 미래 고용 관련 전망은 어떨까?

- 고용률　　★★★☆
- 전공 일치 비율　★☆
- 정규직 비율　★★★☆
- 월평균 소득　★★★

긍정적 전망 요인	– 공공정책의 범위와 역할 증대(예: 재난안전, 사회복지)로 전문 행정 인력에 대한 수요 증가 – 지역사회와 NGO의 역할 강화 – 고령화로 인한 공공부문의 역할 증대
부정적 전망 요인	– 청년실업 증가로 인한 공무원시험 준비생 증가 – 학과 증설에 따른 노동공급 증가 – 공공부문의 전문화(행정학 외 다른 전공 진입 확대 가능성)

		직업군	고용지표	인공지능 대체 가능성	인력수급 전망	직업명
졸업 후 진출 가능한 직업	행정학과	기획·마케팅 사무원	★★★★★	☺	±△	경영기획·마케팅·광고· 홍보·영업·판매관리사무원
		인사·교육· 훈련사무원	★★★★★	☺	±△	인사·노무관리·교육· 교육기획·훈련사무원, 평생교육사
		경찰관	★★★★★	☺	±△	해양경찰관, 경찰관, 사이버경찰관, 교통경찰관
		대학교수	★★★★	☺	±⇩	행정학 교수
		비서	★★★★	☺	±△	일반비서, 전문비서, 개인비서
		인문과학 연구원	★★★★	☺	±△	행정학연구원
		정부·공공 행정전문가	★★★★	☹	±△	서기관, 사무관
		시민단체 활동가	★★★★	☹	±⇧	사회단체활동가, NGO간사, 시민운동가, 인권운동가, 환경운동가
		총무사무원	★★★★	☹	±△	총무·병원행정·학교행정· 일반사무원, 대학행정조교
		제품·광고 영업원	★★★★	☹	±△	일반·제약·인테리어·인쇄· 광고·식품·체인점관리영업원
		사회과학 연구원	★★★	☺	±△	행정연구원, 경영연구원, 사회학연구원
		경영지원 관리자	★★★	☹	±▽	총무·인사관리자, 기획·홍보관리자, 재무관리자, 자재관리자
		법률 관련 사무원	★★	☹	±△	법무사무원, 특허법률사무원
		경리사무원	★★	☹	±△	경리장부·전표정리원, 4대보험·급여관리·매입매출 경리사무원
		기자, 논설위원	★	☺	±△	신문·잡지·방송· 생활정보기자, 논설위원, 칼럼니스트
		세무사	★	☹	±△	세무사
		의회의원, 고위공무원, 공공단체임원	★	☹	±⇩	국회의원, 의회의원, 교육위원, 대통령, 대법원장, 국무총리, 시·도지사, 사회·공공단체 고위임원, 정당 고위관리자

	직업군	고용지표	인공지능 대체 가능성	인력수급 전망	직업명
졸업 후 진출 가능한 직업	자재관리 사무원	★★★★★	☹	±△	섬유·의류·전자·컴퓨터·건축·기계·자동차부품, 창고관리원, 자재검수원
	국가·지방·공공행정 사무원	★★★★	☺	±△	국가직·일반직공무원, 국가·지방행정사무원) 등
경찰행정학과	경호원	★★★★★	☺	±△	경호원, 경호요원, 현금수송원, 경비지도사
	소방관	★★★★★	☺	±△	소방관, 119구조대원
	무인경비원	★★★★★	☺	±△	무인경비원, 보안관제원, 경비관제원
	보건의료 관련 관리자	★★★★★	☺	±△	병원장, 요양·한방·대형병원, 보건소, 장애인의료재활원
	경찰관	★★★★★	☺	±△	해양경찰관, 경찰관, 사이버경찰관, 교통경찰관
	소년보호관, 교도관	★★★★★	☺	±△	정복교도관, 사복교도관
	법률 관련 사무원	★★	☺	±△	법무사무원, 특허법률사무원
	기자, 논설위원	★	☺	±△	신문·잡지·방송·생활정보기자, 논설위원, 칼럼니스트
	의회의원, 고위공무원, 공공단체임원	★	☺	±⇩	국회의원, 의회의원, 교육위원, 대통령, 대법원장, 국무총리, 시·도지사, 사회·공공단체 고위임원, 정당 고위관리자
	국가·지방·공공행정 사무원	★★★★	☺	±△	국가직·일반직공무원, 국가·지방행정사무원
보건행정학과	보건위생·환경검사원	★★★★★	☺	±△	환경조사원, 보건위생검사원, 환경모니터링요원
	대학교수	★★★★	☺	±⇩	보건행정학 교수
	시민단체 활동가	★★★★	☺	±⇧	사회단체활동가, NGO간사, 시민운동가, 인권운동가, 환경운동가
	총무사무원	★★★★	☹	±△	총무·병원행정·학교행정·일반사무원, 대학행정조교

	직업군	고용지표	인공지능 대체 가능성	인력수급 전망	직업명
졸업 후 진출 가능한 직업	보건행정학과	보험심사원, 보험사무원	★★★★	☹	±△	보험사정·수리·청구·증권사무원, 방카슈랑스사무원, 자동차사고처리원, 보상센터사고처리원, 손해사정사무원
		배관세정원, 방역원	★★★★	☹	±△	배관세정원, 건물소독원, 수조원, 방역원
		의무기록사	★★★	😐	±△	의무기록사
		위생사	★★★	😐	±△	위생사, 소독관리인
		국가·지방·공공행정사무원	★★★★	😐	±△	국가직·일반직공무원, 국가·지방행정사무원
		제약영업원	★★★★	😐	±△	약국의약품, 병원의약품, 치과재료, 동물병원의약품, 약국의약품, 임플란트, 드링크
		병원코디네이터	★★★★	☺	±⇧	병원코디네이터, 병원안내접수원, 병원서비스매니저, 장기이식코디네이터
전공의 장점을 살릴 수 있는 직업	행정학과	국가·지방·공공행정사무원	★★★	😐	±△	금융 관련 사무원 등
	경찰행정학과	경찰관	★★★★★	☺	±△	해양경찰관, 경찰관, 사이버경찰관, 교통경찰관
		국가·지방·공공행정사무원	★★★★	😐	±△	국가직·일반직공무원, 국가·지방행정사무원
	보건행정학과	보건위생·환경검사원	★★★★★	😐	±△	환경조사원, 보건위생검사원, 환경모니터링요원
		사회복지사	★★★★★	☺	±⇧	의료사회사업가, 사회복지사, 자활프로그램개발자, 사회복지상담원, 정신보건사회복지사, 장애인사회복지사, 학교사회복지사, 노인사회복지사
		기록물관리사	★★★★	☺	±△	기록관리사, 기록물보관원
최근 생성된 직업	• 행정학과 – 정치컨설턴트, 선거컨설턴트 • 경찰행정학과 – 교통사고처리전문가, 민간경비원					

국가과학기술표준분류로 행정학과 이해하기

구분	국가과학기술표준분류체계		
	대분류	중분류	소분류
행정학	정치/행정	행정이론/방법론	행정이론/행정사, 행정철학/윤리, 행정조사/연구방법론, 비교행정 등
		행정관리	공공조직/관리, 인사행정, 전자정부, 행정통제/개혁, 비정부조직 등
		재무행정	재무행정, 정부회계, 공기업, 준정부기관 등
		자치행정	광역/기초자치, 도시관리, 정부간관계/협상 등
		분야별/유형별행정/정책	규제, 복지, 노동, 문화관광, 보건/의료, 산업/통상, 과학기술, 정보통신/방송, 환경/자원, 교육/학술, 농림수산, 소방/방재, 경찰/경호, 국방/안보/북한 등
		기타 정치/행정	달리 분류되지 않는 정치/행정
행정학관련 융합 기술 및 융합 학문	법	헌법/행정법	행정법, 행정소송법, 지방자치법, 통일관계법(헌법/행정법) 등
	사회/인류/복지/여성	사회복지정책/행정	사회복지행정/정책/제도 등
	지리/지역/관광	지적/지리정보	지적행정/법
	교육	교육일반	교육행정/경영

행정학과 준비자를 위한 꿀팁

학과 관련 고교 교과목과 준비사항

사회 과목과의 관련성이 높다. 특히 사회탐구영역 가운데 법과 정치, 경제 등의 과목과 직접적으로 관련되어 있다. 행정의 경우 법률과 제도에 따라 이루어지며, 행정사업의 경제성과 재정 등을 고려해야 되므로 경제 과목이 중요하다.

학과 관련 면허와 자격 현황

국가기술자격	사회조사분석사, 컴퓨터활용능력, 워드프로세서, 비서
국가전문자격	세무사, 공인노무사, 법무사, 행정사, 사회복지사, 경영지도사
공인민간자격 및 기타	FLEX, 실용영어, 행정관리사, 문서실무사

행정학과의 경우 공무원시험에 응시하는 사람의 비중이 높으므로 최근 행정학과 내에 행정법의 강의 비중을 늘리는 추세다. 행정학의 경우 기본적으로 공무원과 공공 분야의 행정과 정책 관련 인력 배출이 목적이므로 각종 공무원시험, 공공부문의 채용동향을 파악할 필요가 있다.

■ 행정학과를 졸업하면 어디로 진출할까?

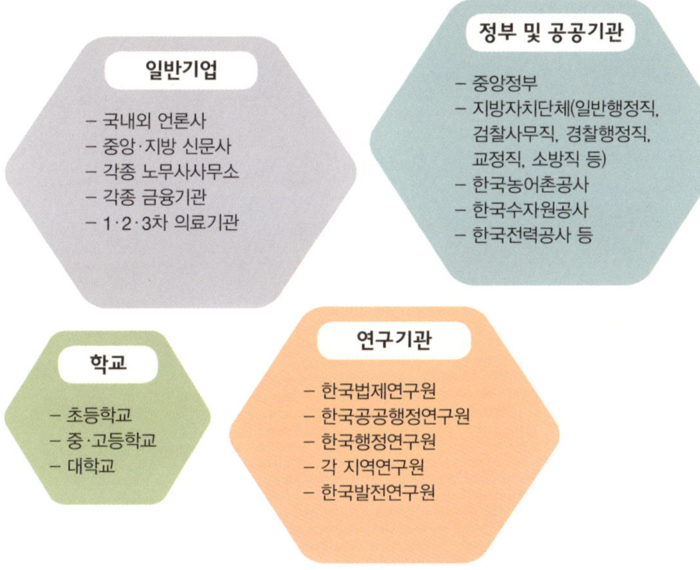

진출 산업 분류

◆ 행정학

입법·일반정부행정(12.2%), 사법·공공질서행정(6.5%), 은행·저축기관(4%), 부동산 관련 서비스업(3.8%), 병원(3.4%), 보험업(3.3%), 사회·산업정책행정(3.1%), 일반 교습학원(2.7%), 건물건설업(2.6%), 음식점업(2.4%)

교육계열

교육계열 학과 정보

- 교육학과
- 유아교육학과
- 특수교육학과
- 초등교육학과
- 중등교육학과

나의 지식과 기술에 대한 나눔의 미학을 배우는 학문

교육계열은 인류의 유산을 후손에게 전달하는 전인적 인간을 만들기 위한 학문이다. 한국교육개발원의 학과(전공) 분류에 속하는 교육계열들의 학과로는 교육학과, 유아교육학과, 특수교육학과, 초등교육학과, 중등교육학과(교과목: 영어, 국어, 역사, 과학, 사회 등) 등이 있다.

이 계열 학과의 경우 전공만족도는 전반적으로 높은 편이다. 특히 전공만족도가 높은 학과는 초등교육학과와 특수교육학과, 유아교유학과 등으로 나타난다. 즉 상대적으로 취업이 잘되는 교육계열의 학과들이 전공만족도가 높은 것으로 추정된다. 전반적으로 전공과 취업 시 하는 업무일치도는 비교적 높은 편이며 특수교육학과가 가장 일치도가 높다. 학과 졸업자들이 취업에 도움이 되어 많이 취득하는 자격증은 정교사, 준교사, 보육교사, 특수교육(지도)사, 한국어교원자격증 등의 교육 관련 자격증이 많으며, 이 외 사회복지사 등도 취업에 도움이 된다.

해당 학문에 대한 지식과 문화를 전달하는 방법을 배우므로 많이 아는 것보다 알고 있는 지식을 효과적으로 전달하는 표현력이 더욱 중요하다. 그리고 교육 대상자가 대개 미성년자이므로 이들의 이야기를 잘 들어주고 이해할 줄 아는 공감 능력이 중요하다. 또한 목소리와 발음이 좋다면 금상첨화다. 따라서 교육계열 전공자의 주된 고민거리는 '어떻게 하면 쉽고 재미있게 가르칠 수 있을까'이다.

교육 관련 학과 학생의 경우 대학 졸업 후 초·중등학교 교사, 학원강사 등으로 직업 진로를 모색하는 사례가 많다. 수능 기준으로 보면 국어영역, 수리영역, 사회탐구영역, 과학탐구영역 등에서 하나를 선정해 교과목 교사 또는 강사로 활동한다.

초·중등학교 교사가 되려면 졸업 후 임용시험을 통과해야 하며, 각종 면허증과 자격증이 필요한 분야가 많다. 교사가 되려면 정교사 자격증을 취득해야 하며, 승진 관련해서는 자기계발, 자격증 취득 등의 준비가 필요하며, 교사가 된 이후 각 교과별로 진로교사, 발명교사 등 각종 자격증을 취득한다.

특수교육학과와 유아교육학과의 경우 비교적 취업은 잘되는 편이나 관련 직종에 종사하는 사람들의 급여가 높지 않다는 단점이 있다.

문과와 이과 가운데 어디로 가야 할지 명확하지 않은 사람이라면 교육계열에서 그 답을 찾을 수 있다. 예를 들어 물리교육, 수학교육, 화학교육, 컴퓨터공학교육 등의 경우 교육 관련 교과 과목과 공학 과목이 섞여 있다. 따라서 문과와 이과 성향이 필요한 과목이 많다.

교육계열을 선택하고자 한다면 교육 자원 감소 문제를 충분히 고려해봐야 한다. 출산율 저하로 교육대상인 학생의 숫자가 갈수록 줄어들고 있는데, 이런 추세는 장기간 지속될 것으로 보인다. 저출산 문제는 자연스럽게 고령화 문제로 연결된다. 상대적으로 젊은 인구가 감소하고, 의료기술의 발달로 생명이 연장되어 노인 인구가 증가되므로 사회는 갈수록 고령화된다. 사회가 고령화된다는 것은 생산과 소비 등의 경제 활동뿐만 아니라 교육과 관련해서도 중요한 시사점을 제공한다.

그동안은 유아, 어린이, 청소년이 교육의 주된 대상층이었다. 그런데 고령화로 인해 성인과 노인으로 대상층이 확대되어 가고 있다. 아울러 정규 교육의 기능과 역할이 줄어들고, 학교가 아닌 학원, 평생교육원, 직업훈련기관 등에서 실시되는 비정규 교육이 늘어나고 있다. 교육계열에서 진로를 찾고자 한다면 이 점을 충분히 고려해야 한다.

앞으로는 학문적 교육보다는 직업훈련이 더욱 확대될 것이다. 기술 융합과 사회 변화가 빨라짐에 따라 직업훈련의 필요성이 커지고 있기 때문이다. 따라서 기업 측면의 직업훈련과 관련한 사회적 요구와 인력이 증대될 수 있다. 예를 들어 컴퓨터 프로그램도 과거와 비교하여 자주 업그레이드된다. 기업은 변화된 내용을 근로자에게 설명해주고, 사용방법을 알려줘야 한다. 또 다른 예로서 새로운 제도가 생기거나, 변화된다. 개인정보보호 관련 법, 저작권법, 기초연금법 등이 그렇다. 기업이나 훈련기관은 새로운 법의 변화 내용을 가르칠 인력이 필요하다. 즉 교육을 받을 일이 많아지므로, 기업교육 관련 인력의 사회적 요구는 증대될 것이다.

최근 교육은 교육내용의 전달자에서 촉진자 역할을 강조하고 있으며, 정답에서 해답을 찾아가는 창의인재 양성이 중요한 역할이 되고 있다. 아울러 저출산으로 인한 교육대상의 감소는 위기요인으로 작용하고 있으나, 고령화로 인한 새로운 교육대상의 창출은 기회요인으로 작용할 수 있다. 인생 이모작에서 3모작을 준비해야 하는 100세 시대에 교육의 역할과 변화와 관련한 이슈를 잘 살펴보기 바란다.

■ 한눈에 보는 교육계열 대학 정원

관련 학과	4년제 대학		2~3년제 대학	
교육일반	교육학		사회·자연교육	
유아교육	유아교육학		유아교육	
특수교육	특수교육학		특수교육	
초등교육	초등교육학			
중등교육	언어교육			
	인문교육			
	사회교육			
	공학교육			
	자연계교육			
	예체능교육			

■ 만약 우리나라에 교육계열을 졸업한 취업자가 100명이라면

학교 교사	52	
학원강사, 학습지교사	9	
보육교사·육아도우미, 생활지도원	8	
유치원 교사	5	
경영지원·행정 관련 사무원	5	
판매원, 상품대여원	3	
사회 서비스 관련 관리자 (교육, 법률, 보건)	2	
영업원, 상품중개인	2	
사회복지·상담전문가	1	
회계·경리 관련 사무원	1	
기타	12	
합계	100	

교육학과

 한눈에 보는 **교육학과 전망과 현황**

■ 학과 개요

교육학은 유구한 역사 속에 얻어진 지식, 기술, 태도 등을 후대에 전달하는 것과 관련된 학문이다. 교육학의 학문적 체계와 이론적 근거는 독일의 철학자이자 교육학자인 헤르바르트(1776~1814)가 《일반 교육학》을 저술하면서 마련되었다. 교육학의 경우 자신이 아는 것을 상대에게 전달하는 능력이 중요하다.

■ 교육학과의 미래 고용 관련 전망은 어떨까?

• 고용률	★★★☆	• 정규직 비율	★★☆
• 전공 일치 비율	★★★	• 월평균 소득	★★

긍정적 전망 요인	– 학교교육에서 평생교육으로 이행하는 새로운 교육대상 확보 – 지역교육·학교자율성 증대 – 빠른 기술변화로 인한 기업의 교육 훈련 관련 수요 증가
부정적 전망 요인	– 정보통신 발달에 따른 사이버교육의 확대 – 저출산으로 인한 학령인구 감소

	직업군	고용지표	인공지능 대체 가능성	인력수급 전망	직업명
졸업 후 진출 가능한 직업	상담전문가, 청소년지도사	★★★★★	☺	±⇧	청소년·재활·노인·성폭력· 가정폭력상담원
	사회복지사	★★★★★	☺	±⇧	사회복지사, 자활프로그램개발자
	예능강사	★★★★★	☺	±△	음악·미술·서예·체육·무용· 영화배우·성우·꽃꽂이·바둑
	인사·교육·훈련 사무원	★★★★★	☺	±△	인사·노무관리·교육·교육기획·훈련 사무원, 평생교육사
	임상심리사, 기타 치료사	★★★★★	☺	±△	심리치료사, 놀이·음악·미술·원예· 독서·언어치료사
	유치원 교사	★★★★★	☺	±▽	유치원 교사
	인사·노사 관련 전문가	★★★★★	☻	±△	HR컨설턴트, 직업훈련전문가, 직무분석가, 입학사정관
	보육교사	★★★★	☺	±△	보육교사, 놀이방교사, 어린이집교사, 영아교사, 시설보육사
	대학교수	★★★★	☺	±⇩	교육학 교수
	장학관·연구관, 교재개발원	★★★★	☺	±⇩	장학관·연구관, 교재·교구개발원
	인문과학연구원	★★★★	☺	±△	교육학연구원
	총무사무원	★★★★	☹	±△	총무·병원행정·학교행정·일반사무원, 대학행정조교
	초등학교 교사	★★★	☺	±▽	초등학교 교사, 기간제교사
	학습지방문교사	★★★	☻	±△	학습지방문교사
	교육관리자	★★	☺	±△	초·중·고등학교 교장·교감, 대학학적관리자, 직업훈련기관장
	중·고등학교 교사	★★	☺	±▽	중학교 교사, 고등학교 교사
	직업상담사, 취업알선원	★	☺	±⇧	경력컨설턴트, 헤드헌터, 커리어코칭전문가
	문리·어학강사	★	☺	±▽	보습·입시·고시학원강사, 어학강사
	출판물전문가	★	☺	±△	출판물편집자, 출판물기획자
	국가·지방·공공 행정사무원	★★★★	☻	±△	국가직·일반직공무원, 국가·지방행정사무원
	방과후교사	★	☺	±▽	방과후교사

	직업군	고용지표	인공지능 대체 가능성	인력수급 전망	직업명
전공의 장점을 살릴 수 있는 직업	상담전문가, 청소년지도사	★★★★★	☺	±⇧	청소년·재활·노인·성폭력·가정폭력상담원
	대학교수	★★★★	☺	±⇩	교육학 교수
	장학관·연구관, 교재개발원	★★★★	☺	±⇩	장학관·연구관, 교재·교구개발원
	초등학교 교사	★★★	☺	±▽	초등학교 교사, 기간제교사
	중·고등학교 교사	★★	☺	±▽	중학교 교사, 고등학교 교사
	직업상담사, 취업알선원	★	☺	±⇧	경력컨설턴트, 헤드헌터, 커리어코칭전문가
최근 생성된 직업	교육콘텐츠제작전문가, 과학커뮤니케이터, 교육상담사, 동물매개교육복지가, 학습상담사, 가족상담사				

국가과학기술표준분류로 교육학과 이해하기

구분	국가과학기술표준분류체계		
	대분류	중분류	소분류
교육학	교육	교육일반	교육철학/사상, 비교교육, 교육사학, 교육법학, 교육과정 교수이론/교육방법/교수법, 교육공학, 교육평가, 교육심리 교육행정/경영, 교육사회학, 교육인류학, 교육상담, 교육재정/경제
		학교교육	유아교육, 초등교육, 중등교육, 고등교육, 특수교육
		평생교육	평생학습/교육, 진로/직업교육, 교사교육, 성인교육
		기타 교육	달리 분류되지 않는 교육
교육학 관련 융합 기술 및 융합 학문	법	분야별 전문법	교육법
	정치/행정	분야별/유형별행정/정책	교육/학술
	사회/인류/복지/여성	사회제도	교육/지식사회
	사회/인류/복지/여성	문화/인류	교육인류학
	인력 및 인프라	인력양성	초·중등학교 교육과 학생지원

# 교육학과 준비자를 위한 꿀팁

학과 관련 고교 교과목과 준비사항

국어, 사회탐구(생활과 윤리, 사회와 문화)와 관련성이 높다. 영어, 외국어를 잘할 경우 해외사업 진출을 위한 교육 훈련 프로젝트나, 국내에 진출한 해외기업 근로자, 교육생을 위한 교육 훈련에 참여할 수 있다.

학과 관련 면허와 자격 현황

국가기술자격	직업상담사
국가전문자격	실기교사, 정교사, 평생교육사, 사회복지사, 청소년상담사, 청소년지도사, 준교사, 직업능력개발훈련교사, 한국어교원, 전문상담교사
공인민간자격 및 기타	실천예절지도사

학과 관련 비전과 이슈

교육 분야의 경우 저출산과 고령화 관련 메가트렌드에 크게 영향을 받는다. 특히 저출산에 따른 여파로 교육대상이 되는 학령인구가 급감했다. 즉 교육대상이 되는 아동, 청소년 수가 부족하기에 이들 대상의 학교 교사나 학원강사 등의 사회적 수요가 감소할 것은 거의 확실한 현실이다. 따라서 초중등학교 교사를 꿈꾼다면, 이 직업을 얻기 위한 더욱 치열한 경쟁을 치러야 할 가능성이 높다. 반면 정보화나 고령화와 관련된 이슈는 새로운 기회요인을 제공한다. 세상이 빠르게 변화되고, 학력이 높아짐에 따라 평생교육의 중요성이 점점 높아지고 있다. 취업 목적뿐만 아니라 여가라는 측면의 교육과 정보화에 따른 컴퓨터·인터넷 활동, 스마트폰 활용 등과 같은 사회변화에 적응하기 위한 평생교육이 지속적으로 필요한 상황이다. 이런 관점에서 볼 때, 고령자 대상의 평생교육에 대한 사회적 수요는 증가할 것이다. 아울러 평생교육과 관련한 기관에서 교육과정을 설계하거나 관리할 인력, 평생교육 강사와 관련한 교육학 전공자 수요는 증가할 것으로 보인다.

진출 산업 분류

초등교육기관(36.5%), 비거주 복지시설운영업(26.4%), 중등교육기관(6.6%), 일반 교습학원(3.9%), 기타 교육기관(3.1%), 음식점업(1.6%), 고등교육기관(1.6%)

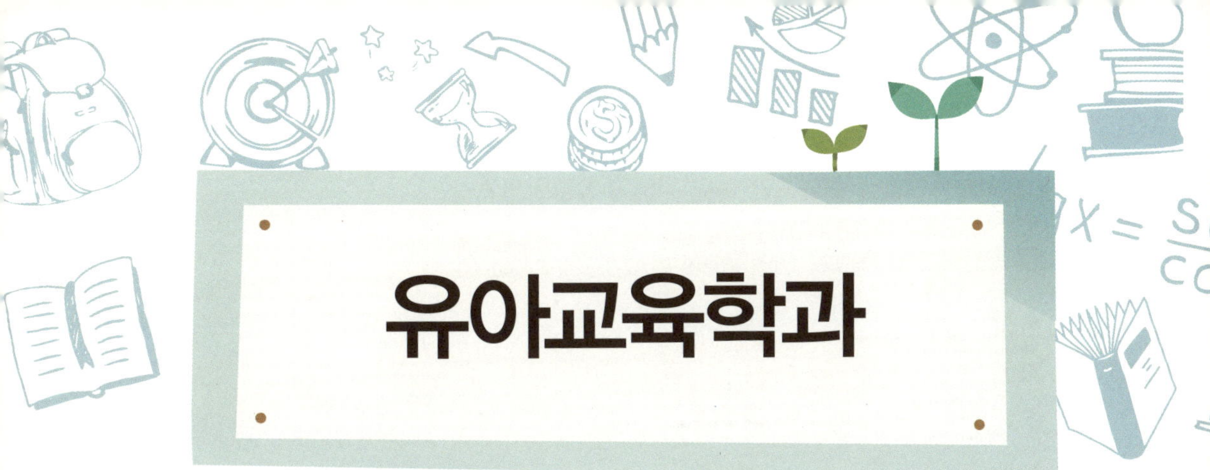

유아교육학과

 한눈에 보는 **유아교육학과 전망과 현황**

■ 학과 개요

교육학이 포괄적 대상의 교육에 관심을 갖는다면, 유아교육학은 유아라는 특정한 대상의 신체적, 정신적 발달과 교육을 돕는 학문이다. 유아는 만 3세부터 초등학교 입학 전의 아동이 주된 교육대상이다. 따라서 유아교육학을 전공할 경우 영유아에 대한 이론적 지식과 교육 방법, 실습 등을 체계적으로 배우게 된다. 여성 전공자가 절대적으로 높은 비율을 차지한다.

■ 유아교육학과의 미래 고용 관련 전망은 어떨까?

- 고용률 ★★★★☆
- 전공 일치 비율 ★★★☆
- 정규직 비율 ★★★☆
- 월평균 소득 ★

긍정적 전망 요인	– 여성의 경제 활동 참가율 증가로 육아와 보육서비스 확대 – 국가의 제도적 보육서비스 확충
부정적 전망 요인	– 인구절벽으로 인한 학령인구 감소 – 유아교육과 보육서비스 관련 예산 부족

	직업군	고용지표	인공지능 대체 가능성	인력수급 전망	직업명
졸업 후 진출 가능한 직업	상담전문가·청소년지도사	★★★★★	☺	±⇧	청소년·재활·노인·성폭력상담사, 가정폭력상담원
	사회복지사	★★★★★	☺	±⇧	의료사회사업가, 사회복지사, 자활프로그램개발자, 사회복지상담원, 정신보건사회복지사, 장애인사회복지사, 학교사회복지사, 노인사회복지사
	예능강사	★★★★★	☺	±△	음악·미술·서예·체육·무용·영화배우·성우·꽃꽂이·바둑
	임상심리사, 기타 치료사	★★★★★	☺	±△	임상심리사, 심리치료사, 놀이·음악·미술·보이타·보바스·원예·독서·언어치료사, 아로마테라피스트
	유치원 교사	★★★★★	☺	±▽	유치원 교사
	보육교사	★★★★	☺	±△	보육교사, 놀이방교사, 어린이집교사, 영아교사, 시설보육사
	스포츠·레크리에이션강사	★★★★	☺	±△	유아스포츠강사, 캠프지도자, 연극놀이강사
	대학교수	★★★★	☺	±⇩	유아교육학 교수
	장학관·연구관, 교재개발원	★★★★	☺	±⇩	장학관·연구관, 교재·교구개발원
	총무사무원	★★★★	☹	±△	총무·병원행정·학교행정·일반사무원, 대학행정조교
	육아도우미	★★★★	☹	±△	베이비시터, 아기돌보기도우미
	학습지방문교사	★★★	☺	±△	학습지방문교사
	교육관리자	★★	☺	±△	초·중·고등학교 교장, 교감, 대학학적관리자, 직업훈련기관장
	경리사무원	★★	☹	±△	경리장부·전표정리원, 4대보험·급여관리·매입매출 경리사무원
	문리·어학강사	★	☺	±▽	보습·입시·고시학원강사, 어학강사
	출판물전문가	★	☺	±△	출판물편집자, 출판물기획자
	사회복지 관련 관리자	★★★★★	☺	±△	아동복지관장, 대규모어린이집원장
	기타 사회복지 관련 종사원	★★★★★	☺	±△	노인·아동·장애인 생활지도원, 사회복지·시설보조원
	아동생활지도원, 아동생활복지사, 유아교재영업원	★★★★★	☺	±△	아동생활지도원, 아동생활복지사, 유아교재영업원

	직업군	고용지표	인공지능 대체 가능성	인력수급 전망	직업명
전공의 장점을 살릴 수 있는 직업	상담전문가, 청소년지도사	★★★★★	☺	±⇧	청소년·재활·노인·성폭력상담사, 가정폭력상담원
	임상심리사, 기타 치료사	★★★★★	☺	±△	임상심리사, 심리치료사, 놀이· 음악·미술·보이타·보바스·원예· 독서·언어치료사, 아로마테라피스트
	유치원 교사	★★★★★	☺	±▽	유치원 교사
	사회복지 관련 관리자	★★★★★	☺	±△	아동복지관장, 대규모어린이집원장
최근 생성된 직업	육아도우미, 유아창의성지도전문가, 유아지능발달전문가, 유아체육지도자				

 # 커리큘럼으로 유아교육학과 이해하기

학과	입문과목 예시	전공과목 예시
유아교육학	영유아발달, 아동복지, 유아교육개론, 유아동작교육, 인지이론과 교육 유아교육사상사	유아연구방법, 유아교육매체, 유아상담과 지도, 영유아프로그램, 유아관찰 및 평가, 유아교사론, 유아교육실습, 보육실습
보육학	교육학개론, 보육학개론, 아동발달론	아동건강교육, 사회복지개론, 아동미술, 보육과정, 부모교육론, 영유아교수방법론, 아동생활지도, 아동관찰 및 행동연구, 아동복지론, 아동영양학

※ 출처: 한국고용정보원(www.keis.or.kr)

 # 유아교육학과 준비자를 위한 꿀팁

학과 관련 고교 교과목과 준비사항

국어, 음악, 미술, 체육 등의 과목과 관련성이 높다. 영유아가 가정 먼저 교육 받는 것은 모국어인 국어다. 따라서 국어가 가장 관련성이 높다. 이 외 음악 이나 미술 등을 활용한 교육이 많이 이루어진다. 율동이나 신체발달과 관련 한 간단한 체육 활동이 진행된다.

학과 관련 면허와 자격 현황

국가기술자격	워드프로세스, 컴퓨터활용능력
국가전문자격	정교사, 보육교사
공인민간자격 및 기타	실천예절지도사, ITQ, 종이접기마스터, IEQ, GTQ

학과 관련 비전과 이슈

유아교육 분야 역시 저출산과 고령화 관련 메가트렌드에 크게 영향을 받는 다. 특히 저출산에 따른 여파로 교육대상이 되는 영유아 인구가 급감하고 있 다. 즉 교육대상이 되는 영아와 유아 수가 현격히 감소함에 따라서 향후 보육 관련 업종 종사자들 간의 경쟁이 치열해질 우려가 있다. 보육시설의 경우 국·공립보육시설과 사립시설이 있다. 국·공립시설 종사자의 경우 비교적 고용이 안정되고 급여도 괜찮은 편이나, 사립의 경우 입직이나 이직이 빈번하게 발생 되고, 종사자의 급여와 처우가 국·공립보육시설 종사자와 비교하여 현저히 낮다. 따라서 많은 유아교육학과 졸업자들이 국·공립시설의 유치원 교사가 되고자 임용고시를 준비하고 있기 때문에 이 시험의 경쟁은 치열한 편이다.

■ 유아교육학과를 졸업하면 어디로 진출할까?

일반기업

- 각종 출판업체
- 각종 교재·교구개발업체
- 각종 문화센터
- 각종 복지관
- 각종 어학원
- 각종 상담기관
- 아동상담기관

정부 및 공공기관

- 중앙정부
- 지방자치단체(교육직)

연구기관

- 민간 교육연구소
- 각종 어린이연구원
- 한국교육개발원

학교

- 국·공·사립유치원
- 국·공·사립 어린이집
- 중·고등학교
- 대학교

특수교육학과

 한눈에 보는 **특수교육학과 전망과 현황**

■ 학과 개요

특수교육은 손상이나 장애 등으로 인하여 보편성에서 정신적, 육체적, 사회적으로 벗어난 사람에 대한 교육을 목적으로 하는 학문이다. 따라서 포괄적 범위로 볼 때 영재교육도 특수교육이나, 사실상 대부분의 경우 장애인에 대한 교육이 특수교육에서 다루는 영역이 된다. 특수교육의 경우 기존 교육학의 한 분과로 보기에 다소 광범위한 학문적 영역이 추가된다. 바로 심리학과 생물학 등이 접목되기 때문이다.

■ 특수교육학과의 미래 고용 관련 전망은 어떨까?

- 고용률 ★★★★
- 전공 일치 비율 ★★★★
- 정규직 비율 ★★
- 월평균 소득 ★★

긍정적 전망 요인	– 바이오메카트로닉스, 인체보조 기술의 발달로 장애인 고용 증가 가능성 – 공교육 강화 추세 – 특수교육의 대상(예: 고령자)과 범위의 확대 – 인권신장과 장애우 권익 확대
부정적 전망 요인	– 특수교육 관련 재원 부족 – 특수교육 관련 노동공급 증가

	직업군	고용지표	인공지능 대체 가능성	인력수급 전망	직업명
졸업 후 진출 가능한 직업	상담전문가, 청소년지도사	★★★★★	☺	±⇧	청소년·재활·노인·성폭력상담사, 가정폭력상담원
	사회복지사	★★★★★	☺	±⇧	자활프로그램개발자, 정신보건·장애인·학교·노인사회복지사
	특수교육 교사	★★★★★	☺	±△	시각·청각장애학교, 정신지체학교, 지역사회재활교사
	임상심리사, 기타 치료사	★★★★★	☺	±△	임상심리사, 심리치료사, 놀이·음악·미술·언어치료사
	보육교사	★★★★	☺	±△	보육교사, 놀이방교사, 어린이집교사, 영아교사, 시설보육사
	대학교수	★★★★	☺	±⇩	특수교육학 교수
	기타 종교 관련 종사자	★★★★	☺	±⇧	포교사, 전도사, 수도사, 수녀
	장학관·연구관, 교재개발원	★★★★	☺	±⇩	장학관·연구관, 교재·교구개발원
	시민단체활동가	★★★★	😐	±⇧	사회단체활동가, NGO간사, 시민운동가, 인권운동가
	물리·작업치료사	★★★	☺	±⇧	물리치료사, 작업치료사
	교육관리자	★★	☺	±△	초·중·고등학교 교장, 교감, 대학학적관리자, 직업훈련기관장
	기타 사회복지 관련 종사원	★★★★★	☺	±△	노인·아동·장애인 생활지도원, 사회복지·시설보조원
	기타 의료복지 관련 서비스 종사원	★★★★★	☺	±△	의료관광코디네이터, 임상실험코디네이터
전공의 장점을 살릴 수 있는 직업	사회복지사	★★★★★	☺	±⇧	자활프로그램개발자, 정신보건·장애인·학교·노인사회복지사
	특수교육 교사	★★★★★	☺	±△	시각·청각장애학교, 정신지체학교, 지역사회재활교사
	임상심리사, 기타 치료사	★★★★★	☺	±△	임상심리사, 심리치료사, 놀이·음악·미술·언어치료사
	대학교수	★★★★	☺	±⇩	특수교육학 교수
최근 생성된 직업	장애영유아상담전문가, 아동상담전문가, 승마재활지도자, 장애인놀이활동전문가, 특수장애레크레이션전문가				

 ## 커리큘럼으로 특수교육학과 이해하기

학과	입문과목 예시	전공과목 예시
특수교육과	교육학개론, 생리학개론, 심리학개론, 사회복지학개론, 언어발달과 지도, 교육사회학, 교육심리학	시각장애아교육, 정신지체아교육, 특수교육과 철학, 학습장애아교육, 정서장애아교육, 물리·작업치료, 중증중복장애아교육
유아특수교육과	특수교육개론, 유아특수교육개론, 영유아발달, 장애아행동지원 및 중재	장애유아과학교육, 지체장애유아교육, 정서·행동장애유아교육, 장애아심리, 시각장애유아교육, 장애유아응용행동분석
언어치료학과	언어병리학개론, 재활학개론, 청각학개론, 발달심리학, 언어발달, 언어치료연구방법 및 통계	언어장애진단 및 평가, 언어진단훈련, 보안대체의사소통, 학습장애언어치료, 대뇌생리학, 신경언어장애, 실험음성학, 청각장애언어치료

※ 출처: 한국고용정보원(www.keis.or.kr)

 ## 특수교육학과 준비자를 위한 꿀팁

 ### 학과 관련 고교 교과목과 준비사항

국어, 체육 등의 과목과 관련성이 높다. 장애인의 경우 정신적으로나 신체적으로 발달이 느린 경우가 있다. 따라서 언어발달, 신체발달과 관련한 국어, 체육 등의 교과목이 관련성이 높다.

학과 관련 면허와 자격 현황

국가기술자격	워드프로세서, 컴퓨터활용능력
국가전문자격	특수교육사, 물리치료사, 청소년상담사, 언어재활사, 산림치유지도사
공인민간자격 및 기타	수화통역사, 브레인트레이너

특수교육은 일반 교육과 달리 개별 장애인의 특성이 중요하며, 보호자와의 의사소통과 교육이 병행되며, 건강하고 독립된 사회인이 될 수 있도록 직업교육과의 연계성이 중요한 학문이다. 이러한 특수교육은 치료와 재활에 있어서 다양한 학문 분야와 융합되어 있다. 최근 특수교육과 음악, 미술, 체육과 같은 예체능 교육이 결합하여, 특수교육 대상자의 치료와 신체, 정신발달을 돕는 프로그램과 서비스가 확대되고 있는 추세다. 신체장애에서 정신질환이나 장애는 확대되고 있다.

특수교육에 신체 특정 기능에 문제가 있는 경우 그 기능을 대체하거나, 보조할 수 있는 재활과학과 관련한 보조과학기술(Assistive Technology)이 크게 발전할 것이다. 대표적인 분야가 의지보조 기술이다. 이 외 외골격 로봇을 활용하여 장애인이 휠체어에서 탈출할 수 있게 될 것이다. 로봇은 물리적 장애 외에 특수교육적 측면에서도 활용도가 증대될 수 있다. 예를 들어 장애인 교육에 로봇을 활용하거나 로봇의 도움을 받아 장애인 보육서비스를 시행하는 것이다. 이 외 정보통신 기술을 활용하여 장애인과의 의사소통 증진이나 원격상담 등이 강화될 것이다. 스마트폰을 활용하여 장애인의 건강상태나 의사소통 등이 증진될 것으로 본다.

■ **특수교육학과를 졸업하면 어디로 진출할까?**

진출 산업 분류

초등교육기관(37.5%), 특수학교·외국인학교·대안학교(27.1%), 중등교육기관(10.4%), 비거주 복지시설운영업(6.3%), 기타 교육기관(4.2%), 기타 협회·단체(4.2%), 음식점업(2.1%), 사회·산업정책행정(2.1%), 기타 개인서비스업(2.1%)

초등교육학과

 ## 한눈에 보는 초등교육학과 전망과 현황

■ 학과 개요

초등교육학은 전문지식과 기술을 가르치는 교육이 아니라, 미래 민주주의 사회의 구성원으로 살아갈 아동을 위한 기초교육이다. 여기서 기초교육은 전인 인간이 되기 위해서 요구되는 신체적 능력, 정신적 능력뿐만 아니라 사회적 능력을 포함하는 포괄적 개념이다. 초등교육학의 경우 중등교육과 비교하여 국어, 수학, 영어, 과학 등의 전문 분야가 없으므로, 매우 포괄적 범위의 교육내용을 다루게 된다.

■ 초등교육학과의 미래 고용 관련 전망은 어떨까?

- 고용률 　　　★★★★☆
- 전공 일치 비율 ★★★★
- 정규직 비율 　★★★★☆
- 월평균 소득 　★★★

긍정적 전망 요인	– 학교시설의 복잡화로 인한 일반인을 위한 교육과 복지시설 대체 가능성 – 융합교육과 스토리텔링 – 공교육 강화 추세 – 지역교육과 학교자율성 증대
부정적 전망 요인	– 인구절벽으로 인한 학령인구 감소 – 유아교육과 보육서비스 관련 예산 부족

■ 초등교육학과를 졸업하면 어떤 직업이 유망할까?

	직업군	고용지표	인공지능 대체 가능성	인력수급 전망	직업명
졸업 후 진출 가능한 직업	예능강사	★★★★★	☺	±△	음악, 미술, 서예, 체육, 무용, 영화배우, 성우, 꽃꽂이, 바둑
	대학교수	★★★★	☺	±⇩	초등교육학 교수
	장학관·연구관, 교재개발원	★★★★	☺	±⇩	장학관·연구관, 교재·교구개발원
	교재·교구개발원	★★★★	☺	±⇩	학습콘텐츠·교재·교육과정· 교육프로그램 개발자, 교수설계자
	보육교사	★★★★	☺	±△	보육교사, 놀이방교사, 어린이집교사, 영아교사, 시설보육사
	인문과학연구원	★★★★	☺	±△	초등교육학연구원
	초등학교 교사	★★★	☺	±▽	초등학교 교사, 기간제교사
	학습지방문교사	★★★	☺	±△	학습지방문교사
	교육관리자	★★	☺	±△	초·중·고등학교 교장, 교감, 대학학적관리자, 직업훈련기관장
	중·고등학교 교사	★★	☺	±▽	중학교 교사, 고등학교 교사
	경리사무원	★★	☹	±△	경리장부·전표정리원, 4대보험·급여관리·매입매출 경리사무원
	문리·어학강사	★	☺	±▽	보습·입시·고시학원강사, 어학강사
	방과후교사	★	☺	±▽	방과후교사
	국가·지방·공공 행정사무원	★★★★	☺	±△	국가직·일반직공무원, 국가·지방행정사무원
전공의 장점을 살릴 수 있는 직업	초등학교 교사	★★★	☺	±▽	초등학교 교사, 기간제교사
최근 생성된 직업	방과후교사, 과학커뮤니케어터				

 ## 커리큘럼으로 초등교육학과 이해하기

학과	입문과목 예시	전공과목 예시
초등교육학과	아동발달과 교육, 아동교육강해, 초등교육론	초등교육과정, 초등수학기초이론, 초등영어기초이론, 초등실과교육, 초등학교교육사, 창의성교육, 초등교육행정 및 경영, 초등교육이론 및 실제

※ 출처: 한국고용정보원(www.keis.or.kr)

 ## 초등교육학과 준비자를 위한 꿀팁

 ### 학과 관련 고교 교과목과 준비사항

초등교육의 경우 기초교육이므로 전반적으로 모든 과목과 연관성이 있으나, 의사소통이 국어로 이뤄지므로 국어 과목과의 관련성이 다소 높다고 말할 수 있다.

학과 관련 면허와 자격 현황

국가기술자격	컴퓨터활용능력, 워드프로세서
국가전문자격	정교사, 보육교사, 준교사
공인민간자격 및 기타	종이접기마스터, 실천예절지도사, IEQ, GTQ, ITQ, 한자·한문지도사

학과 관련 비전과 이슈

저출산 고령화에 따라 학생 수가 급감하고 있는 현실에서 농어촌 학교는 급속히 통폐합이 진행되고 있다. 초등학교 교사의 경우 전국의 교원대학 입학이 향후 미래 교직 공무원 신분의 초등학교 교사라는 직업을 결정하게 된다. 따라서 안정적 성향의 학업성적이 좋은 여고생들이 선호하는 분야이므로, 직업 종사자에 있어서 여성 비율이 높다. 초등학교 교사의 경우 공무원 임금 규정에 따라 급여가 결정되므로 공무원과 관련한 정부 정책에 영향을 많이 받게 된다. 예를 들어 공무원연금법이 개정되면, 사학연금 등과 관련한 정책동향, 9월 신학기제 도입의 채택 가능성, 교원수급정책 등의 동향을 주의 깊게 살펴볼 필요가 있다.

■ 초등교육학과를 졸업하면 어디로 진출할까?

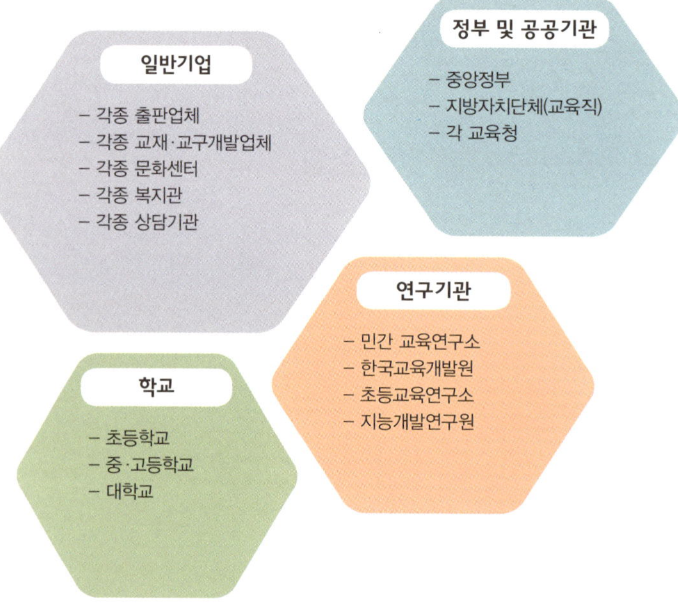

진출 산업 분류

초등교육기관(90.9%), 작물재배업(2.6%), 중등교육기관(2.2%), 일반 교습학원(0.9%), 비거주 복지시설운영업(0.4%)

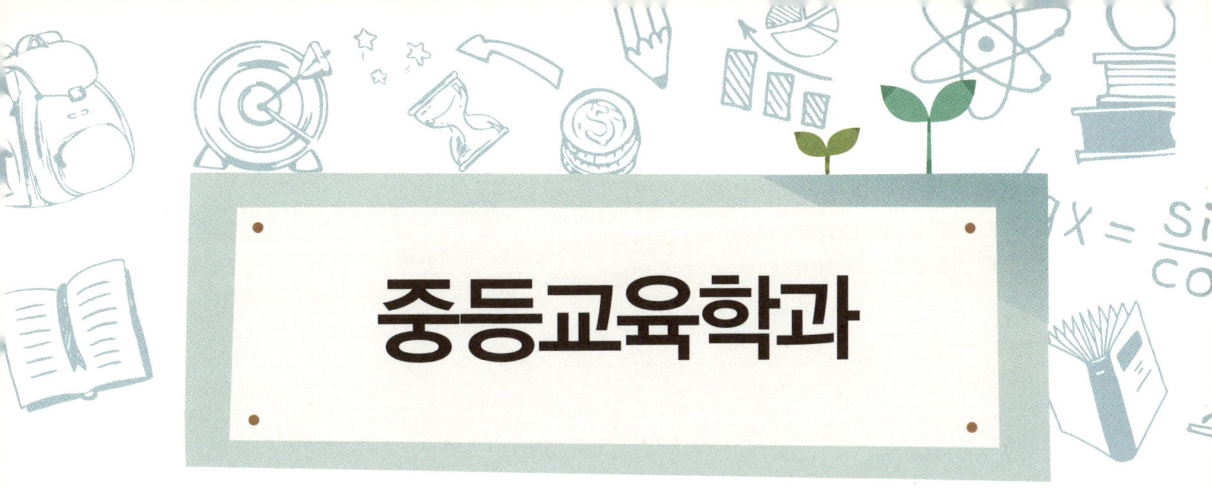

중등교육학과

 한눈에 보는 **중등교육학과 전망과 현황**

■ 학과 개요

중등교육은 중학교와 고등학교에서 실시되는 교육을 말하며, 중학교의 경우 전문교육과 기초교육이 같이 이루어진다. 따라서 중학교 단계에 있어서 교육 내용은 고등학교와 비교하여 크게 어렵지 않으며 교과 과목 역시 초등교육의 연장선상에서 진행된다. 중등교육의 또 다른 대상은 고등학생이다. 일반계 고등학교의 경우 대학 진학을 위해 중학교에서 다루는 내용에서 심화된 교육내용을 가르치지만, 특성화고와 마이스터고의 경우 직업인이 되기 위한 기초 기술과 지식을 가르치게 된다.

■ 중등교육학과의 미래 고용 관련 전망은 어떨까?

- 고용률 ★★★
- 전공 일치 비율 ★★★☆
- 정규직 비율 ★★☆
- 월평균 소득 ★★☆

긍정적 전망 요인	– 공교육 강화 추세 – 지역교육과 학교자율성 증대
부정적 전망 요인	– 인구절벽으로 인한 학령인구 감소 – 유아교육과 보육서비스 관련 예산 부족

	직업군	고용지표	인공지능 대체 가능성	인력수급 전망	직업명
졸업 후 진출 가능한 직업	언어 교육학	인문과학 연구원 ★★★★	☺	±△	언어연구원
		출판물전문가 ★	☺	±△	출판물편집자, 출판물기획자
	인문 교육학	인문과학 연구원 ★★★★	☺	±△	인문교육학연구원
		작가 및 관련 전문가 ★★★	☺	±△	작가, 소설가, 구성작가, 시인, 카피라이터, 콘티라이터
	사회교육	대학교수 ★★★★	☺	±⇩	교육학 교수
		시민단체 활동가 ★★★★	☺	±⇧	사회단체활동가, NGO간사, 시민운동가, 인권운동가, 환경운동가
		사회과학 연구원 ★★★	☺	±△	지리, 사회학
		기자, 논설위원 ★	☺	±△	신문·잡지·방송· 생활정보기자, 논설위원, 칼럼니스트
	공학교육	전자공학 기술자, 연구원 ★★★★	☺	±△	전자부품개발·설계기술자, 산업용전자기기개발· 설계기술자, 영상기기개발· 설계기술자, 가전기기개발· 설계기술자
		대학교수 ★★★★	☺	±⇩	교육학 교수
		데이터 베이스설계· 구축· 관리기술자 ★★★★	☺	±△	Oracle DB전문가, MS-SQL전문가, MySQL전문가, DBA전문가, mSQL전문가, 데이터베이스전문가, 데이터베이스설계가
		응용소프트 웨어개발자 ★★★	☺	±⇧	응용소프트웨어·네트워크· 모바일게임프로그래머
		시스템 소프트웨어 개발자 ★★★	☺	±△	시스템소프트웨어· 운영체제프로그래머
		사회과학 연구원 ★★★	☺	±△	지리, 사회학
		통신공학 기술자, 연구원 ★★	☺	±△	통신기기장비개발자·연구원, 통신기술개발자, 통신망운영기술자

	직업군	고용지표	인공지능 대체 가능성	인력수급 전망	직업명
	자연과학 연구원	★★★★★	☺	±⇧	자연과학연구원, 수학연구원, 물리연구원, 화학연구원
자연교육	생명과학 연구원	★★★★	☺	±⇧	생명과학연구원, 농림어업연구원·기술자
	대학교수	★★★★	☺	±⇩	교육학 교수
	예능강사	★★★★★	☺	±△	음악, 미술, 서예, 체육, 무용, 영화배우, 성우, 꽃꽂이, 바둑
	스포츠강사	★★★★	☺	±△	생활체육사, 체육지도사, 트레이너
	대학교수	★★★★	☺	±⇩	교육학 교수
예체능 교육	가수, 성악가	★★	☺	±△	가수, 성악가, 소프라노, 메조소프라노, 알토, 오페라가수
	운동선수	★★	☺	±△	축구선수, 야구선수, 태권도선수, 골프선수, 테니스선수
	경기심판, 경기기록원	★★	☹	±△	주심, 부심, 심판장, 경기기록원
	기자, 논설위원	★	☺	±△	신문·잡지·방송·생활정보기자, 논설위원, 칼럼니스트
	초등학교 교사	★★★	☺	±▽	초등학교 교사, 기간제교사
공통 직업	학습지 방문교사	★★★	☻	±△	학습지방문교사
	중·고등학교 교사	★★	☺	±▽	중학교 교사, 고등학교 교사
	문리·어학 강사	★	☺	±▽	보습·입시·고시학원강사, 어학강사
전공의 장점을 살릴 수 있는 직업	초등학교 교사	★★★	☺	±▽	초등학교 교사, 기간제교사
	학습지방문교사	★★★	☻	±△	학습지방문교사
	중·고등학교 교사	★★	☺	±▽	중학교 교사, 고등학교 교사
	문리·어학강사	★	☺	±▽	보습·입시·고시학원강사, 어학강사
최근 생성된 직업	과학커뮤니케이터, 진로진학상담사, 자유학기컨설턴트				

학과	입문과목 예시	전공과목 예시
국어교육과	국어교육학개론, 국어문화교육론, 문학교육원론, 매체언어교육론	국어학교육론, 한국문학교육론, 한국문학사교육론, 국어지식교육론, 작문교육론, 한국어교육론, 국어교수학습론, 국어교육연습
영어교육과	영어학 입문, 영어 청해 및 회화, 영미문학교육	영어독해 및 작문, 영어교육론, 영어교수이론과 지도, 영어문법의 이해, 영어작문 교육론, 영문법 교육론, 영어멀티미디어 교육론
일어교육과	일문법, 일어학개론, 일본의 문화배경, 전공일어, 일어독해, 청해, 회화	일어작문, 회화, 일문학개론, 일어교과교육론, 일어교재분석 및 작성, 일어회화, 일어수업연구, 일어교육지도의 실제, 교육실습
독어교육과	독일문화와 생활, 기초독문법, 기초독어회화실습	독어교육 및 독어교수법, 독문학사, 독일문학의 이해, 독어교재연구, 고급독어회화
불어교육과	프랑스문화개론, 프랑스어 초급회화, 프랑스 언어학의 이해	프랑스 회화연습, 프랑스어 학습문법, 프랑스어 교수법, 프랑스문화 개관, 프랑스 문학작품 읽기와 지도법, 프랑스어 쓰기 지도법, 프랑스어 수업연습
한문교육과	기초한문, 한문학개론, 경전강독, 통감강독, 서예지도	한문문법 교육론, 한국 한문학사, 문학이론 강독, 국문학사, 한국고전개론, 한문학비평론, 한문교육론
사회교육과	교육학개론, 교육심리학, 교육사회학, 교육과정 및 평가, 교육행정, 사회과학교육론	사회와 교육, 민주정치론, 정치사, 사회교재연구, 사회와 법률, 국제관계론, 사회조사방법론
역사교육과	교육학개론, 교육심리학, 교육사회학, 교육과정 및 평가, 교육행정, 사회과교육론	한국사상사, 동양사, 한국고대사, 한국근대사, 서양사교육강독, 서양현대사, 서양중세사, 세계사교재론
지리교육과	교육학개론, 교육심리학, 교육사회학, 교육과정 및 평가, 교육행정	지리과교육론, 교재연구 및 지도법, 교재강독, 자연지리학, 아메리카지리, 인문지리학, 지역연구, 지리심리학, 경제지리학, 지형학, 기후학
컴퓨터교육과	교육학개론, 교육심리학, 교육사회학, 교육과정 및 평가, 교육행정	컴퓨터교육론, 컴퓨터교재론, 컴퓨터언어응용, 컴퓨터구조론, 선형대수학, 이산수학, 자료구조론, 데이터통신, 경영정보론, 암호학, 인공지능
가정교육과	교육학개론, 교육심리학, 교육사회학, 교육과정 및 평가, 교육행정	가정교육론, 가정지도론, 결혼과 가족, 특수영양학, 가정관리 실습, 교재연구 및 지도법
과학교육과	교육학개론, 교육심리학, 교육사회학, 교육과정 및 평가, 교육행정, 교과교육론, 교재연구 및 지도법, 교재강독	물리수학, 과학실험, 일반화학, 일반생물학, 동식물분류학, 지구과학
물리교육과	교육학개론, 교육심리학, 교육사회학, 교육과정 및 평가, 교육행정	교과교육론, 물리교육 및 교재, 교재강독, 일반역학, 물리학사, 고체물리, 물리수학, 이론물리
생물교육과	교육학개론, 교육심리학, 교육사회학, 교육과정 및 평가, 교육행정	교과교육론, 생물교육 및 교재, 교재강독, 동식물분류학, 일반생물학, 세포생물학, 생리학

학과	입문과목 예시	전공과목 예시
수학교육과	교육학개론, 교육심리학, 교육사회학, 교육과정 및 평가, 교육행정	교과교육론, 수학교재연구, 교재강독, 수학교육사, 수학교수법, 선형대수, 미분방정식, 거리공간론, 편미분방정식, 확률론
지구과학교육과	교육학개론, 교육심리학, 교육사회학, 교육과정 및 평가, 교육행정	교과교육론, 지구과학교수법, 교재강독, 일반지질학, 일반천문학, 일반기상학, 일반해양학
화학교육과	교육학개론, 교육심리학, 교육사회학, 교육과정 및 평가, 교육행정	교과교육론, 과학과교수법, 중학과학교재연구, 화학교재연구, 교재강독, 유기화학, 물리화학개론, 물리화학, 화학실험, 생물학 및 실험, 유기화학특강
미술교육과	교육학개론, 교육심리학, 교육사회학, 교육과정 및 평가, 교육행정	미술교육론, 조형교육연구, 교재연구 및 지도법, 교재강독, 소묘, 한국화, 서양화, 디자인, 조소, 서예
음악교육과	교육학개론, 교육심리학, 교육사회학, 교육과정 및 평가, 교육행정	음악교육론, 음악 교재연구 및 지도법, 전통음악, 컴퓨터음악, 디지털피아노연주법
체육교육과	교육학개론, 교육심리학, 교육사회학, 교육과정 및 평가, 교육행정	교과교육론, 교재연구 및 지도법, 교재강독, 스포츠심리학, 육상경기, 체육측정평가, 레크리에이션, 기계체조, 체육학, 스포츠사회학

※ 출처: 한국고용정보원(www.keis.or.kr)

# 중등교육학과 준비자를 위한 꿀팁

학과 관련 고교 교과목과 준비사항

중등교육의 경우 선택한 교과목 분야와 관련성이 직결되므로 특정한 분야를 말할 수 없다. 중등교사는 배우는 입장에서 가르치는 입장으로 신분이 바뀌게 된다. 예를 들어 학생 때는 대부분의 과목을 수업 받게 되지만, 중등교사가 되면 특정 과목을 중점으로 가르치게 된다. 영어교사의 경우 영어 과목, 수학교사의 경우 수학 과목, 국어교사의 경우 국어 과목을 가르치게 되므로 특정 학과 또는 분야에 따라 달라진다.

🔖 학과 관련 면허와 자격 현황

국가기술자격	직업상담사
국가전문자격	정교사, 평생교육사2급, 사서
공인민간자격 및 기타	ITQ, GTQ, 실용영어, TEPS, FLEX, 문서실무사

🌿 학과 관련 비전과 이슈

중등교육과 관련한 주요 이슈는 먼저, 우리나라 중등학교 학교교육에 있어서 공공성이 강화될지 시장성이 강화될지다. 공공성이 강화될 경우 학교교육은 평등성이 강화될 것이며, 집합형 교육이 이뤄질 가능성이 크다. 반면 시장성이 강화되면 생산성과 효율성이 강조될 것이며, 특정 개인에 대한 계층적 교육과 탁월한 인재에 대한 수월성 교육이 확대될 가능성이 클 것이다. 우리나라 중등교육에 주된 관심은 사실상 대학입시다. 대부분의 학생이 대학을 진학하는 우리 현실에서 고등학교 교육은 입시라고 말해도 과언이 아니다. 따라서 고등학교는 대학입시와 진학으로 대표되는 입시와의 전쟁이다. 따라서 중등학교 교사의 주된 관심은 입시제도의 변화와 대학입시, 특목고와 같은 고등학교 진학과 관련한 문제에 주된 관심을 둔다. 물론 마이스터고등학교, 특성화고등학교의 진로교사가 될 경우 산업현장에 취업을 시켜야 하므로 입시 외에 학생 취업이란 문제에 많은 관심을 갖게 된다.

■ **중등교육학과를 졸업하면 어디로 진출할까?**

진출 산업 분류

중등교육기관(49.7%), 초등교육기관(10.4%), 일반 교습학원(8.2%), 고등교육기관(3.9%), 기타 교육기관(3.7%), 보험업(1.9%), 기타 협회·단체(1.4%), 은행·저축기관(1.2%), 음식점업(1%)

예체능계열

예체능계열 학과 정보

- 산업디자인학과
- 시각디자인학과
- 패션디자인학과
- 기타 디자인학과
- 공예학과
- 사진·만화학과
- 무용학과
- 체육학과
- 순수미술학과
- 조형학과
- 연극·영화학과
- 국악과
- 기악과
- 성악과
- 작곡과

타고난 능력, 승자독식이 존재하는 경쟁의 세계

예체능계열의 학과로는 한국교육개발원의 학과(전공) 분류에 속하는 산업디자인학과, 시각디자인학과, 패션디자인학과, 기타디자인학과, 공예학과, 사진·만화학과, 무용학과, 체육학과, 순수미술학과, 조형학과, 연극·영화학과, 국악과, 기악과, 성악과, 작곡과가 있다.

이 계열 학과의 경우 전공만족도는 전반적으로 높은 편이며, 음악 분야 학과들이 미술 분야 학과들보다 전공만족도가 다소 높다. 미술의 경우 상대적으로 제출해야 하는 과제물로 밤을 새우는 일이 많기 때문이기도 하다. 학과 졸업자들이 취업에 도움이 된다고 취득하는 자격증은 정교사, 준교사, 생활체육지도자, 컬러리스트 등으로 교육 관련 자격증이 많이 포함되어 있다.

사실 다른 분야와 비교하여 예체능계열 학과들은 타고난 재능이 중요하다. 특히 체육계열의 경우 정신보다는 육체를 많이 활용하며, 음악과 미술의 경우 이성보다는 감성이 강조된다. 그래서 체육계열은 반복적 훈련이 중요하고, 예술계열은 창의성이 중요한 학과들이 많이 포함되어 있다.

예체능계열 직업과 산업들은 승자독식이 적용되는 사례가 특히 많다. 드라마나 영화의 경우 주연 한 사람의 출연료가 나머지 출연자 모두의 출연료를 합한 것보다 많으며, 타율 좋은 투수 한 명의 연봉이 2군 투수 수십 명보다 높다. 또한 유명 화가의 그림 한 점은 무명 화가 수천 명의 그림보다 비싼 값에 거래된다. 예술의 경우 시대적·사회적 트렌드에 민감하며, 다른 계열에 비해 노력한 만큼 결과가 나오기보다는 신이 부여한 타고난 적성과 운이 중요하다.

예체능계열의 경우 졸업 후 가장 많이 종사하는 일은 학생이나 수강생들에게 자신이 배운 예술이나 체육 능력을 가르치는 것이다. 따라서 교육이나 강사 관련 직업이 많다. 예를 들어 예체능강사, 스포츠·레크리에이션강사, 중·고등학교 교사 등의 순이다.

예체능계열 학과는 다음 세 가지 특징을 가지고 있다. 첫째, 수학을 많이 활용하지 않는다. 둘째, 교육 과정에서 실기나 실습이 많다. 셋째, 다른 계열과 비교하여 선후배 관계에서 서열이나 위계질서가 강하다.

수능 과목 가운데는 국사, 세계사와 관련성이 높다. 예체능은 문화와 밀접한 관련성이 있기 때문이다. 따라서 예체능 관련 학과에 진학하게 되면, 문화와 관련한 선택과목을 수강할 기회가 많다. 예술은 문화와 불가분의 관계에 있기 때문이다.

학교 교과 과목으로 미술, 음악, 체육 과목과 직접적인 관련성이 높다. 흔히 예체능계열 종사자들의 직무 특성을 신체적 기능에 초점을 맞춘다. 예를 들어 그림을 잘 그리거나 음감이나 운동신경이 좋아야 하며 창의력이 뛰어나야 한다고 생각한다. 맞는 이야기다. 하지만 또 다른 공통 능력은 단시간의 집중력이다. 즉 짧은 시간에 몰입하여 성과를 뽑아내야 하는 일이 많다.

그리고 '구두 표현력'이 좋아야 한다. 예를 들어 아무리 좋은 디자인이라 할지라도 그 디자인이 가진 의미를 이야기로 잘 표현해내지 못하면 인정받기 힘들다. 또한 예체능계열 학과 졸업자 가운데 교사나 강사, 코치 등의 직업을 갖는 경우가 많으므로 말을 잘해야 한다.

　의약으로 인간의 몸을 치료하는 의술과 예능으로 마음을 치료하는 예술의 역할은 고령화사회, 물질만능의 현대사회에 있어서 앞으로 그 중요성이 더욱 커질 것이다. 따라서 예체능계열의 직업 전망은 밝다고 볼 수 있다. 경제 성장기에는 산업발전을 위한 전공자가 많이 요구되지만, 일정 수준 성장하게 되면 정신적인 활동이나 교양 활동 등을 위한 전공자가 요구된다. 창조경제의 핵심 콘텐츠는 문화콘텐츠이며, 이들 문화콘텐츠의 상당수가 예술과 관련된 것들이다. 아울러 예체능 분야는 인공지능으로 대체하기 어려운 직업이나 직무가 많다. 만약 예체능학과를 고려하고 있다면 문화와 예술 관련 산업의 성장 추이, 저작권 보호 관련 동향, 평생교육 관련 내용변화 등에 관심을 가져보기 바란다.

■ 한눈에 보는 예체능계열 대학 정원

凡例: 🧍 = 500명　🧍 = 1000명

관련 학과	4년제 대학		2~3년제 대학	
디자인	디자인 일반	🧍🧍🧍	산업디자인	🧍🧍🧍
	산업디자인	🧍🧍	시각디자인	🧍🧍
	시각디자인	🧍🧍	패션디자인	🧍🧍
	패션디자인	🧍	기타디자인	🧍🧍🧍🧍🧍🧍🧍🧍🧍
	기타 디자인	🧍🧍🧍🧍		
응용 예술	공예	🧍	공예	🧍
	사진·만화	🧍	사진·만화	🧍🧍
	영상·예술	🧍🧍🧍	영상·예술	🧍🧍
			뷰티아트	🧍🧍🧍🧍🧍🧍🧍🧍
무용·체육	무용	🧍	무용	🧍
	체육	🧍🧍🧍🧍🧍🧍🧍🧍🧍	체육	🧍🧍🧍🧍🧍🧍
미술·조형	순수미술	🧍🧍🧍	미술	🧍
	응용미술	🧍	조형	🧍
	조형	🧍		
연극·영화	연극·영화	🧍🧍	연극·영화	🧍
음악	음악학	🧍🧍🧍	음악	🧍🧍🧍
	국악	🧍	음향	🧍
	기악	🧍🧍		
	성악	🧍		
	작곡	🧍		
	기타 음악	🧍		

= 1명 = 10명

직업	인원
학원강사, 학습지교사	16
디자이너	14
경영지원·행정 관련 사무원	8
판매원, 상품대여원	6
스포츠·레크리에이션 관련 종사자	5
학교 교사	5
영업원, 상품중개인	5
창작·공연 관련 전문가	4
생산 관련 사무원	2
계산원, 매표원	2
식당서비스 관련 종사자	2
영화·연극·방송 관련 전문가	2
자동차운전원	2
주방장, 조리사	1
회계·경리 관련 사무원	1
비서, 사무보조원	1
금융·보험 관련 사무원	1
보험 관련 영업원	1
안내·접수, 고객응대, 통계조사 관련 사무원	1
이·미용 관련 서비스 종사자	1
기타	20
합계	100

산업디자인학과

 **한눈에 보는 산업디자인학과 현황과 전망**

■ 학과 개요

산업디자인은 인간생활의 편리와 윤택함을 추구할 수 있도록 실용성의 설계 외에 미적 가치를 부가하는 학문이다. 이 학과에서 다루는 학습내용은 상업적, 공업적 가치에 중점을 두므로 실용성이 강조되고, 제품디자인, 환경디자인, 브랜드디자인, 편집디자인, 디자인마케팅 등을 중요하게 다룬다.

■ 산업디자인학과의 미래 고용 관련 전망은 어떨까?

- 고용률 ★★★★
- 전공 일치 비율 ★★☆
- 정규직 비율 ★★★
- 월평균 소득 ★☆

긍정적 전망 요인	– IoT기술의 발달에 따른 산업디자인 확대 – 3D프린터 발달과 보급 확대로 인한 다양한 산업디자인 인력수요 확대 – 지적재산권 보호 강화 추이
부정적 전망 요인	– ICT기술의 발달로 인한 해외인력의 노동 대체 가능성 – 학과 증설로 인한 노동공급의 확대

	직업군	고용지표	인공지능 대체 가능성	인력수급 전망	직업명
졸업 후 진출 가능한 직업	큐레이터, 문화재보존원	★★★★★	☺	±△	학예사, 큐레이터, 문화재보존원, 컨서베이터
	광고·홍보전문가	★★★★★	☺	±△	광고기획자, 광고매체기획원, 광고대리인, 광고컨설턴트
	상품기획전문가	★★★★★	☺	±△	마케팅·상품기획·개발전문가, MD, 문화마케터
	기획·마케팅 사무원	★★★★★	☺	±△	경영기획·마케팅·광고·홍보·영업· 판매관리사무원
	예능강사	★★★★★	☺	±△	음악, 미술, 서예, 체육, 무용, 영화배우, 성우, 꽃꽂이, 바둑
	실내장식디자이너	★★★★★	☺	±▽	디스플레이·매장디자이너, 매장·소품디스플레이어
	문화·예술· 디자인·영상 관련 관리자	★★★★★	☺	±△	미술관, 박물관, 디자인업체
	제품디자이너	★★★★	☺	±△	제품·가구·팬시·문구·완구· 캐릭터디자이너
	웹·멀티미디어 디자이너	★★★★	☺	±△	웹디자이너, 웹UI디자이너, 멀티미디어디자이너
	시각디자이너	★★★★	☺	±△	시각·광고·포장·편집· 북디자이너
	제품·광고영업원	★★★★	☺	±△	일반·인테리어·인쇄·광고영업원
	대학교수	★★★★	☺	±⇩	디자인학 교수
	캐드원	★★★	☺	±△	기계·금속·전기전자장비·토목· 건축캐드원
	웹·멀티미디어 기획자	★★★	☺	±⇧	웹·멀티미디어·컴퓨터· 모바일게임기획자, 웹마케터
	컴퓨터강사	★★	☺	±▽	컴퓨터학원강사, 웹디자인강사, 컴퓨터그래픽강사

	직업군	고용지표	인공지능 대체 가능성	인력수급 전망	직업명
전공의 장점을 살릴 수 있는 직업	제품디자이너	★★★★	☺	±△	제품·가구·팬시·문구·완구· 캐릭터디자이너
	웹·멀티미디어 디자이너	★★★★	☺	±△	웹디자이너, 웹UI디자이너, 멀티미디어디자이너
	실내장식디자이너	★★★★★	☺	±▽	디스플레이·매장디자이너, 매장·소품디스플레이어
	인테리어디자인· 시공기술자	★★★	☺	±△	인테리어, 실내장식, 리모델링, 실내건축, 전시디자이너
	편집디자이너	★★★★	☺	±△	북·신문·맥·잡지·도서·출판· 인쇄물·리플렛·사보· 잡지편집디자이너
최근 생성된 직업	창의디자인지도사, 제품디자인평가사				

커리큘럼으로 산업디자인학과 이해하기

학과	전공필수 예시	전공과목 예시
산업디자인 학과	3D컴퓨터그래픽, CAD, 디자인론, 색채학, 입체조형, 재료와생산공정, 제품기획론, 제품디자인I	2D컴퓨터그래픽, 기초디자인, 도학, 드로잉I, 디자인경영과브랜드전략, 디자인마케팅, 디자인방법론, 디자인세미나, 디자인의이해, 디자인제도, 렌더링I, 멀티미디어디자인I, 모형제작, 발상과표현, 사진과디자인, 산업디자인실무, 스케치기법, 운송기기디자인, 웹디자인, 인간중심디자인, 인터페이스디자인, 정보디자인, 제품그래픽, 제품디자인II, 제품디자인III, 제품디자인IV, 타이포그래피, 평면조형, 포트폴리오, 프리젠테이션, 환경제품디자인

※ 출처: 한국고용정보원(www.keis.or.kr)

산업디자인학과 준비자를 위한 꿀팁

학과 관련 고교 교과목과 준비사항

미술, 세계사 과목과 관련성이 비교적 높다. 산업디자인의 경우 창의력을 바탕으로 미적 감각 외에 트렌드를 읽는 능력이 필요하다.

학과 관련 면허와 자격 현황

국가기술자격	제품디자인산업기사, 시각디자인산업기사, 웹디자인기능사, 패션디자인산업기사, 컴퓨터그래픽스운용기능사, 컬러리스트산업기사, 제품응용모델링기능사
국가전문자격	박물관·미술관준학예사, 문화예술교육사
공인민간자격 및 기타	숍마스터, 옥외광고사

학과 관련 비전과 이슈

최근 고령자, 장애인, 외국인 등을 배려한 유니버설디자인이 증가하는 추세이며, 디자인에 있어 IT기술의 접목이 빠르게 진행되고 있다. 과거에는 외형 중심의 디자인을 추구했다면, 요즘에는 안에 들어가는 내용물에 대한 디자인이 증가되고 있다. 산업디자인은 디자인의 꽃이다. 자신만의 특색 있는 제품을 가지려는 욕구가 강해지고 있으므로 산업디자인 관련 인력수요는 꾸준히 증가할 수 있으며, 최근 디자인 관련 정원 증가 등은 졸업자의 취업 진로에 부정적일 수 있다.

진출 산업 분류

전문디자인업(10.7%), 광고업(4%), 봉제의복제조업(3.9%), 무점포소매업(3.6%), 실내건축·건축마무리공사업(3.1%), 기타 교육기관(2.3%), 음식점업(2.1%), 가정용품도매업(2.1%), 섬유·의복·신발·가죽제품소매업(2.1%), 소프트웨어개발·공급업(2.1%)

시각디자인학과

 한눈에 보는 **시각디자인학과 현황과 전망**

■ 학과 개요

시각디자인학과는 사람과 환경의 친화적 삶을 만들기 위해 디자인 전반에 대한 이론과 실기를 탐구하는 학문이다. 산업디자인이 제품과 실용성에 초점에 맞춘다면, 시각디자인은 심미적 기능에 무게중심을 둔다. 따라서 문자디자인, 패턴디자인, 일러스트, 멀티미디어디자인, 색채 등 다양한 시각적 표현과 전달을 중요하게 여긴다.

■ 시각디자인학과의 미래 고용 관련 전망은 어떨까?

- 고용률 　　★★★★
- 전공 일치 비율 ★★★
- 정규직 비율 　★★★☆
- 월평균 소득 　★☆

긍정적 전망 요인	– 보헤미안 직업의 부각(사진작가, 아티스트, 패션·모델) – 감성적 기능과 역할의 증대 – 지적재산권 보호 강화 추이
부정적 전망 요인	– ICT기술의 발달로 인한 해외인력의 노동 대체 가능성 – 학과 증설로 인한 노동공급의 확대 – 평생학습과 직업훈련을 통한 다른 전공자의 인력 대체 가능성

	직업군	고용지표	인공지능 대체 가능성	인력수급 전망	직업명
졸업 후 진출 가능한 직업	큐레이터, 문화재보존원	★★★★★	☺	±△	학예사, 큐레이터, 문화재보존원, 컨서베이터
	광고·홍보전문가	★★★★★	☺	±△	광고기획자, 광고매체기획원, 광고대리인, 광고컨설턴트
	기획·마케팅 사무원	★★★★★	☺	±△	경영기획·마케팅·광고·홍보·영업· 판매관리사무원
	예능강사	★★★★★	☺	±△	음악, 미술, 서예, 체육, 무용, 영화배우, 성우, 꽃꽂이, 바둑
	실내장식디자이너	★★★★★	☺	±▽	디스플레이·매장디자이너, 매장데코레이터, 비주얼MD, 인스토어머천다이징, 외장·매장·소품디스플레이어, 공간연출감독
	문화·예술· 디자인·영상 관련 관리자	★★★★★	☺	±△	미술관장, 박물관장, 화랑관장, 발레단장, 무용단장, 오페라단장, 극단·출판사·라디오방송운영부서장, 신문편집국장, 디자인업체
	제품디자이너	★★★★	☺	±△	제품·가구·팬시·문구·완구· 캐릭터디자이너
	웹·멀티미디어 디자이너	★★★★	☺	±△	웹디자이너, 웹UI디자이너, 멀티미디어디자이너
	시각디자이너	★★★★	☺	±△	시각·광고·포장·편집· 북디자이너
	제품·광고 영업원	★★★★	☺	±△	일반·제약·인테리어·인쇄·광고· 식품·체인점관리영업원
	대학교수	★★★★	☺	±⇩	디자인학 교수
	패션디자이너	★★★	☺	±△	의상·직물·텍스타일·액세서리· 가방·신발디자이너
	웹·멀티미디어 기획자	★★★	☺	±⇧	웹·멀티미디어·컴퓨터· 모바일게임기획자, 웹마케터
	감독, 기술감독	★★	☺	±△	편집·광고제작 감독, 영화예고편제작자, 메이킹필름제작자
	중·고등학교 교사	★★	☺	±▽	중학교 교사, 고등학교 교사
	출판물전문가	★	☺	±△	출판물편집자, 출판물기획자

	직업군	고용지표	인공지능 대체 가능성	인력수급 전망	직업명
전공의 장점을 살릴 수 있는 직업	웹·멀티미디어 디자이너	★★★	☺	±⇧	웹디자이너, 웹UI디자이너, 멀티미디어디자이너
	만화가, 애니메이터	★★★★★	☺	±▽	만화가, 애니메이터
	시각디자이너	★★★★	☺	±△	인테리어디자이너
	포장디자이너	★★★★	☺	±△	패키지디자이너, 입체포장디자이너, 포장디자이너
	편집디자이너	★★★★	☺	±△	북·신문편집·맥·잡지편집·도서·출판·인쇄물·편집·아트북·브로셔·리플렛·사보·잡지디자이너, DTP편집원, 편집디자인전문가
	머천다이저	★★★★★	☺	±△	MD, 쇼핑몰, 의류, 유아용품MD, 카테고리매니저, 퍼스널쇼퍼
최근 생성된 직업	캘리그라퍼, POP, 전통문양디자인, 3차원디자인, 디지털아트디자인전문가				

커리큘럼으로 시각디자인학과 이해하기

학과	전공필수 예시	전공과목 예시
시각디자인 학과	디자인사, 멀티미디어디자인 I, 시각디자인론, 시각디자인실습 I, 타이포그래피, 평면조형	AV디자인, 광고디자인스튜디오 I, 광고디자인스튜디오 II, 광고학, 디자인경영과브랜드전략, 디자인론, 디자인리서치와마케팅, 디자인세미나, 디자인제도, 디지털디자인 I, 디지털디자인 II, 디지털사진 I, 디지털사진 II, 디지털애니메이션 I, 디지털애니메이션 II, 디지털일러스트레이션 I, 디지털일러스트레이션 II, 디지털조형, 사진과디자인, 색채디자인실습, 색채학, 시각디자인실습 II, 애니메이션 I, 영상디자인스튜디오 I, 영상디자인스튜디오 II, 영상론, 인터랙션디자인, 인터페이스디자인, 일러스트레이션 I, 일러스트레이션 II, 입체조형, 표현기법, 컴퓨터그래픽스 I (Illustrator), 컴퓨터그래픽스 II (Photoshop), 컴퓨터그래픽스 III (Quark), 컴퓨터그래픽스 IV (3D,Painter), 편집디자인실습 I, 편집디자인실습 II, 포장디자인실습 I, 포장디자인실습 II

※ 출처: 한국고용정보원(www.keis.or.kr)

 ## 시각디자인학과 준비자를 위한 꿀팁

학과 관련 고교 교과목과 준비사항

미술, 국어, 세계사 등의 과목과 관련성이 비교적 높다. 시각디자인의 경우 창의력을 바탕으로 미적 감각 외에 이미지를 다른 언어(문자)와 결합시키는 능력이 요구된다.

학과 관련 면허와 자격 현황

국가기술자격	제품디자인산업기사, 시각디자인산업기사, 멀티미디어콘텐츠제작전문가, 웹디자인기능사, 컴퓨터그래픽스운용기능사
국가전문자격	박물관·미술관준학예사, 무대예술전문인, 직업능력개발훈련교사
공인민간자격 및 기타	숍마스터, 패션스타일리스트, 옥외광고사

학과 관련 비전과 이슈

최근 시각디자인학과 관련한 동향 가운데 하나는 소통이다. 소위 말하는 커뮤니케이션디자인이다. 디자인은 예술·조형적 감각 외에 변화되는 환경과 융합하는 것이 중요하다. 이런 관점에서 시각디자인은 인쇄매체 중심에서 디지털 매체로 급격히 변화되고 있다. 따라서 디지털기기를 다루는 능력이 점점 중요해지고 있다. 창조경제가 부각되고 확대될수록 시각디자인 영역은 꾸준한 수요를 만들 수 있다. 시각디자인의 경우 프리랜서 활동이 가능한 직무가 많은 것도 장점이다.

■ **시각디자인학과를 졸업하면 어디로 진출할까?**

일반기업

- 멀티미디어제작업체
- 이벤트기획업체
- 문구·완구제작업체
- 게임·캐릭터개발업체
- 의류제작업체
- 영상물제작업체
- 웹디자인제작업체
- 가구·조명업체
- 각종 세트제작업체
- 각종 디자인업체
- 각종 인테리어업체
- 각종 광고기획사
- 각종 홍보업체
- 각종 출판업체

정부 및 공공기관

- 중앙정부
- 지방자치단체
- 문화체육관광부
- 영화진흥위원회
- 한국문화콘텐츠진흥원

연구기관

- 각종 디자인연구소
- 캘리그라피연구소

학교

- 초등학교
- 중·고등학교
- 대학교

패션디자인학과

 ## 한눈에 보는 패션디자인학과 현황과 전망

■ 학과 개요

패션디자인학과는 주로 의상과 섬유 등을 대상으로 디자인한다. 의상의 경우 의류의 역사부터 의류 구성, 제조, 제작, 평가 등 세분화된 내용을 학습하게 되며, 섬유의 경우 편성물부터, 직물디자인, 제작, 분석 등의 과정을 배우게 된다.

■ 패션디자인학과의 미래 고용 관련 전망은 어떨까?

- 고용률　　　　★★★★
- 전공 일치 비율　★★☆
- 정규직 비율　　★★★☆
- 월평균 소득　　★

긍정적 전망 요인	– 글로벌 경제와 문화교육 확대 – 라이프스타일의 다양화에 따른 다양한 패션 욕구의 발생 – 보헤미안 직업의 부각(사진작가, 아티스트, 패션·모델) – 고령화사회 도래 – B2C를 통한 소규모 사업자와 소비자 연계성 확대
부정적 전망 요인	– 고령화사회 도래에 따른 의류 관련 소비 감소 – 학과 증설로 인한 노동공급의 확대 – 평생학습과 직업훈련을 통한 다른 전공자의 인력 대체 가능성 – 승자독식 문화에 따라 직업 종사자의 큰 소득 편차

	직업군	고용지표	인공지능 대체 가능성	인력수급 전망	직업명
졸업 후 진출 가능한 직업	상품기획전문가	★★★★★	☺	±△	마케팅·상품기획·개발전문가, MD, 문화마케터
	광고·홍보전문가	★★★★★	☺	±△	광고기획자, 광고컨설턴트, 프레젠테이션컨설턴트
	기획·마케팅 사무원	★★★★★	☺	±△	마케팅·광고·홍보사무원, 영업·판매관리사무원
	온라인쇼핑몰 판매원	★★★★★	☺	±△	인터넷·전자상거래판매원, 인터넷쇼핑몰관리인
	메이크업아티스트, 분장사	★★★★★	☺	±△	메이크업아티스트, 페인팅아티스트, 무대담당자
	행사기획자	★★★★	☺	±△	공연·이벤트·패션쇼·페스티벌기획자
	대학교수	★★★★	☺	±⇩	패션디자인학 교수
	섬유공학기술자, 연구원	★★★★	☺	±▽	섬유소재개발기술자, 염료개발기술자, 원단개발원
	총무사무원	★★★★	☹	±△	총무·병원행정·학교행정·일반사무원, 대학행정조교
	패션디자이너	★★★	☺	±△	의상·직물·텍스타일·액세서리·가방·신발디자이너
	중·고등학교 교사	★★	☺	±▽	중학교 교사, 고등학교 교사
전공의 장점을 살릴 수 있는 직업	패션디자이너	★★★	☺	±△	의상·직물·텍스타일·액세서리·가방·신발디자이너
	의상디자이너	★★★	☺	±△	한복·유니폼·웨딩드레스·의상·홈패션·이너웨어·데님·애견옷·속옷디자이너
	직물디자이너	★★★	☺	±△	직물·텍스타일·패턴·벽지·자수·어패럴텍스타일·넥타이디자이너
	액세서리디자이너	★★★	☺	±△	장신구·보석디자이너
	가방·신발 디자이너	★★★	☺	±△	가방·운동화·숙녀화디자이너
	광고·홍보전문가	★★★★★	☺	±△	광고기획자, 광고컨설턴트, 프레젠테이션컨설턴트
	행사기획자	★★★★	☺	±△	공연·이벤트·패션쇼·페스티벌기획자
	사진작가	★	☺	±⇩	컬러리스트, 아트컨설턴트, 파티플래너, 이미지컨설턴트
최근 생성된 직업	이미지디렉터, 홈패션공예, 패션가모아트, 패션커뮤니케이터, 패션코디네이터, 패션컨설턴트				

커리큘럼으로 패션디자인학과 이해하기

학과	전공필수 예시	전공과목 예시
패션디자인 학과	서양복식사, 의복과색채, 의복구성 I, 테일러링, 패션디자인론, 패션마케팅, 패션소재연구, 한국의상구성 I	20세기복식론, 글로벌패션비즈니스, 남성복구성실습, 니트디자인, 무대의상제작실습, 미술사, 복식미학, 비주얼머천다이징, 색채구성실습, 섬유조형실습, 스토어MD실습, 어패럴MD실습 I, 어패럴MD실습 II, 어패럴생산시스템, 어패럴패턴CAD실습, 염색, 외국전통의복, 의류제품의평가, 의복구성 II, 의상사회심리, 인체와의복, 직물조직학, 직조, 창작디자인실습, 컴퓨터패션디자인, 텍스타일디자인, 텍스타일디자인실습, 특수소재의복제작, 패션CAD실습, 패션기업경영론, 패션드레이핑 I, 패션드레이핑 II, 패션드로잉실습, 패션디스플레이, 패션디자인세미나, 패션디자인실습 I, 패션디자인실습 II, 패션머천다이징, 패션바잉&리테일링, 패션사진, 패션산업의 탐색, 패션산업체연수실습, 패션상품기획, 패션소재기획, 패션스타일링, 패션악세서리디자인, 패션이미지메이킹, 패션일러스트레이션 I , 패션일러스트레이션 II, 패션컬렉션, 패션코디네이션, 패션트렌드분석, 패션포트폴리오, 패션프로모션기획, 패턴그레이딩, 플랫패턴디자인 I, 플랫패턴디자인 II, 피팅테크닉, 한국복식사, 한국의상구성 II, 현대미술사

※ 출처: 한국고용정보원(www.keis.or.kr)

패션디자인학과 준비자를 위한 꿀팁

학과 관련 고교 교과목과 준비사항

미술, 세계사 과목과 관련성이 비교적 높다. 패션디자인의 경우 창의력을 바탕으로 미적 감각 외에 패션의 트렌드를 읽는 능력이 필요하다.

학과 관련 면허와 자격 현황

국가기술자격	제품디자인, 멀티미디어콘텐츠제작전문가, 패션디자인산업기사, 한복산업기사, 양복기능사, 제품응용모델링기능사, 의류기사, 섬유디자인산업기사
국가전문자격	박물관·미술관준학예사
공인민간자격 및 기타	숍마스터, 패션스타일리스트

학과 관련 비전과 이슈

패션디자인은 다른 디자인 분야와 달리 IT기술이 많이 도입되지 않았다. 아직 재봉틀, 가위, 바늘, 연필 등이 익숙해야 하는 분야다. 의류산업의 종사자는 봄, 여름, 가을, 겨울을 느끼지 못하는 대표적 직업 분야다. 봄 신상품 준비가 끝나면, 여름 신상을 준비해야 하고, 여름 신상 작업이 끝나면 가을 신상을 준비해야 한다. 항상 계절을 앞질러 살아야 하며 고된 직무들이 많다. 따라서 이 학과에 입학하게 되면 근면이 중요하다. 의류의 경우 경기에 민감한 상품이므로 향후 경기전망이 졸업 후 진로에 많은 영향을 미친다.

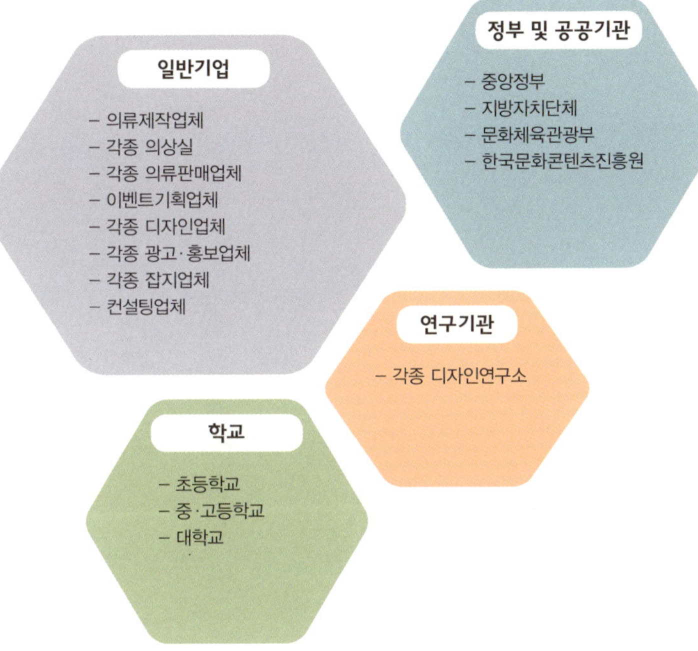

진출 산업 분류

봉제의복제조업(23.8%), 섬유·의복·신발·가죽제품소매업(10.5%), 무점포소매업(6.7%), 기타 교육기관(3.8%), 가정용품도매업(3.8%), 비거주 복지시설운영업(2.9%), 기타 상품전문소매업(2.9%), 은행·저축기관(2.9%), 기타 사업지원서비스업(1.9%), 일반 교습학원(1.9%)

기타 디자인학과

 ## 한눈에 보는 기타 디자인학과 현황과 전망

■ 학과 개요

기타 디자인학과의 경우 산업디자인, 시각디자인, 패션디자인의 분류 외에 존재하는 디자인 영역으로 주로 실내건축, 인테리어, 가구디자인, 각종 소품 등과 관련한 디자인을 기타 디자인으로 분류하고, 이들의 제작, 활용에 필요한 전문 지식과 기술을 습득하는 전공 분야다.

■ 기타 디자인학과의 미래 고용 관련 전망은 어떨까?

- 고용률 ★★★★
- 전공 일치 비율 ★★☆
- 정규직 비율 ★★★
- 월평균 소득 ★☆

긍정적 전망 요인	– 3D프린터 발달과 보급 확대로 인한 개인적 디자인 인력수요 확대 – 여가문화 가치 증대에 따른 디자인 교육과 학습수요 확대 – 클라우드 펀딩에 의한 디자인 개발
부정적 전망 요인	– 평생학습 증대 – 라이프스타일의 변화에 따른 다양한 디자인 제품 선호와 자체 디자인 개발 참여

■ 기타 디자인학과를 졸업하면 어떤 직업이 유망할까?

	직업군	고용지표	인공지능 대체 가능성	인력수급 전망	직업명
졸업 후 진출 가능한 직업	기획·마케팅 사무원	★★★★★	☺	±△	마케팅·광고·홍보사무원, 영업·판매관리사무원
	큐레이터, 문화재보존원	★★★★★	☺	±△	학예사, 큐레이터, 문화재보존원, 컨서베이터
	광고·홍보전문가	★★★★★	☺	±△	광고기획자, 광고매체기획원, 광고대리인, 광고컨설턴트
	상품기획전문가	★★★★★	☺	±△	마케팅·상품기획·개발전문가, MD, 문화마케터
	실내장식디자이너	★★★★★	☺	±▽	매장디자이너, 외장·매장·소품디스플레이어, 공간연출감독
	웹·멀티미디어 디자이너	★★★★	☺	±△	웹디자이너, 웹UI디자이너, 멀티미디어디자이너
	제품디자이너	★★★★	☺	±△	제품·가구·팬시·문구·완구·캐릭터디자이너
	총무사무원	★★★★	☹	±△	총무·병원행정·학교행정·일반사무원, 대학행정조교
	제품·광고영업원	★★★★	😐	±△	인테리어·인쇄·광고영업원
	대학교수	★★★★	☺	±⇩	디자인학 교수
	조명기사, 영사기사	★★	☺	±△	조명디렉터, 무대조명기사, 영화조명기사
	중·고등학교 교사	★★	☺	±▽	중학교 교사, 고등학교 교사
	경리사무원	★★	☹	±△	경리장부·전표정리원, 4대보험·급여관리·매입매출 경리사무원
	인테리어디자인·시공기술자	★★★	☺	±△	인테리어·실내장식·리모델링·실내건축·전시디자이너
	가구디자이너	★★★★	☺	±△	가구디자이너, 인테리어용품디자이너, 리폼디자이너
전공의 장점을 살릴 수 있는 직업	실내장식디자이너	★★★★★	☺	±▽	매장디자이너, 외장·매장·소품디스플레이어, 공간연출감독
	인테리어디자인, 시공기술자	★★★	☺	±△	인테리어·실내장식·리모델링·실내건축·전시디자이너
	가구디자이너	★★★★	☺	±△	가구디자이너, 인테리어용품디자이너, 리폼디자이너
최근 생성된 직업	인테리어폼아트, 3D인테리어설계, 풍수인테리어, 인테리어코디네이터				

국가과학기술표준분류로 기타 디자인학과 이해하기

구분	국가과학기술표준분류체계		
	대분류	중분류	소분류
기타 디자인	문화/예술/체육	디자인 일반	디자인이론, 디자인조형, 디자인경영, 디자인공학, 디자인평가
		콘텐츠	문화디자인
	생활	주거	주거/단지계획 및 디자인
	인지/감성과학	감성과학	감성디자인/콘텐츠

기타 디자인학과 준비자를 위한 꿀팁

 학과 관련 고교 교과목과 준비사항

미술, 세계사 과목과 관련성이 비교적 높다. 기타 디자인의 경우 창의력을 바탕으로 미적 감각 외에 표현하는 대상에 대한 실용적 용도와 각종 기능성 소품, 제품에 대한 트렌드를 읽는 능력이 필요하다.

학과 관련 면허와 자격 현황

국가기술자격	실내건축산업기사, 전산응용건축제도기능사, 제품디자인산업기사, 멀티미디어콘텐츠제작전문가, 웹디자인기능사, 귀금속가공산업기사, 컴퓨터그래픽스운용기능사, 도자기공예기능사, 컬러리스트산업기사, 게임그래픽전문가
국가전문자격	실기교사, 직업능력개발훈련교사
공인민간자격 및 기타	옥외광고사, GTQ

기타 디자인의 산업적 수요가 가장 많은 분야는 건축과 관련한 인테리어 분야다. 하지만 최근 건축 인테리어는 대상과 범위가 확장되고 있으며, 조명, 외벽, 가구에서 전자장치, 음향, 소품 등 다양한 범위로 확대되고 있다. 기타 디자인 분야 또한 과거 건축인테리어라는 좁은 범위를 벗어나 조경, 토피리어, 분수시설 등 다양한 분야로 그 범위가 확대되고 있다. 최근엔 힐링과 웰빙에 대한 욕구가 높으므로 친환경 디자인이 증가하는 추세다.

■ 기타 디자인학과를 졸업하면 어디로 진출할까?

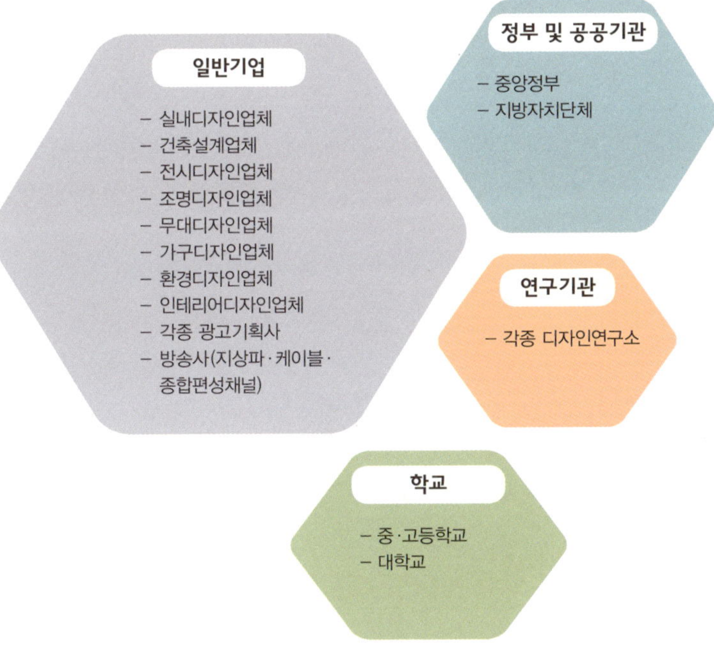

진출 산업 분류

◆ 실내디자인

실내건축·건축마무리공사업(20.9%), 전문디자인업(7%), 음식점업(4.7%), 가정용품도매업(3.5%), 초등교육기관(3.5%), 미용·목욕탕, 유사 서비스업(3.5%), 건물건설업(3.5%), 섬유·의복·신발·가죽제품소매업(2.3%), 비거주 복지시설운영업(2.3%), 고등교육기관(2.3%)

공예학과

 ## 한눈에 보는 공예학과 현황과 전망

■ 학과 개요

공예학과는 도자기디자인, 세라믹디자인, 유리조형, 귀금속디자인과 가공, 장신구 등 다양한 공예품을 디자인, 제작, 그리고 판매나 활용과 관련한 내용을 학습하는 학과다.

■ 공예학과의 미래 고용 관련 전망은 어떨까?

- 고용률　　　　★★★★
- 전공 일치 비율　★★
- 정규직 비율　　★★☆
- 월평균 소득　　☆

긍정적 전망 요인	– 글로벌 경제와 문화교류 확대에 따른 수혜 – 여가문화 가치 증대로 인한 공예 수요 – 평생학습 증대로 인한 공예 수요 – 정책과 제도 지원의 확대에 따른 성장 가능성
부정적 전망 요인	– 산업적 수요가 낮은 예술적 특성 – 범용성이 낮은 학과이므로 외부변동성에 인력수요 민감

	직업군	고용지표	인공지능 대체 가능성	인력수급 전망	직업명
졸업 후 진출 가능한 직업	큐레이터, 문화재보존원	★★★★★	☺	±△	학예사, 큐레이터, 문화재보존원, 컨서베이터
	예능강사	★★★★★	☺	±△	음악·미술·서예·체육·무용·영화배우·성우·꽃꽂이·바둑
	문화·예술·디자인·영상 관련 관리자	★★★★★	☺	±△	미술관장, 박물관장, 화랑관장
	귀금속·보석 세공원	★★★★	☺	±△	귀금속·귀금속장신구·금·보석장신구·보석세공원
	제품디자이너	★★★★	☺	±△	제품·가구·팬시·문구·완구·캐릭터디자이너
	대학교수	★★★★	☺	±⇩	공예학 교수
	제품·광고 영업원	★★★★	☺	±△	인테리어·인쇄·광고·식품·체인점관리영업원
	공예원	★★★	☺	±△	목·석·인장·종이·조화·양초·금속·가죽·도자기·화훼장식공예원
전공의 장점을 살릴 수 있는 직업	공예원	★★★	☺	±△	목·석·인장·종이·조화·양초·금속·가죽·도자기·화훼장식공예원
최근 생성된 직업	토탈리빙디자이너, 플로리스트, 테이블웨어디자이너, 도자기디자이너, 캔들공예디자인문가, 플라워디자인, 아로마디자인				

커리큘럼으로 공예학과 이해하기

학과	전공필수 예시	전공과목 예시
공예학	공예재료학, 공예학개론, 색채학, 입체조형, 조형원리, 평면조형, 한국미술사, 현대공예사	가구디자인, 공예브랜드마케팅, 공예상품기획연구, 금속조형, 도자기조형, 동양미술사, 렌더링Ⅰ, 목칠조형, 문양론, 사진학개론Ⅰ, 서양미술사, 섬유미술, 재료와기법, 전통산업도자디자인, 조형심리학개론, 컴퓨터응용디자인Ⅰ, 텍스타일디자인, 패션악세서리디자인, 포트폴리오, 현대공예와디자인론, 현대미술론, 형태와표현연구

※ 출처: 한국고용정보원(www.keis.or.kr)

공예학과 준비자를 위한 꿀팁

학과 관련 고교 교과목과 준비사항

미술, 한국사 과목과 다소 관련성이 있다. 공예의 경우 미적 감각 외에 인내력을 요구하는 작업이 많으며, 손기술이 필요한 작업이 많다.

학과 관련 면허와 자격 현황

국가기술자격	도자기공예기능사, 귀금속가공산업기사, 귀금속산업기사
국가전문자격	실기교사, 박물관·미술관준학예사, 문화재수리기술자, 문화재수리기능사
공인민간자격 및 기타	인터넷정보관리사, 문서실무사

학과 관련 비전과 이슈

전통을 계승해 만드는 작업과 전통공예품의 현대적 활용이라는 두 마리 토끼를 잡아야 하는 분야다. 공예품에 있어서 독자브랜드 개발, 전통공예의 현대적 활용, 전통공예와 지역특산품 개발, 공예품의 산업화 전략 등이 이 학과와 관련한 주요 과제다. 공예학과의 경우 입학정원이 많지 않기에 쏠림현상이 발생할 경우 입시 경쟁률이 갑자기 높아질 우려가 있으므로 이 점에 유의해야 한다.

진출 산업 분류

기타 교육기관(14.5%), 도자기·기타 요업제품제조업(9.7%), 가정용품도매업(6.5%), 섬유·의복·신발·가죽제품소매업(6.5%), 고등교육기관(6.5%), 입법·일반정부행정(4.8%), 서적·잡지·기타 인쇄물출판업(3.2%), 가구제조업(3.2%), 부동산 관련 서비스업(3.2%), 귀금속·장신용품제조업(3.2%)

사진·만화학과

 한눈에 보는 **사진·만화학과 현황과 전망**

■ 학과 개요

사진·만화학과는 사진학과 만화학으로 명확히 구분된다. 사진은 시각적으로 짧은 시간 안에 언어적으로 전달되기 어려운 메시지를 효과적으로 전달할 수 있는 표현 수단이며 기록 수단이다. 만화는 이미지의 순차적 연결을 통한 영상물로 스토리를 부여할 수 있으며, 다양한 캐릭터를 통하여 메시지를 전달할 수 있는 도구다.

■ 사진·만화학과의 미래 고용 관련 전망은 어떨까?

- 고용률　　★★★★
- 전공 일치 비율 ★★☆
- 정규직 비율　★★★
- 월평균 소득　★

긍정적 전망 요인	– 여가문화 가치 증대와 웹툰의 사회적 수요 확대 – 고령화사회 도래에 따른 사진과 만화 산업 수요 확대 – 미래사회에 있어서 감성적 기능과 역할의 이미지 중요성 증대 – 창작물에 있어서 저작권 강화
부정적 전망 요인	– 산업적 수요가 낮은 예술적 특성 – 범용성이 낮은 학과이므로 외부변동성에 인력수요 민감 – 승자독식 문화에 따라 직업 종사자의 큰 소득 편차

		직업군	고용지표	인공지능 대체 가능성	인력수급 전망	직업명
졸업 후 진출 가능한 직업	사진· 영상· 예술학과	큐레이터, 문화재보존원	★★★★★	☺	±△	학예사, 큐레이터, 문화재보존원, 컨서베이터
		광고·홍보 전문가	★★★★★	☺	±△	광고기획자, 광고대리인, 광고컨설턴트
		웹·멀티미디어 디자이너	★★★★	☺	±△	아트디렉터, 일러스트레이터, 게임디자이너
		행사기획자	★★★★	☺	±△	컨벤션코디네이터, 시사회· 회의·전시·공연·이벤트· 패션쇼·페스티벌기획자, 회의전문가, MEETING PLANNER, 파티플래너, 이벤트전문가
		대학교수	★★★★	☺	±⇩	사진영상학 교수, 만화학 교수
		웹·멀티미디어 기획자	★★★	☺	±⇧	웹·멀티미디어·컴퓨터· 모바일게임기획자, 웹마케터
		영상·녹화· 편집기사	★★★	☺	±△	영화필름기사, 스튜디오편집기사, 비디오편집기사, 영상편집기사, 방송편집기사, Video Operator, 프로덕션편집기사
		웹기획자	★★★	☺	±⇧	웹리서치, 키워드광고전문가, 키워드에디터, 웹사이트마스터, 커뮤니티운영자
		컴퓨터강사	★★	☺	±▽	컴퓨터학원강사, 웹디자인강사, 컴퓨터그래픽강사
		중·고등학교 교사	★★	☺	±▽	중학교 교사, 고등학교 교사
		사진작가, 사진사	★	☺	±⇩	사진작가, 사진사
		사진인화· 현상기조작원	★★	☺	±△	QSS기사, 사진인화기조작원, 사진현상기조작원, 영화필름상원, 포토샵사진수정원, 사진처리원, 사진편집원
		컴퓨터· 모바일 게임프로 그래머	★★★	☺	±⇧	게임기획자, 게임개발자, 동영상CG, 게임운영자

	직업군	고용지표	인공지능 대체 가능성	인력수급 전망	직업명
졸업 후 진출 가능한 직업	만화· 애니 메이션 학과	광고·홍보 전문가	★★★★★	☺	±△	광고기획자, 광고대리인, 광고컨설턴트
		만화가, 만화영화작가	★★★★★	☺	±▽	애니메이터, 만화가
		제품디자이너	★★★★	☺	±△	제품·가구·팬시·문구·완구· 캐릭터디자이너
		웹·멀티미디어 디자이너	★★★★	☺	±△	아트디렉터, 일러스트레이터, 게임디자이너
		교재·교구 개발원	★★★★	☺	±⇩	학습콘텐츠·교재· 교육과정개발원
		대학교수	★★★★	☺	±⇩	만화학 교수, 애니메이션학 교수
		웹·멀티미디 어기획자	★★★	☺	±⇧	애니메이션기획자, 웹마케터
		출판물전문가	★	☺	±△	출판물편집자, 출판물기획자
		컴퓨터· 모바일 게임프로 그래머	★★★	☺	±⇧	게임기획자, 게임개발자, 동영상CG, 게임운영자
전공의 장점을 살릴 수 있는 직업	사진· 영상· 예술학과	감독, 기술감독	★★	☺	±△	감독, 촬영감독, 편집감독, 무대감독
		사진작가, 사진사	★	☺	±⇩	사진작가, 사진사
	만화· 애니 메이션 학과	만화가, 만화영화작가	★★★★★	☺	±△	만화가, 애니메이터
		에니메이터	★★★★★	☺	±△	애니메이터, 컴퓨터애니메이터, 플래시애니메이터
		멀티미디어 디자이너	★★★★	☺	±△	방송작가, 컬러리스트, 미술치료사, 북디자이너, 프리젠테이션 컨설턴트
최근 생성된 직업	문화예술교육사, 디지털영상프로듀서, VFX프로듀서					

커리큘럼으로 사진·만화학과 이해하기

학과	기초과목 예시	심화과목 예시
사진학	사진학개론, 촬영실기, 사진기기론, 디지털사진론, 예술사진론	광학 및 감재론, 사진제작표현실기, 컬러사진실기, 사진마케팅, 현대사진연구, 사진예술론, 응용촬영, 패션사진, 사진응용, 조명실기, 인상사진, 과학사진, 사진워크숍, 사진세미나
애니메이션학	색채학, 애니메이션이론, 드로잉, 데생, 캐릭터창작, 영상미학	3D애니메이션, 배경제작, 애니메이션 기획 및 연출, 애니메이션사운드, 편집 및 특수효과, 캐릭터디자인, 이미지와 색채, 3D모델링, 동작표현연구, 애니메이션시나리오, 색채실습

※ 출처: 한국고용정보원(www.keis.or.kr)

사진·만화학과 준비자를 위한 꿀팁

학과 관련 고교 교과목과 준비사항

미술, 국어 과목과 관련성이 비교적 높다. 사진·만화학과의 경우 창의력을 바탕으로 미적 감각 외에 스토리를 만들어내는 능력과 표현력이 필요하다.

학과 관련 면허와 자격 현황

국가기술자격	사진기능사, 컴퓨터그래픽스운용기능사, 멀티미디어콘텐츠제작전문가, 항공사진기능사, 시각디자인산업기사, 웹디자인기능사, 인쇄산업기사, 전자출판기능사, 컬러리스트산업기사, 게임기획전문가, 게임그래픽전문가
국가전문자격	문화예술교육사
공인민간자격 및 기타	옥외광고사, 인터넷정보관리사, 문서실무사

학과 관련 비전과 이슈

미래학자들이 말하는 미래사회의 중요 키워드는 이미지와 스토리다. 사진과 만화는 이에 딱 부합하는 학과다. 사진과 만화는 멀티미디어와 잘 융합한 분야 가운데 하나다. 디지털카메라가 일반화되었으며 멀티미디어 매체의 발달과 이를 활용한 창작 활동 증가에 따라 웹툰과 학습만화가 크게 성장했다. 사진과 만화에 있어서 스토리의 중요성과 캐릭터의 중요성이 여전히 중요한 과제다. 향후 문화콘텐츠가 강화될 경우 사진과 만화학과의 산업적 수요는 확대될 수 있다. 사진과 만화 관련 학과의 경우 입학정원이 많지 않기에 쏠림현상이 발생할 경우 입시경쟁률이 갑자기 높아질 우려가 있으므로 이 점에 유의해야 한다.

■ 사진·만화학과를 졸업하면 어디로 진출할까?

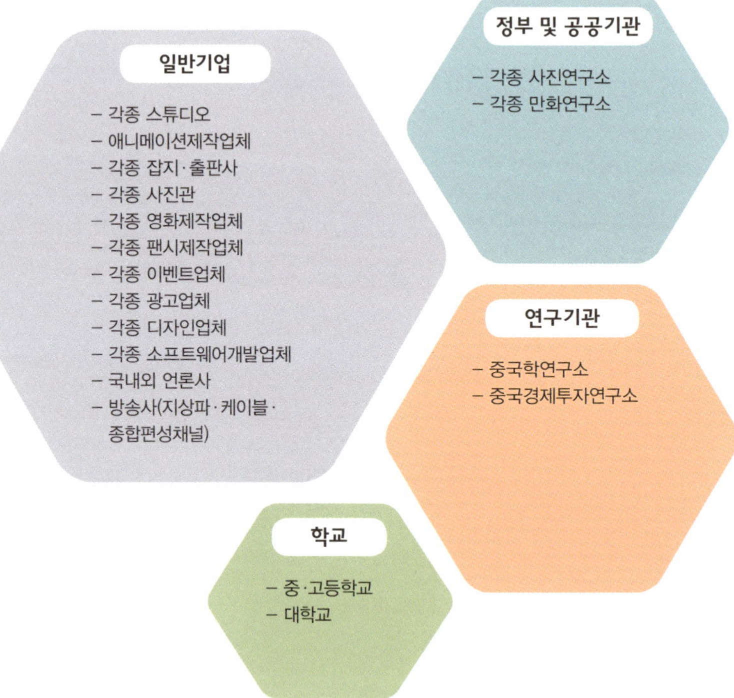

◆ 사진학

사진촬영·처리업(30.8%), 텔레비전방송업(5.5%), 가정용품도매업(3.3%), 고등교육기관(3.3%), 무점포소매업(3.3%), 입법·일반정부행정(2.2%), 기타 가정용품소매업(2.2%), 기타 사업지원서비스업(2.2%), 기타 금속가공제품제조업(2.2%), 경비·경호·탐정업(2.2%)

◆ 만화애니메이션

영화·비디오물·방송프로그램 제작배급업(10.8%), 소프트웨어개발·공급업(10.8%), 무점포소매업(8.1%), 창작·예술 관련 서비스업(8.1%), 사진촬영·처리업(5.4%), 서적·잡지·기타 인쇄물출판업(5.4%), 전문디자인업(5.4%), 기타 가정용품소매업(2.7%), 기타 사업지원서비스업(2.7%), 보험업(2.7%)

무용학과

한눈에 보는 무용학과 현황과 전망

■ 학과 개요

무용은 몸의 동작을 통해 아름다움을 형상화하는 예술 활동이다. 무용학과는 이와 관련한 이론과 실습을 통해, 신체를 통한 메시지의 예술적 표현을 연구하는 분야다. 학습내용은 무용학, 무용미학, 무용사, 무용지도법, 무용음악, 현대무용, 발레, 뮤지컬 무용, 안무, 무대연출 등이 있다.

■ 무용학과의 미래 고용 관련 전망은 어떨까?

- 고용률   ★★★★☆
- 전공 일치 비율 ★★★
- 정규직 비율   ★☆
- 월평균 소득   ★★

긍정적 전망 요인	– 보헤미안 직업의 부각(사진작가, 아티스트, 패션·모델) – 노동공급(예: 졸업과 입학 인원)의 완만한 감소로 인한 희소성 증대 가능성 – 웰빙과 뷰티에 대한 관심에 따라 무용에 대한 관심 증대 가능성
부정적 전망 요인	– 산업적 수요가 낮은 예술적 특성 – 범용성이 낮은 학과이므로 외부변동성에 인력수요 민감

■ 무용학과를 졸업하면 어떤 직업이 유망할까?

	직업군	고용지표	인공지능 대체 가능성	인력수급 전망	직업명
졸업 후 진출 가능한 직업	예능강사	★★★★★	☺	±△	무용, 현대무용
	문화·예술 디자인·영상 관련 관리자	★★★★★	☺	±△	무용단장
	스포츠·레크리에이션강사	★★★★	☺	±△	요가·스포츠·에어로빅강사, 운동치료사
	대학교수	★★★★	☺	±⇩	무용학 교수
	배우, 모델	★★★	☺	±⇧	모델, 배우, 탤런트, 패션모델, 예술모델, 광고모델
	무용가, 안무가	★★★	☺	±▽	고전무용, 현대무용, 발레, 한국무용
	국악·전통예능인	★	☺	±▽	전통무용인
	방과후교사	★	☺	±▽	방과후교사
전공의 장점을 살릴 수 있는 직업	스포츠·레크리에이션강사	★★★★	☺	±△	요가·스포츠·에어로빅강사, 운동치료사
	무용가, 안무가	★★★	☺	±▽	고전무용, 현대무용, 발레, 한국무용
	배우, 모델	★★★	☺	±⇧	모델, 배우, 탤런트, 패션모델, 예술모델, 광고모델
	국악·전통예능인	★	☺	±▽	전통무용인
최근 생성된 직업	발레미스트레이드, 발레마스터, 무브먼트테라피강사, 힐링댄스강사				

 ## 커리큘럼으로 무용학과 이해하기

학과	전공필수 예시	전공과목 예시
무용	무용개론, 무용미학, 무용지도법, 발레Ⅰ, 서양무용사, 한국무용Ⅰ, 한국무용사, 현대무용Ⅰ	교육무용, 댄스스포츠, 동작분석과기보법, 리듬체조, 무용기초법, 무용레파토리연구, 무용생리학, 무용연기법, 무용요법, 무용작품해설및비평, 문화현장실습, 민속무용, 민속학, 발레Ⅱ, 발레Ⅲ, 발레Ⅳ, 발레창작워크숍, 분장법, 소리와춤, 안무원리, 에어로빅, 여가 및 레크리에이션, 재즈댄스Ⅰ, 전통궁중무용, 춤과전통문화, 타악실기Ⅰ, 타악실기Ⅱ, 한국무용Ⅱ, 한국무용Ⅲ, 한국무용Ⅳ, 한국무용창작워크숍, 현대무용Ⅱ, 현대무용Ⅲ, 현대무용Ⅳ, 현대무용창작워크숍

※ 출처: 한국고용정보원(www.keis.or.kr)

 ## 무용학과 준비자를 위한 꿀팁

학과 관련 고교 교과목과 준비사항

체육, 음악 과목과 간접적으로 관련성이 높다. 무용학과의 경우 반복적 숙달을 인내할 수 있어야 하며, 신체적 표현 능력이 필요한 일이 많다.

학과 관련 면허와 자격 현황

국가기술자격　　실기교사, 생활체육지도사, 청소년지도사

학과 관련 비전과 이슈

상업적 수요가 매우 낮은 단계의 학과다. 따라서 무용학과는 시장 중심의 교육과정 개편 등이 논의되고 있으나, 적극적으로 변화되지는 못하고 있다. 무용학과의 경우 입학정원이 많지 않기에 쏠림현상이 발생할 경우 입시경쟁률이 일시적으로 높아질 우려가 있으므로 이 점에 유의해야 한다.

■ 무용학과를 졸업하면 어디로 진출할까?

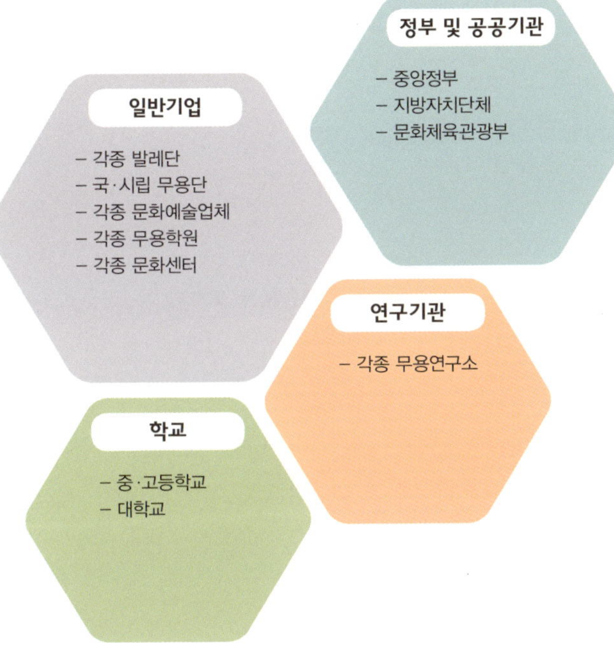

진출 산업 분류

기타 교육기관(22.8%), 창작·예술 관련 서비스업(7%), 보험업(5.3%), 음식점업(5.3%), 고등교육기관(5.3%), 초등교육기관(5.3%), 기타 협회·단체(3.5%), 종합소매업(3.5%), 중등교육기관(3.5%), 스포츠서비스업(3.5%)

체육학과

 한눈에 보는 **체육학과 현황과 전망**

■ 학과 개요

체육학과는 건강한 신체와 운동 능력 함양을 목적으로 한다. 체육을 통한 국민건강증진과 생활스포츠의 저변 확대를 모색하고 있다. 체육은 육체적 건강에서 여가 활동으로 확대되고 있으며, 스포츠와 사회, 스포츠 심리, 스포츠와 영양, 스포츠 마케팅, e-스포츠 등 여러 인문사회철학, 자연과학과 접목되고 있다.

■ 체육학과의 미래 고용 관련 전망은 어떨까?

- 고용률　　　　★★★★
- 전공 일치 비율　★★

- 정규직 비율　★★☆
- 월평균 소득　★★★

긍정적 전망 요인	– ICT기술과 3D 홀로그래픽 경기장 활성화, 4D관람, e스포츠 확대(예: 스크린골프) – 스포츠 키즈의 등장 – 사회통합의 수단으로 스포츠 활용
부정적 전망 요인	– 인구절벽으로 인한 중등교육의 체육교사 채용의 감소 – 스포츠 관련 산업과 기관에 대한 부정적 시각 – 승자독식 문화에 따라 직업 종사자의 큰 소득 편차

	직업군	고용지표	인공지능 대체 가능성	인력수급 전망	직업명
졸업 후 진출 가능한 직업	중·고등학교 교사	★★	☺	±▽	중학교 교사, 고등학교 교사
	체형관리사	★★★★★	☺	±⇧	비만관리사, 다이어트프로그래머, 비만상담원, 바디스타일리스트
	경찰관	★★★★★	☺	±△	해양경찰관, 경찰관, 사이버경찰관, 교통경찰관
	경호원	★★★★★	☺	±△	경호요원, 현금호송원, 은행ATM기현금관리원, 경비지도사
	소방관	★★★★★	☺	±△	소방관, 119구조대원
	무인경비원	★★★★★	☺	±△	무인경비원, 무인경비출동대원, 무인경비순찰원
	소년보호관·교도관	★★★★★	😐	±△	정복교도관, 사복교도관
	스포츠·레크리에이션강사	★★★★	☺	±△	요가·스포츠·에어로빅강사, 운동치료사
	스포츠강사	★★★★	☺	±△	트레이너, 골프, 수영, 유아체육, 요가, 에어로빅, 암벽타기, 스포츠댄스, 라틴댄스, 아이스스포츠, 태권도사범, 검도, 골프지도사, 캐디강사, 체육지도사, 다이어트댄스강사, 운동치료사, 생활체육사, 수중재활운동사
	응급구조사	★★★★	☺	±⇧	응급구조사, 구급요원, 인명구조원
	총무사무원	★★★★	☹	±△	총무·병원행정·학교행정·일반사무원, 대학행정조교
	대학교수	★★★★	☺	±⇩	체육학 교수
	경기감독, 코치	★★★	☺	±△	스포츠감독, 스포츠코치
	운동선수	★★	☺	±△	축구·야구·권투·레슬링·배구·태권도·골프·테니스
	경기심판, 경기기록원	★★	☹	±△	주심·부심·심판원, 경기분석원, 점수기록원
	문리·어학강사	★	☺	±▽	보습·입시·고시학원강사, 어학강사
	기타 사회복지 관련 종사원	★★★★★	☺	±△	노인·아동·장애인생활지도원, 사회복지·시설보조원
	스포츠 관련 관리자	★★★★★	😐	±△	스포츠 협회장·운영단장·에이전시·센터장

	직업군	고용지표	인공지능 대체 가능성	인력수급 전망	직업명
전공의 장점을 살릴 수 있는 직업	경호원	★★★★★	☺	±△	경호요원, 현금호송원, 은행ATM기현금관리원, 경비지도사
	경찰관	★★★★★	☺	±△	해양경찰관, 경찰관, 사이버경찰관, 교통경찰관
	소방관	★★★★★	☺	±△	소방관, 119구조대원
	소년보호관·교도관	★★★★★	☺	±△	정복교도관, 사복교도관
	응급구조사	★★★★	☺	±⇧	응급구조사, 구급요원, 인명구조원
	스포츠강사	★★★★	☺	±△	트레이너, 골프, 수영, 유아체육, 요가, 에어로빅, 암벽타기, 스포츠댄스, 라틴댄스, 아이스스포츠, 태권도사범, 검도, 골프지도사, 캐디강사, 체육지도사, 다이어트댄스강사, 운동치료사, 생활체육사, 수중재활운동사
최근 생성된 직업					– 체육학과: 스포츠심리상담사, 멘탈코치, 스포츠경영관리사, 스포츠애널리스트, 레저코디네이터 – 경호학과: 민간조사관, 시큐리티컨설턴트, 디지털포렌식전문가, 산업보안관리사, 정보보호전문가, 사이버보안전문가, 도청검색사

국가과학기술표준분류로 체육학과 이해하기

구분	국가과학기술표준분류체계		
	대분류	중분류	소분류
체육	문화/예술/체육	체육 인문사회	체육철학/체육사, 스포츠심리학, 스포츠사회학 스포츠경영학, 스포츠산업, 특수/장애인체육 여가/레크리에이션, 체육교육
		스포츠과학	운동생리학/운동처방, 운동영양학/운동생화학, 운동역학 .스포츠의학, .스포츠측정/분석, .스포츠환경/시설 스포츠종목경기력향상
		기타 문화/예술/체육	달리 분류되지 않는 문화/예술/체육
	교육	예술/체육교과교육	체육

체육학과 준비자를 위한 꿀팁

📑 학과 관련 고교 교과목과 준비사항

체육 과목과 직접적 관련성이 있으며, 과학탐구(생물) 등의 과목과 관련되어 있다. 체육학과의 경우 운동신경이 발달되어 있어야 하며, 다양한 스포츠 활동을 배우게 된다. 이 학과의 경우 자신이 아는 것을 상대방에게 전달하는 일과 관련되어 있으므로 대인관계 능력도 중요하다.

📋 학과 관련 면허와 자격 현황

국가기술자격	스포츠경영관리사
국가전문자격	실기교사, 청소년지도사, 생활체육지도자, 응급구조사
공인민간자격 및 기타	신변보호사

🌐 학과 관련 비전과 이슈

고령화사회로 진입하고, 인간이 노동으로부터 해방될 경우 스포츠에 대한 관심은 증가될 수 있다. 이런 관점에서 볼 때, 최근 생활스포츠의 저변 확대, e-스포츠산업의 확대, 스포츠와 마케팅의 결합 등이 증가되고 있다. 아울러 스포츠와 관광·오락의 연계가 확대되고 있으며, 건강관리와 치료에 있어서도 스포츠 활동이 많이 권장되고 있는 추세다. 100세 시대의 도래와 고령화사회로의 진입은 스포츠산업 수요를 확대할 가능성이 있다.

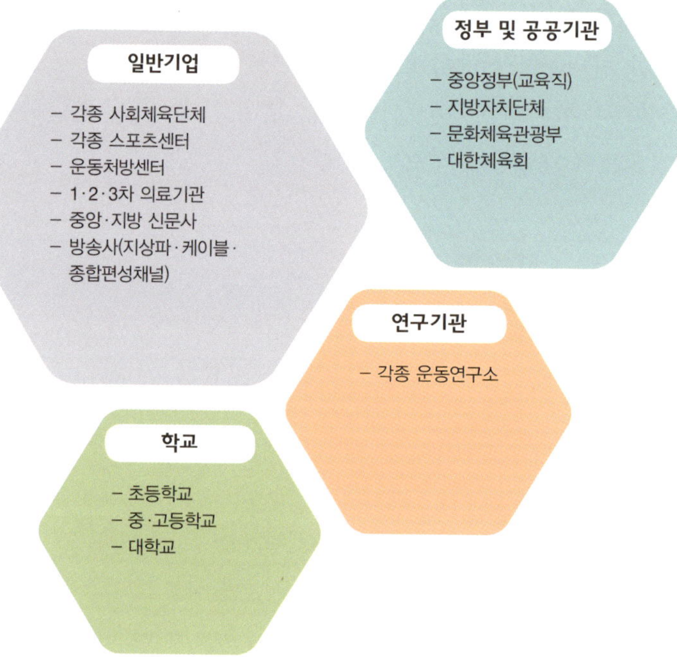

진출 산업 분류

스포츠서비스업(11.7%), 중등교육기관(9.6%), 기타 교육기관(8.5%), 음식점업(3.4%), 경비·경호·탐정업(2.6%), 입법·일반정부행정(2.4%), 사법·공공질서행정(2.4%), 초등교육기관(2.2%), 고등교육기관(2.1%), 가정용품도매업(2.1%)

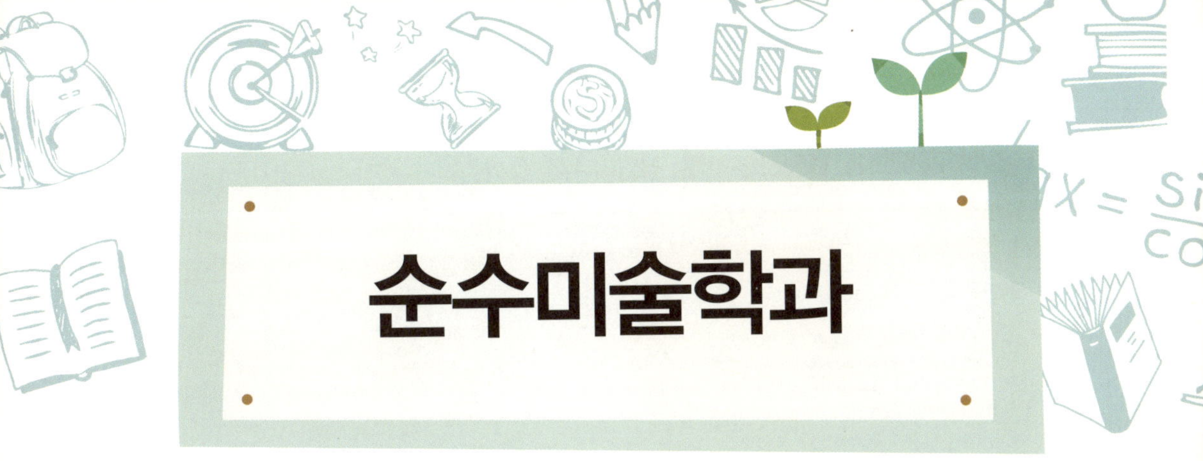

 ## 한눈에 보는 순수미술학과 현황과 전망

■ 학과 개요

순수미술은 인류가 가진 미적 욕구의 실현, 아름다움을 통한 삶의 질 향상, 인간과 사회와 관련한 이슈와 본질을 밝히는 예술 활동이다. 순수미술은 회화, 동양화, 서양화, 조소 등이 대표적 분야이며, 순수미술학과의 경우 실기 비중이 매우 높으며, 독창적 작품세계를 구현하는 것이 중요하다.

■ 순수미술학과의 미래 고용 관련 전망은 어떨까?

- 고용률 ★★★☆
- 전공 일치 비율 ★★☆
- 정규직 비율 ★★☆
- 월평균 소득 ☆

긍정적 전망 요인	– 여가문화 가치 증대에 따른 순수미술의 부각 – 감성적 기능과 역할의 증대 – 보헤미안 직업의 부각(사진작가, 아티스트, 패션·모델) – 순수미술의 상업적 부가가치 창출 가능성
부정적 전망 요인	– 상대적으로 낮은 순수미술 관련 노동공급 – 산업적 수요가 낮은 예술적 특성 – 범용성이 낮은 학과이므로 외부변동성에 인력수요 민감 – 승자독식 문화에 따라 직업 종사자의 큰 소득 편차

	직업군	고용지표	인공지능 대체 가능성	인력수급 전망	직업명
졸업 후 진출 가능한 직업	예능강사	★★★★★	☺	±△	미술, 서예, 꽃꽂이
	큐레이터, 문화재보존원	★★★★★	☺	±△	학예사, 큐레이터, 문화재보존원, 컨서베이터
	만화가, 만화영화작가	★★★★★	☺	±▽	애니메이터, 만화가
	문화·예술· 디자인·영상 관련 관리자	★★★★★	☺	±△	미술관장, 박물관장, 화랑관장
	예능강사	★★★★★	☺	±△	미술, 서예, 꽃꽂이
	행사기획자	★★★★	☺	±△	컨벤션코디네이터, 시사회· 회의·전시·공연·이벤트·패션쇼· 페스티벌기획자, 회의전문가, MEETING PLANNER, 파티플래너, 이벤트전문가
	화가, 조각가	★★★★	☺	±▽	화가, 조각가, 서예가, 몽타주제작자, 그래피티아티스트
	대학교수	★★★★	☺	±⇩	미술학 교수
	중·고등학교 교사	★★	☺	±▽	중학교 교사, 고등학교 교사
	방과후교사	★	☺	±▽	방과후교사
전공의 장점을 살릴 수 있는 직업	화가, 조각가	★★★★	☺	±▽	화가, 조각가, 서예가, 몽타주제작자, 그래피티아티스트
	예능강사	★★★★★	☺	±△	미술, 서예, 꽃꽂이
	만화가, 만화영화작가	★★★★★	☺	±▽	애니메이터, 만화가
	중·고등학교 교사	★★	☺	±▽	중학교 교사, 고등학교 교사
최근 생성된 직업	미술심리치료사, 아동미술심리치료사, 성인미술심리치료사, 문화행정가, 문화경영사				

국가과학기술표준분류로 순수미술학과 이해하기

구분	국가과학기술표준분류체계		
	대분류	중분류	소분류
순수미술	문화/예술/체육	미술	미술이론, 미술비평, 미술재료학, 미술복원학, 종교미술, 비교미술, 한국화, 동양화, 서양화, 판화, 서예, 미술교육
	교육	예술/체육교과교육	미술
	역사/고고학	미술사	미술사이론, 한국미술사, 동양미술사, 서양미술사

순수미술학과 준비자를 위한 꿀팁

학과 관련 고교 교과목과 준비사항

미술, 도덕 과목과 관련성이 비교적 높다. 순수미술학과의 경우 창의력을 바탕으로 한다. 하지만 미적 감각 외에 깊은 철학적 사고력에 대한 표현 능력이 요구되는 분야다.

학과 관련 면허와 자격 현황

국가기술자격	컬러리스트산업기사
국가전문자격	실기교사, 박물관·미술관준학예사, 문화예술교육사
공인민간자격 및 기타	인터넷정보관리사, 문서실무사

학과 관련 비전과 이슈

순수미술에서 산업미술과의 융합이 확대되고 있다. 아울러 미술과 치료의 접목이 커지고 있다. 순수미술에서 대중미술로 변화하려는 노력이 많으나, 생활 속 저변 확대는 다소 미흡하다. 순수미술학과의 경우 입학정원이 많지 않기에 쏠림현상이 발생할 경우 입시경쟁률이 일시적으로 높아질 우려가 있으므로 이 점에 유의해야 한다.

■ 순수미술학과를 졸업하면 어디로 진출할까?

진출 산업 분류

◆ 회화

기타 교육기관(13%), 창작·예술 관련 서비스업(3.9%), 중등교육기관(3.1%), 초등교육기관(3.1%), 음식점업(2.9%), 일반 교습학원(2.9%), 입법·일반정부행정(2.5%), 전문디자인업(2.5%), 실내건축·건축마무리공사업(2.3%), 섬유·의복·신발·가죽제품소매업(2.3%)

조형학과

한눈에 보는 조형학과 현황과 전망

■ 학과 개요

조형학과는 인류가 가진 미적 욕구의 실현, 아름다움을 통한 삶의 질 향상, 인간과 사회 관련 이슈와 본질을 밝히는 예술 활동이다. 다만 조형 분야는 크게 조각과 소조가 있으며, 소조의 경우 매우 다양한 소재를 활용하여 미적 탐구를 수행한다. 조형의 경우 순수미술과 달리 공간적 조형미에 대한 감각이 요구되며, 현상의 표현 능력이 중요하다.

■ 조형학과의 미래 고용 관련 전망은 어떨까?

- 고용률 ★★★☆
- 전공 일치 비율 ★★☆
- 정규직 비율 ★★
- 월평균 소득 ☆

긍정적 전망 요인	– 여가문화 가치 증대에 따른 순수미술(조형물)의 부각 가능성 – 건축물 관련 조형물의 법규제성 강화 가능성 – 클라우드 펀딩에 의한 조형작품 활성화 가능성
부정적 전망 요인	– 산업적 수요가 낮은 예술적 특성 – 범용성이 낮은 학과이므로 외부변동성에 인력수요 민감 – 승자독식 문화에 따라 직업 종사자의 큰 소득 편차

■ **조형학과를 졸업하면 어떤 직업이 유망할까?**

	직업군	고용지표	인공지능 대체 가능성	인력수급 전망	직업명
졸업 후 진출 가능한 직업	큐레이터, 문화재보존원	★★★★★	☺	±△	학예사, 큐레이터, 문화재보존원, 컨서베이터
	예능강사	★★★★★	☺	±△	조형미술, 꽃꽂이
	실내장식디자이너	★★★★★	☺	±▽	디스플레이·매장디자이너, 매장데코레이터, 비주얼MD, 인스토어머천다이징, 외장·매장·소품디스플레이어, 공간연출감독
	대학교수	★★★★	☺	±⇩	조형학 교수
	화가, 조각가	★★★★	☺	±▽	화가, 조각가, 서예가, 몽타주제작자, 그래피티아티스트
	공예원	★★★	☺	±△	공예원, 플로리스트, 화훼장식공예원
	중·고등학교 교사	★★	☺	±▽	중학교 교사, 고등학교 교사
전공의 장점을 살릴 수 있는 직업	화가, 조각가	★★★★	☺	±▽	화가, 조각가, 서예가, 몽타주제작자, 그래피티아티스트
최근 생성된 직업	아트퍼니처디자이너, 창의조형놀이지도자, 조형미술지도자				

 # 커리큘럼으로 조형학과 이해하기

학과	입문과목 예시	전공과목 예시
조형학과	드로잉, 디지털드로잉, 판화기법, 다매체판화연구, 색채학, 디자인조형연습, 테라코타, 기초디자인	전각예술, 입체조형, 인터액티브 미디어아트, 환경조형, 벽화기법, 현대벽화연구, 미술비평론

※ 출처: 한국고용정보원(www.keis.or.kr)

조형학과 준비자를 위한 꿀팁

학과 관련 고교 교과목과 준비사항

미술, 도덕 과목과 관련성이 높다. 조형학과의 경우 창의력을 바탕으로 한다. 하지만 미적 감각 외에 깊은 철학적 사고에 대한 표현 능력과 손기술이 결합되어야 한다.

학과 관련 면허와 자격 현황

국가기술자격	도자기공예산업기사
국가전문자격	실기교사, 박물관·미술관준학예사, 문화예술교육사, 문화재수리기술자·기능자

학과 관련 비전과 이슈

조형은 장신구디자인부터, 타일, 패브릭 아트, 도자기 등 조형작품의 대상과 분야가 확대되고 있다. 예를 들어 최근 아트퍼니처 직업의 출현이 그 예다. 조형학과의 경우 입학정원이 많지 않기에 쏠림현상이 발생할 경우 입시경쟁률이 갑자기 높아질 우려가 있으므로 이 점에 유의해야 한다.

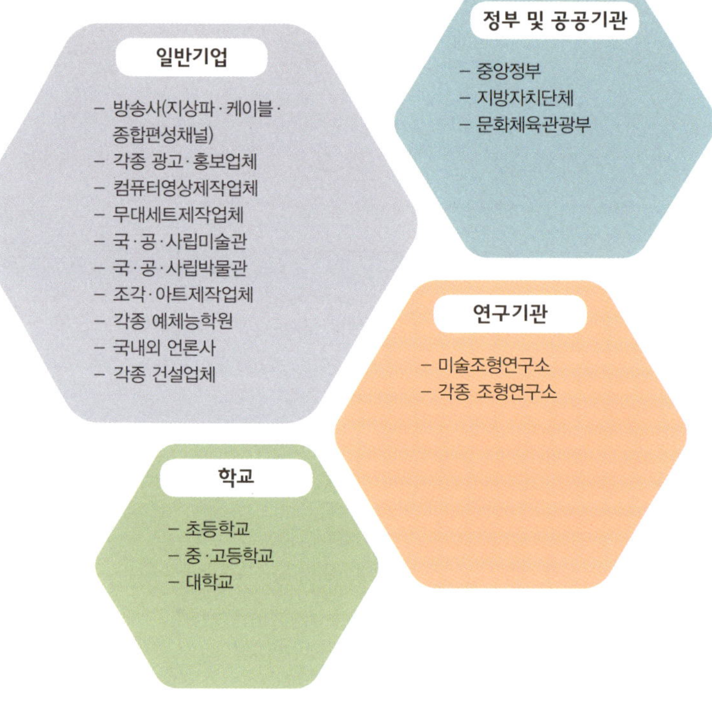

진출 산업 분류

◆ 조소

창작·예술 관련 서비스업(29.4%), 기타 교육기관(5.9%), 중등교육기관(5.9%), 음식점업(5.9%), 전문디자인업(5.9%), 실내건축·건축마무리공사업(5.9%), 건물건설업(5.9%), 기타 화학제품제조업(5.9%), 부동산 관련 서비스업(5.9%), 유원지·기타 오락 관련 서비스업(5.9%)

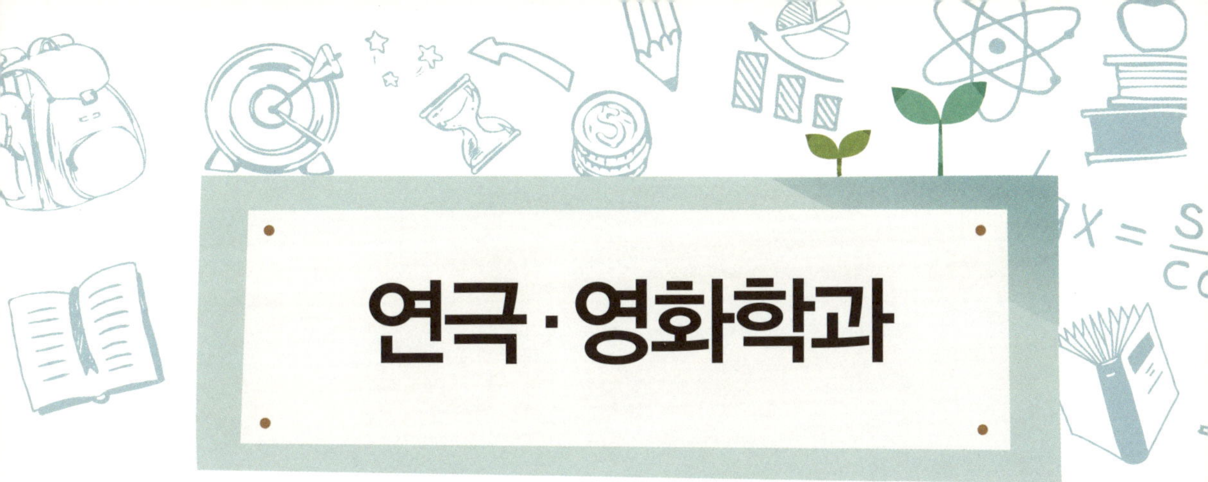

연극·영화학과

한눈에 보는 연극·영화학과 현황과 전망

■ 학과 개요

연극·영화는 음악, 미술, 조명, 컴퓨터그래픽, 무대장치, 연출자, 연기자 등 다
양한 장르가 요구되는 종합 예술이다. 여기서 각 인물과 장치들을 유기적으로
연결시키는 것이 스토리다. 영화는 심오한 예술의 한 장르이기도 하지만 최근
여가와 오락적 기능이 더해져 상업적 부가가치와 중요성이 증가되고 있다.

■ 연극·영화학과의 미래 고용 관련 전망은 어떨까?

- 고용률 　　　★★★★
- 전공 일치 비율 ★★★
- 정규직 비율 　★★
- 월평균 소득 　☆

긍정적 전망 요인	– 한류에 따른 한국 영화의 지속 성장 – 여가문화 가치 증대에 따른 연극·영화 관련 관람객 증가 – 창작물에 있어서 저작권 강화 – 클라우드 펀딩에 의한 연극과 영화제작 활성화 가능성 – 정책과 제도 지원의 확대에 따른 성장 가능성
부정적 전망 요인	– 거대 자본에 의한 승자독식 산업적 구조 – 범용성이 낮은 학과이므로 외부변동성에 인력수요 민감 – 승자독식 문화에 따라 직업 종사자의 큰 소득 편차

	직업군	고용지표	인공지능 대체 가능성	인력수급 전망	직업명
졸업 후 진출 가능한 직업	광고·홍보전문가	★★★★★	☺	±△	광고기획자, 광고매체기획원, 광고대리인, 광고컨설턴트
	예능강사	★★★★★	☺	±△	연기, 영화배우, 성우
	연예인·스포츠매니저	★★★★★	☺	±△	매니저
	메이크업아티스트, 분장사	★★★★★	☺	±△	메이크업아티스트, 페인팅아티스트, 무대담당자
	스포츠·레크리에이션강사	★★★★	☺	±△	스포츠강사, 트레이너, 레크리에이션진행자, 웃음치료사, 캠프지도자, 연극놀이강사, 재활승마치료사
	행사기획자	★★★★	☺	±△	공연·이벤트·패션쇼·페스티벌기획자, 파티플래너, 이벤트전문가
	대학교수	★★★★	☺	±⇩	연극학 교수, 연극영화학 교수
	음향·녹음기사	★★★★	☺	±△	음향·영화·음반녹음기사, 음향디자이너, 방송장비기사
	배우, 모델	★★★	☺	±⇧	연극배우, 영화배우, 탤런트, 스턴트맨, 연기자, 성우, 개그맨, 코미디언, 만담가, 피팅모델, 패션모델, 예술모델, 광고모델
	아나운서, 리포터	★★★	☺	±△	아나운서, 리포터, 전문 연예사회자, 디스크자키(DJ), 방송 리포터, 스포츠캐스터, 쇼호스트, 성우
	작가 및 관련 전문가	★★★	☺	±△	작가, 방송작가, 스크립터, 카피라이터, 콘티라이터
	영상·녹화·편집기사	★★★	☺	±△	영화필름기사, 스튜디오편집기사, 비디오편집기사, 영상편집기사, 방송편집기사, Video Operator, 프로덕션편집기사
	감독, 기술감독	★★	☺	±△	방송연출자, 라디오·방송·편성·다큐멘터리PD, 영화·CF·촬영·편집·무대·뮤직비디오·광고제작감독, VJ, 비디오저널리스트, 영화예고편제작자
	촬영기사	★	☺	±△	영화·광고비디오·TV·비디오, 카메라맨
	엑스트라	★★★	☺	±⇧	엑스트라, 대역배우, 보조출연자, 방청객, 배경연기자, 보조연기자

	직업군	고용지표	인공지능 대체 가능성	인력수급 전망	직업명
전공의 장점을 살릴 수 있는 직업	배우, 모델	★★★	☺	±⇧	연극배우, 영화배우, 탤런트, 스턴트맨, 연기자, 성우, 개그맨, 코미디언, 만담가, 피팅모델, 패션모델, 예술모델, 광고모델
	아나운서, 리포터	★★★	☺	±△	아나운서, 리포터, 전문 연예사회자, 디스크자키(DJ), 방송 리포터, 스포츠캐스터, 쇼호스트, 성우
	감독, 기술감독	★★	☺	±△	방송연출자, 라디오·방송·편성·다큐멘터리PD, 영화·CF·촬영·편집·무대·뮤직비디오·광고제작감독, VJ, 비디오저널리스트, 영화예고편제작자
최근 생성된 직업	영화상담전문가, 영화예술심리상담가, 연극영화지도자, 연극놀이지도전문가				

국가과학기술표준분류로 연극·영화학과 이해하기

구분	국가과학기술표준분류체계		
	대분류	중분류	소분류
연극·영화	문화/예술/체육	연극	연극이론/비평, 연극사, 연기, 연극연출, 희곡/극작, 무대미술/기술/효과, 연극치료, TV/뮤지컬/이벤트, 연극교육
		영화	영화이론/비평, 영화사, 영화/드라마제작 및 관련 기술, 영상매체/매체기술, 영화산업/정책, 인접미디어(TV/CF/뮤직비디오), 영화작가/대본, 영화감독/연기, 애니메이션영화, 영화교육
		음악	실용음악(대중/종교/광고/영화/무용음악)

연극·영화학과 준비자를 위한 꿀팁

📋 학과 관련 고교 교과목과 준비사항

국어, 체육 과목과 관련성이 비교적 높다. 연극·영화학과의 경우 창의력을 바탕으로 스토리를 이해하거나 만들어갈 수 있는 능력이 필요하다. 아울러 작품에 대하여 순간적으로 몰입하여 자신의 내면세계를 신체적으로, 언어적으로 표현할 수 있는 능력이 중요한 학과다.

🔖 학과 관련 면허와 자격 현황

국가기술자격	워드프로세서, 컴퓨터활용능력
국가전문자격	무대예술전문인
공인민간자격 및 기타	KBS한국어능력시험

🌿 학과 관련 비전과 이슈

연극·영화의 경우 가상현실(Virtual Reality) 산업 규모가 확대될 경우 산업적 성장 가능성이 크며, 최근 한류와 함께 문화콘텐츠의 해외 수출이 증가되고 있다. 연극의 경우 대중화와 대형기획사의 참여가 미흡하므로 정부의 정책적 지원 등이 중요 변수로 작용할 수 있다.

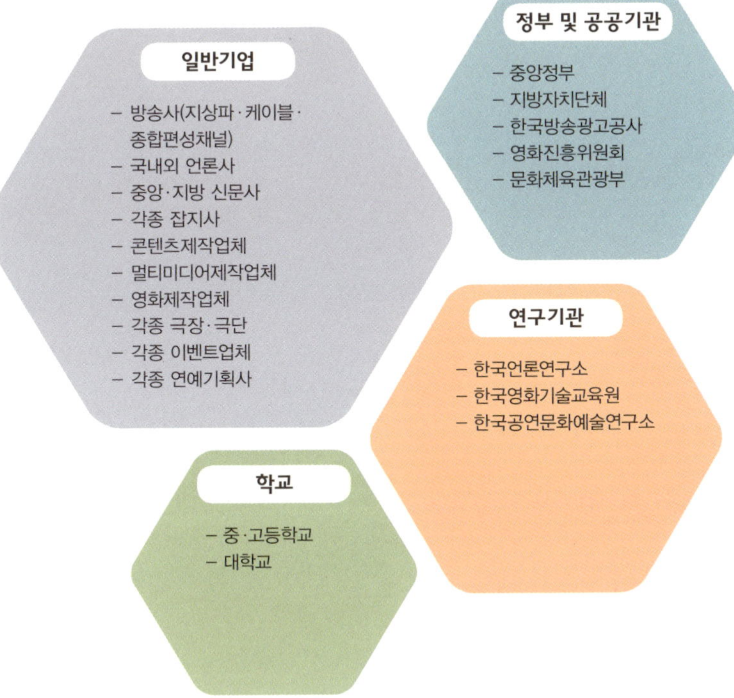

진출 산업 분류

창작·예술 관련 서비스업(12.6%), 영화·비디오물·방송프로그램 제작·배급업(8.1%), 텔레비전방송업(6.7%), 음식점업(5.9%), 일반 교습학원(4.4%), 주점·비알콜음료점업(4.4%), 입법·일반정부행정(3%), 고등교육기관(3%), 무점포소매업(3%), 광고업(3%)

국악과

 한눈에 보는 **국악과 현황과 전망**

■ 학과 개요

국악과는 옛날부터 전해 내려오는 우리나라의 전통 음악을 계승하고 발전시키기 위한 예술 활동이다. 우리 전통 소리를 그대로 보존하고 재현하기 위한 접근법도 있으며, 사회 변화를 반영하여 새롭게 해석하고 실용적으로 접근하는 국악 분야도 있다. 국악은 판소리와 같은 성악 분야와, 악기를 사용하는 기악 분야, 작곡과 같은 창작 분야가 있다.

■ 국악과의 미래 고용 관련 전망은 어떨까?

- 고용률　　　★★★★☆
- 전공 일치 비율　★★★

- 정규직 비율　　☆
- 월평균 소득　　☆

긍정적 전망 요인	– 한류에 따른 한국전통과 문화에 대한 관심 증대 – 여가문화 가치 증대에 따른 국악 수용 창출 가능성 – 정책과 제도 지원의 확대에 따른 성장 가능성
부정적 전망 요인	– 범용성이 낮은 학과이므로 외부변동성에 인력수요 민감 – 산업적 수요가 낮은 예술적 특성

	직업군	고용지표	인공지능 대체 가능성	인력수급 전망	직업명
졸업 후 진출 가능한 직업	예능강사	★★★★★	☺	±△	음악, 국악
	음향·녹음기사	★★★★	☺	±△	음향·영화·음반녹음기사, 음향디자이너, 방송장비기사
	대학교수	★★★★	☺	±⇩	국악과 교수
	가수, 성악가	★★	☺	±△	대중가요가수, 가수, 성악가, 소프라노, 메조소프라노, 알토, 테너, 베이스, 바리톤, 카운트테너, 오페라가수
	중·고등학교 교사	★★	☺	±▽	중학교 교사, 고등학교 교사
	악기제조·수리원, 조율사	★★	😐	±△	가야금제조원·수리원, 현악기(바이올린, 비올라, 첼로) 조율사, 피아노조율사
	국악·전통예능인	★	☺	±▽	국악인, 국악연주가, 전통음악인, 전통무용인, 판소리꾼
	음악강사	★★★★★	☺	±△	피아노·바이올린·플루트·가야금·기타 강사
전공의 장점을 살릴 수 있는 직업	대학교수	★★★★	☺	±⇩	국악과 교수
	국악·전통예능인	★	☺	±▽	국악인, 국악연주가, 전통음악인, 전통무용인, 판소리꾼
최근 생성된 직업	국악명상지도전문가, 국악교육전문가(어린이, 노인)				

커리큘럼으로 국악과 이해하기

학과	전공필수 예시	전공과목 예시
국악	국악개론Ⅰ, 시창·청음Ⅰ, 전공실기Ⅰ·Ⅱ·Ⅲ	가야금병창실습, 경서도소리, 국악관현악, 국악기론, 국악기초악전, 국악문헌, 국악반주, 국악분석, 국악사, 국악시창, 국악실내악, 국악원전강독, 국악창작세미나, 국악특수악기, 국악합주, 동양음악개론, 민속악분석및채보, 민속예능론, 사물, 세계음악문화, 아시아음악, 아쟁, 악리, 연주와비평Ⅰ, 음악사Ⅰ, 음악학, 일본음악, 정가, 중국음악, 타악기, 판소리, 한국음악학

※ 출처: 한국고용정보원(www.keis.or.kr)

국악과 준비자를 위한 꿀팁

학과 관련 고교 교과목과 준비사항

음악, 역사 과목과 관련성이 비교적 높다. 국악과의 경우 음악적 감각 외에 다루는 악기에 대한 손기술이 필요하며 목소리가 좋아야 한다. 아울러 작품을 이해하고 이를 소리로서 표현하는 능력이 중요하다.

학과 관련 면허와 자격 현황

국가기술자격	피아노조율산업기사
국가전문자격	실기교사
공인민간자격 및 기타	민간 자격으로 풍물, 사물놀이, 해금, 단소, 가야금, 판소리 다양한 분야의 지도자 자격증이 있음

학과 관련 비전과 이슈

관광, 문화콘텐츠, 결혼, 각종 이벤트에서 국악 연주가 증가되고 있다. 순수 국악에서 서양음악과 협업하여 연주하는 행사도 많아지고 있다. 국악의 경우 아직 산업적 기반이 탄탄하지 않으므로 향후 국악과 진학 시 졸업 후 진로에 대한 충분한 이해와 고민이 필요하다. 아울러 국악과의 경우 입학정원이 많지 않기에 쏠림현상이 발생할 경우 입시 경쟁률이 갑자기 높아질 우려가 있으므로 이 점에 유의해야 한다.

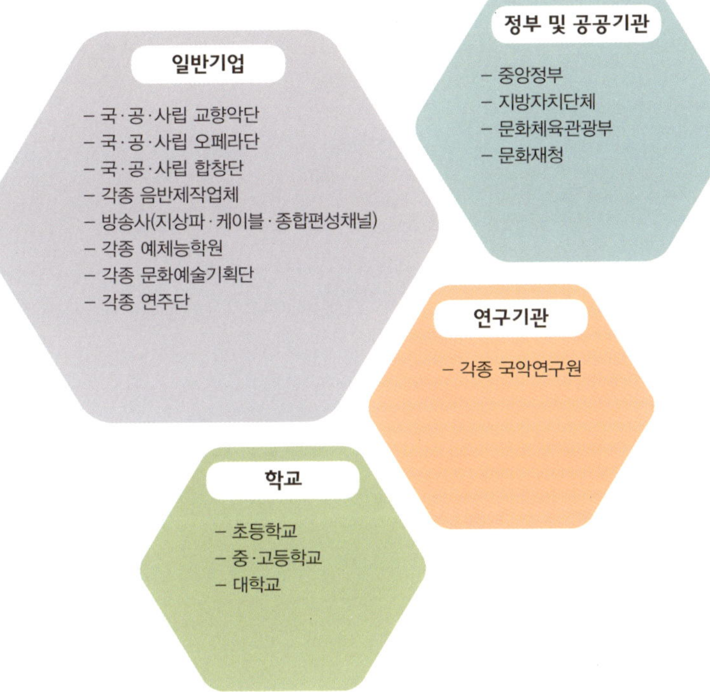

진출 산업 분류

초등교육기관(26.3%), 창작·예술 관련 서비스업(10.5%), 기타 교육기관(10.5%), 중등교육기관(10.5%), 비거주 복지시설운영업(10.5%), 음식점업(5.3%), 입법·일반정부행정(5.3%), 부동산 관련 서비스업(5.3%), 산업·전문가단체(5.3%), 건물건설업(5.3%)

기악과

 한눈에 보는 **기악과 현황과 전망**

■ 학과 개요

기악과는 도구를 활용하여 인간의 마음을 소리로서 표현하려는 예술 활동이다. 따라서 도구를 이해하고 잘 다루는 능력이 중요하다. 기악의 종류에는 북이나 드럼과 같이 두드려서 소리를 내는 타악기, 바이올린, 첼로와 같이 줄이 있는 현악기, 트럼펫과 같이 관이 있는 관악기 등이 있다. 기악과는 기악의 역사부터 변천 과정, 연주기법, 화성(학), 합주 등 이론과 실기를 배우게 되나, 사실상 자신이 선택한 악기에 대한 실기 중심의 수업을 받게 된다.

■ 기악과의 미래 고용 관련 전망은 어떨까?

- 고용률 ★★★★
- 전공 일치 비율 ★★★☆
- 정규직 비율 ★★
- 월평균 소득 ☆

긍정적 전망 요인	– 여가문화 가치 증대에 따른 기악 관련 산업과 교육의 활성화 – 소득수준의 향상에 따른 성악의 대중화 가능성 – 정책과 제도 지원의 확대에 따른 성장 가능성
부정적 전망 요인	– 산업적 수요가 낮은 예술적 특성 – 범용성이 낮은 학과이므로 외부변동성에 인력수요 민감 – 승자독식 문화에 따라 직업 종사자의 큰 소득 편차

■ 기악과를 졸업하면 어떤 직업이 유망할까?

	직업군	고용지표	인공지능 대체 가능성	인력수급 전망	직업명
졸업 후 진출 가능한 직업	예능강사	★★★★★	☺	±△	음악
	음향·녹음기사	★★★★	☺	±△	음향·영화·음반녹음기사, 음향디자이너, 방송장비기사
	대학교수	★★★★	☺	±⇩	기악학 교수
	지휘자, 작곡가, 연주가	★★★	☺	±△	작곡가, 편곡가, 지휘자, 싱어송라이터, 연주가
	가수, 성악가	★★	☺	±△	대중가요가수, 가수, 성악가, 소프라노, 메조소프라노, 알토, 테너, 베이스, 바라톤, 카운트테너, 오페라가수
	중·고등학교 교사	★★	☺	±▽	중학교 교사, 고등학교 교사
	악기제조·수리원, 조율사	★★	😐	±△	가야금제조원·수리원, 현악기(바이올린, 비올라, 첼로) 조율사, 피아노조율사
	국악·전통예능인	★	☺	±▽	국악인, 국악연주가, 전통음악인, 전통무용인, 판소리꾼
전공의 장점을 살릴 수 있는 직업	가수, 성악가	★★	☺	±△	대중가요가수, 가수, 성악가, 소프라노, 메조소프라노, 알토, 테너, 베이스, 바라톤, 카운트테너, 오페라가수
	예능강사	★★★★★	☺	±△	음악
최근 생성된 직업	재즈바이올리니스트, 전자바이올리니스트, 바로크바이올리니스트, 기악합주전문지도사, 타악기퍼포먼스전문가				

커리큘럼으로 기악과 이해하기

학과	입문과목 예시	전공과목 예시
기악과	음악사, 음악분석, 악보분석, 화성법, 대위법, 시창·청음, 서양음악, 국악개론	피아노실기, 관현악실기, 반주실습, 관현악합주, 건반화성, 실내악

※ 출처: 한국고용정보원(www.keis.or.kr)

기악과 준비자를 위한 꿀팁

학과 관련 고교 교과목과 준비사항

음악 과목과 관련성이 높다. 기악과의 경우 음악적 감각 외에 다루는 악기에 해당하는 손기술이 필요하다. 아울러 작품을 이해하고 이를 소리로서 표현하는 능력이 필요하며, 작품을 반복 연습할 수 있는 인내력이 필요하다.

학과 관련 면허와 자격 현황

국가기술자격	피아노조율산업기사
국가전문자격	실기교사

학과 관련 비전과 이슈

최근 음악을 통한 치료가 많아지고 있다. 문화생활이 확대됨에 따라 악기를 직접 다루려는 욕구도 강해지고 있다. 하지만 기악의 경우 아직 산업적 기반이 탄탄하지 않으므로 향후 국악과 진학 시 졸업 후 진로에 대한 충분한 이해와 고민이 필요하다. 아울러 기악과의 경우 입학정원이 많지 않기에 쏠림현상이 발생할 경우 입시경쟁률이 갑자기 높아질 우려가 있으므로 이 점에 유의해야 한다.

■ 기악과를 졸업하면 어디로 진출할까?

진출 산업 분류

기타 교육기관(72.3%), 초등교육기관(2.9%), 창작·예술 관련 서비스업(2.9%), 음식점업(2.9%), 일반 교습학원(2.9%), 중등교육기관(1.5%), 고등교육기관(1.5%), 은행·저축기관(1.5%)

성악과

한눈에 보는 성악과 현황과 전망

■ 학과 개요

성악과는 목소리를 포함한 몸과 마음을 활용하여 소리로서 인간의 마음을 표현하려는 예술 활동이다. 기악이 악기라는 도구를 활용한다면 성악은 자신의 몸이라는 도구를 활용하므로, 자신의 소리를 만들고 이 소리를 끄집어내는 발성이 중요하다. 이를 위해 성악과 학생은 소리에 대한 기초 지식을 바탕으로 가창, 창법을 구축하고, 발성, 곡 해석, 오페라 실습 등의 수련과정을 거치게 된다.

■ 성악과의 미래 고용 관련 전망은 어떨까?

- 고용률　　　　★★★★
- 전공 일치 비율　★★★
- 정규직 비율　　☆
- 월평균 소득　　☆

긍정적 전망 요인	– 소득수준의 향상에 따른 성악의 대중화 가능성 – 여가문화 가치 증대에 따른 연극과 영화 관련 관람객 증가
부정적 전망 요인	– 산업적 수요가 낮은 예술적 특성 – 범용성이 낮은 학과이므로 외부변동성에 인력수요 민감 – 승자독식 문화에 따라 직업 종사자의 큰 소득 편차

■ 성악과를 졸업하면 어떤 직업이 유망할까?

	직업군	고용지표	인공지능 대체 가능성	인력수급 전망	직업명
졸업 후 진출 가능한 직업	예능강사	★★★★★	☺	±△	성악
	음향·녹음기사	★★★★	☺	±△	음향·영화·음반녹음기사, 음향디자이너, 방송장비기사
	대학교수	★★★★	☺	±⇩	성악과 교수
	아나운서, 리포터	★★★	☺	±△	아나운서, 앵커, 리포터
	지휘자, 작곡가, 연주가	★★★	☺	±△	작곡가, 편곡가, 지휘자, 싱어송라이터, 연주가
	가수, 성악가	★★	☺	±△	대중가요가수, 가수, 성악가, 소프라노, 메조소프라노, 알토, 테너, 베이스, 바라톤, 카운트테너, 오페라가수
	중·고등학교 교사	★★	☺	±▽	중학교 교사, 고등학교 교사
	악기제조·수리원, 조율사	★★	☺	±△	가야금제조원·수리원, 현악기(바이올린, 비올라, 첼로) 조율사, 피아노조율사
	방과후교사	★	☺	±▽	방과후교사
전공의 장점을 살릴 수 있는 직업	예능강사	★★★★★	☺	±△	성악
	대학교수	★★★★	☺	±⇩	성악과 교수
	가수, 성악가	★★	☺	±△	대중가요가수, 가수, 성악가, 소프라노, 메조소프라노, 알토, 테너, 베이스, 바라톤, 카운트테너, 오페라가수
	중·고등학교 교사	★★	☺	±▽	중학교 교사, 고등학교 교사
최근 생성된 직업	음악치료사, 성악재활심리전문가				

커리큘럼으로 성악과 이해하기

학과	전공필수 예시	전공과목 예시
성악	전공실기 Ⅰ·Ⅱ·Ⅲ·Ⅳ·Ⅴ·Ⅵ·Ⅶ·Ⅷ	국악개론Ⅰ·Ⅱ, 대위법Ⅰ·Ⅱ, 독일어딕션Ⅰ·Ⅱ, 르네상스성악곡, 바로크성악곡, 부전공실기Ⅰ·Ⅱ·Ⅲ·Ⅳ, 불어딕션Ⅰ·Ⅱ, 성악곡의분석, 성악기법, 성악문헌Ⅰ·Ⅱ, 성악앙상블, 스페인어딕션, 시창·청음Ⅰ·Ⅱ·Ⅲ·Ⅳ, 실기교육론, 실내악Ⅰ·Ⅱ·Ⅲ·Ⅳ, 악식론Ⅰ·Ⅱ, 연주수업, 연주실습, 연주와비평Ⅰ·Ⅱ·Ⅲ·Ⅳ, 영어딕션Ⅰ·Ⅱ, 오페라문헌, 오페라클라스Ⅰ·Ⅱ·Ⅲ·Ⅳ, 음악감상법Ⅰ·Ⅱ, 음악개론Ⅰ·Ⅱ, 음악교육학, 음악미학Ⅰ, 음악사Ⅰ·Ⅱ·Ⅲ·Ⅳ, 이태리어딕션Ⅰ·Ⅱ, 종교가곡, 중세성악곡, 지휘법Ⅰ·Ⅱ, 클래스피아노Ⅰ, 한국가곡문헌, 합창Ⅰ·Ⅱ·Ⅲ·Ⅳ·Ⅴ·Ⅵ, 현대성악곡, 화성학Ⅰ·Ⅱ·Ⅲ·Ⅳ

※ 출처: 한국고용정보원(www.keis.or.kr)

성악과 준비자를 위한 꿀팁

학과 관련 고교 교과목과 준비사항

음악 과목과 직접적으로 관련되어 있다. 성악과의 경우 음악적 감각 외에 목소리가 좋아야 한다. 아울러 작품을 이해하고 이를 소리로서 표현하는 능력이 중요하다.

학과 관련 면허와 자격 현황

국가기술자격	피아노조율사
국가전문자격	실기교사(음악)

성악의 경우 아직 산업적 기반이 탄탄하지 않으므로 향후 성악과 진학 시 졸업 후 진로에 대한 충분한 이해와 고민이 필요하다. 아울러 성악과의 경우 입학정원이 많지 않기에 쏠림현상이 발생할 경우 입시경쟁률이 갑자기 높아질 우려가 있으므로 이 점에 유의해야 한다.

■ 성악과를 졸업하면 어디로 진출할까?

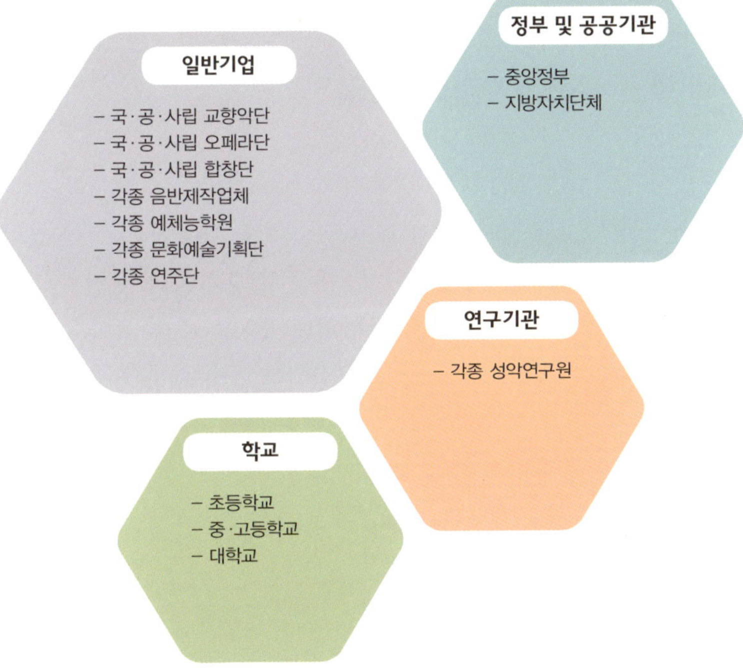

진출 산업 분류

기타 교육기관(40%), 창작·예술 관련 서비스업(15%), 고등교육기관(5%), 입법·일반정부행정(5%), 기계장비와 관련 물품도매업(5%), 은행·저축기관(2.5%)

작곡과

 ## 한눈에 보는 작곡과 현황과 전망

■ 학과 개요

작곡은 자신의 생각과 마음을 음표로서 표현하는 예술 활동이다. 작곡 분야는 크게 실용음악과 고전음악으로 구분될 수 있다. 실용음악과 고전음악 모두 다양한 장르를 가지므로 열거하기 어렵다. 학습내용은 주로 음악사, 음악이론, 화성, 악식론, 음역법, 작곡실기 등으로 구성되어 있다.

■ 작곡과의 미래 고용 관련 전망은 어떨까?

- 고용률 ★★★★
- 전공 일치 비율 ★★☆
- 정규직 비율 ★★
- 월평균 소득 ☆

긍정적 전망 요인	– 보헤미안 직업의 부각(사진작가, 아티스트, 패션·모델) – 클라우드 펀딩에 의한 음반제작 활성화 가능성 – 창작물에 있어서 저작권 강화
부정적 전망 요인	– 해외 또는 과거 음악에 대한 리메이크 증대 가능성 – 졸업 후 교육 관련 업무 외에 프리랜서 활동 외에 좋은 일자리가 부족 – 승자독식 문화에 따라 직업 종사자의 큰 소득 편차

	직업군	고용지표	인공지능 대체 가능성	인력수급 전망	직업명
졸업 후 진출 가능한 직업	예능강사	★★★★★	☺	±△	음악
	음향·녹음기사	★★★★	☺	±△	음향·영화·음반녹음기사, 음향디자이너, 방송장비기사
	대학교수	★★★★	☺	±⇩	작곡과 교수
	지휘자, 작곡가, 연주가	★★★	☺	±△	작곡가, 편곡가, 지휘자, 싱어송라이터, 연주가
	가수, 성악가	★★	☺	±△	가수, 성악가, 소프라노, 메조소프라노, 알토, 테너, 베이스, 바리톤, 카운트테너, 오페라가수
	중·고등학교 교사	★★	☺	±▽	중학교 교사, 고등학교 교사
	악기제조·수리원, 조율사	★★	😐	±△	가야금제조원·수리원, 현악기(바이올린, 비올라, 첼로) 조율사, 피아노조율사
	방과후교사	★	☺	±▽	방과후교사
전공의 장점을 살릴 수 있는 직업	지휘자, 작곡가, 연주가	★★★	☺	±△	작곡가, 편곡가, 지휘자, 싱어송라이터, 연주가
	중·고등학교 교사	★★	☺	±▽	중학교 교사, 고등학교 교사
최근 생성된 직업	디지털음원마케터				

커리큘럼으로 작곡과 이해하기

학과	전공필수 예시	전공선택 예시
작곡	전공실기 Ⅰ·Ⅱ·Ⅲ·Ⅳ·Ⅴ·Ⅵ·Ⅶ·Ⅷ	16세기대위법, 20세기화성학, 가창, 건반화성Ⅰ·Ⅱ, 고전음악분석, 관현악법Ⅰ·Ⅱ, 국악개론Ⅰ·Ⅱ, 낭만음악분석, 대위법Ⅰ·Ⅱ, 바로크음악분석, 부전공실기Ⅰ·Ⅱ·Ⅲ·Ⅳ, 시창·청음Ⅰ·Ⅱ·Ⅲ·Ⅳ, 아시아음악개론, 악기론Ⅰ·Ⅱ, 악식론Ⅰ·Ⅱ, 연주와비평Ⅰ·Ⅱ·Ⅲ·Ⅳ, 음악감상법Ⅰ·Ⅱ, 음악개론Ⅰ·Ⅱ, 음악미학Ⅰ, 음악비평론Ⅰ, 음악사Ⅰ·Ⅱ·Ⅲ·Ⅳ, 작곡세미나, 조성음악분석, 지휘법Ⅰ·Ⅱ, 총보독법Ⅰ·Ⅱ, 컴퓨터음악Ⅰ·Ⅱ, 클래스피아노Ⅰ, 편곡법Ⅰ·Ⅱ, 합창Ⅰ·Ⅱ·Ⅲ·Ⅳ, 현대음악개론, 현대화성론Ⅰ·Ⅱ, 화성학Ⅰ·Ⅱ·Ⅲ·Ⅳ

※ 출처: 한국고용정보원(www.keis.or.kr)

작곡과 준비자를 위한 꿀팁

학과 관련 고교 교과목과 준비사항

음악, 국어, 일반사회 등의 과목과 관련되어 있다. 작곡과의 경우 음악적 감각 외에 창의력이 바탕이 되어 있어야 한다. 아울러 대중적 사회 트렌드를 파악할 수 있는 능력이 필요하며, 이를 음표 또는 가사로서 표현할 수 있어야 한다.

학과 관련 면허와 자격 현황

국가기술자격	피아노조율사
국가전문자격	실기교사(음악)

학과 관련 비전과 이슈

방송, 영화, 광고, 홍보, 연극 등에 있어서 음악의 활용이 증가되고 있으며, 방송, 영화, 광고 등 디지털 매체와 스마트폰과 관련한 콘텐츠가 확대되고 있다.

저작권 보호 동향을 살펴볼 필요가 있다. 작곡과의 경우 입학정원이 많지 않기에 쏠림현상이 발생할 경우 입시경쟁률이 갑자기 높아질 우려가 있으므로 이 점에 유의해야 한다.

■ 작곡과를 졸업하면 어디로 진출할까?

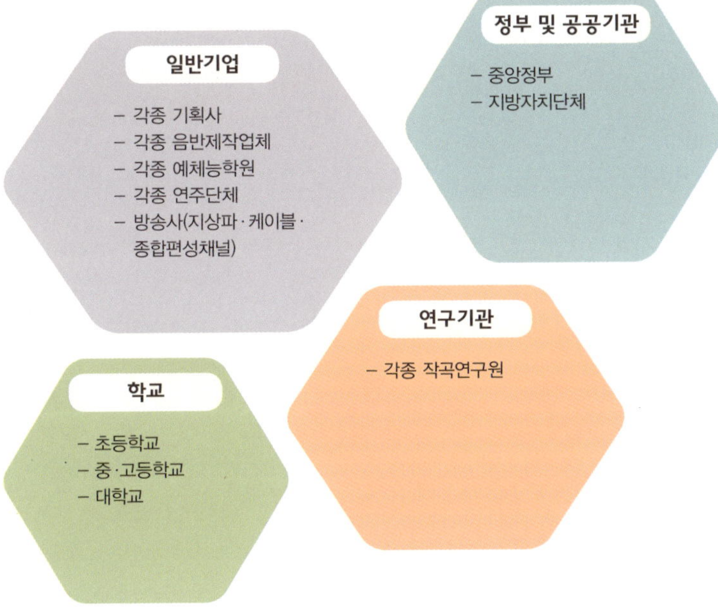

진출 산업 분류

기타 교육기관(50%), 중등교육기관(12.5%), 기계장비·관련 물품도매업(6.3%), 주점·비알콜음료점업(6.3%), 음식점업(6.3%), 섬유·의복·신발·가죽제품소매업(6.3%), 텔레비전방송업(6.3%)

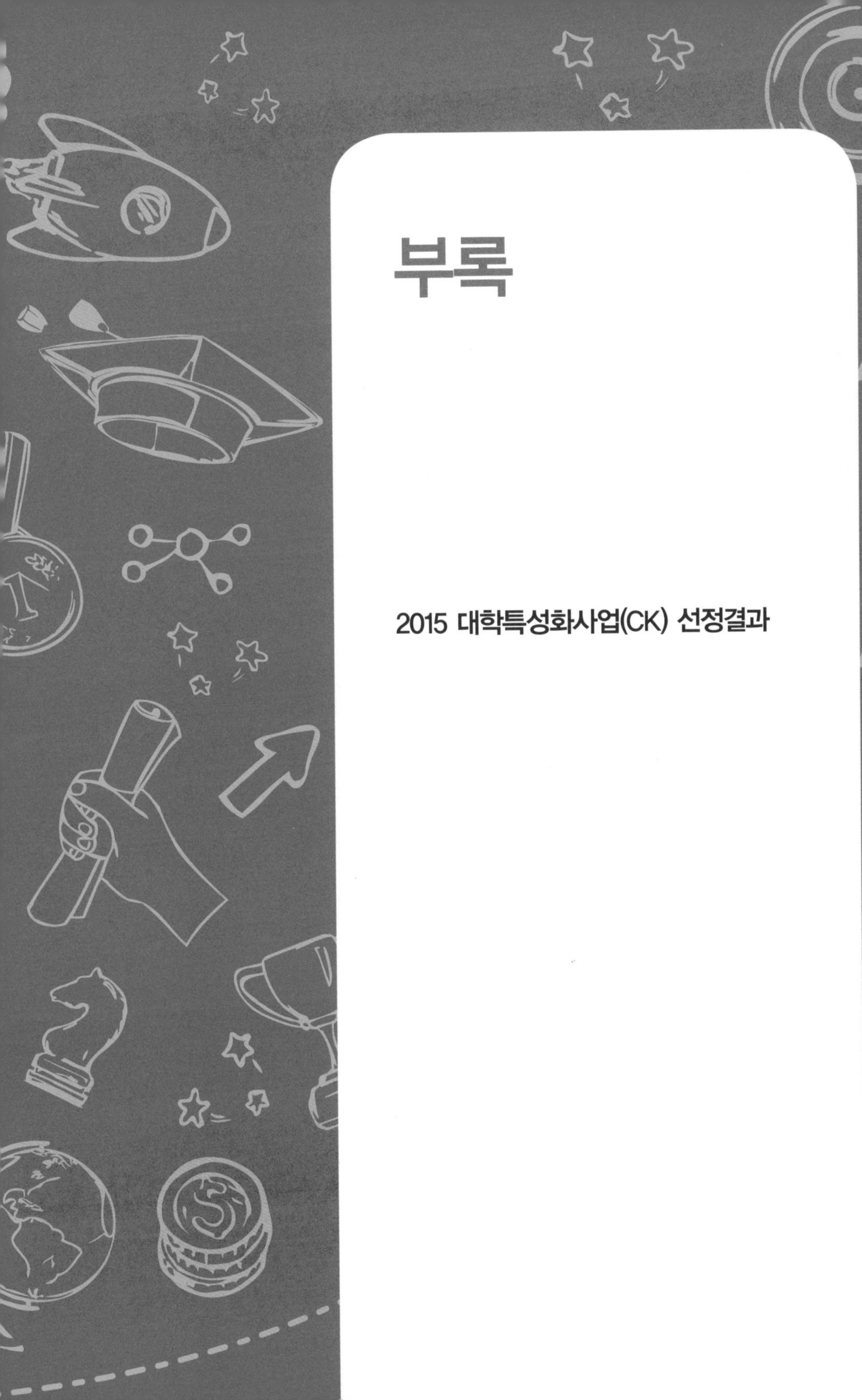
부록

2015 대학특성화사업(CK) 선정결과

CK사업은 정부(교육부)가 추진하고 있는 대학특성화사업(University for Creative Korea)을 말한다. 즉 국가 차원에서 경쟁력 있는 특정 대학의 학과를 발굴하여 지원하는 사업으로, 국가가 지원하는 우수학과, 대학 자율적 지정에 따른 중점학과, 지방대에 대한 지역적 육성이 필요한 우수학과로 구성되어 있다. 자료는 2016년 2월 16일 기준으로 교육부 홈페이지 대학알리미, 대학특성화우수학과선정결과 내용이다.

사업유형	대학자율-빨간색, 국가지원-초록색, 지역전략-주황색

순번	사업단명	소속학과
1	C 3ube시스템에 의한 바이오융합 인재양성 사업단	바이오나노학과, 식품생물공학과, 생명과학과, 약학과, 나노화학과, 나노물리학과
2	기업맞춤형 Edu-EcoSystem 기반 소프트웨어 인재 양성	컴퓨터공학과, 소프트웨어설계·경영학과
3	통합적 휴먼서비스 인재양성	유아교육학과, 사회복지학과, 영양학과
4	바람개비 보건과학 사업단	의공학과, 방사선학과, 물리치료학과, 운동재활복지학과
5	수학기반 금융미드필더 양성 사업단	수학·금융정보학과, 응용통계학과
6	린-스타트업(lean-startup)기반 디자인특성화 사업단	미술·디자인학부(시각디자인)
7	소재화학 사업단	화학전공(자연과학부)
8	지역사회심리사업단	심리학전공(사회과학부)
9	동해안해양바이오산업창조인재양성사업단	해양식품공학과, 해양자원육성학과, 해양생물공학과, 해양분자생명공학과, 식품가공유통학과, 식품영양학과
10	환동해권비즈니스인력양성사업단	국제통상학과, 무역학과
11	지구환경변화 대응 융합형 과학인재 육성 사업단	화학신소재학과, 생물학과, 대기환경과학과
12	융복합 신산업 소프트웨어 인재양성 사업단	컴퓨터공학과, 멀티미디어공학과, 정보기술공학과

13	동물생명 6차산업 특성화 사업단	동물생명과학대학축산과학전공(동물자원과학부),사료생산과학전공(동물자원과학부), 축산식품과학전공(동물응용과학부), 동물생명공학전공(동물응용과학부), 수의학과
14	RASE(자기주도형) 미디어콘텐츠 인력양성 사업단	영상문화과, 스토리텔링과, 신문방송학과, 디자인학과
15	지역공동체 휴먼공공서비스 전문인력양성 사업단	일반사회교육과, 교육학과, 국어교육과, 영어교육과, 사회학과, 행정학과
16	융합지구과학기술 인력양성사업단	지질지구물리학부
17	생명공학인재양성특성화 사업단	특성화학부
18	창조경제의 리더, 차세대 의료공학 전문인력 양성사업단	의공학부, 의료공간디자인학과, 의료IT공학과, 의료신소재학과
19	협업형 창의융합인재 브리꼴레르(Bricoleur) 양성 프로젝트 사업단	Global Frontier School, 의약바이오학부, 융합IT학부(우수학과와중복), 융합디자인학부
20	Mega-FTA를 선도하는, 글로벌 제약산업 전문인력 양성사업단	제약생명공학과
21	취약계층 사회통합 프로그램을 통한, 협동창의형 교육·복지 전문인력 양성사업단	사회복지학과, 아동보육학과, 초등특수교육과, 중등특수교육과, 유아교육과
22	상담과 스포츠 통합 프로그램을 활용한 지역사회 청소년 문제해결 프로젝트 사업단	심리상담치료학과, 재활퍼스널트레이닝학과
23	지역문화, 지역연고산업 기반 문화콘텐츠디자인 창의인재 양성사업단	디지털콘텐츠학과, 시각디자인학과
24	STEM교육을 통한 의과학(Biomedical Science) 연구지원인력 양성사업단	임상병리학과, 안경광학과, 작업치료학과, 물리치료학과
25	지역공동체의 통합안전망과 회복탄력성 강화를 위한 융합형 창의 인재 양성 사업단	사회복지학과, 경찰행정학과, 청소년학과
26	경기대학교 디자인비즈니스교육특성화사업단	시각정보디자인학과, 산업디자인학과, 장신구금속디자인학과
27	사회적경제 전문인력 양성사업단	산업경제학과, 회계정보학과, 영어학과
28	지역기반형 식품산업을 위한 미래인력양성 사업단	식품생명학과, 식품영양학과
29	Green & Blue 융합형 관광전문인력 양성사업단	관광학부
30	지역 도시재생 문화힐링 창조인재 양성사업단	문화콘텐츠학과, 패션의류학과, 음악교육과

31	통일시대를 대비한 통일안보 전문 인재양성 사업	정치외교학과
32	미래산업소재사업단	신소재공학부, 화학공학과, 용용화학과, 환경공학과, 섬유시스템공학과
33	원예식품융복합글로컬인재양성사업단	식품공학부, 원예과학과, 약학과, 생태환경전공(생태환경관광학부)
34	글로벌 식량자원·농업개발 전문 인재양성 사업단	응용생명과학부, 조경학과, 농업토목공학과, 생물산업기계공학과, 임학과, 임산공학과, 바이오섬유소재학과, 농업경제학과
35	글로컬 문화 콘텐츠 창의인재양성 사업단	사회학과, 지리학과, 문헌정보학과, 신문방송학과
36	상상과 치유의 인문인재 양성 사업단	철학과, 영어영문학과, 독어독문학과, 불어불문학과
37	기초과학인재양성사업단	화학과, 물리학과, 생물학전공(생명과학부)
38	스마트전자특성화사업단	전자공학부, 산업전자공학과(경북대상주캠퍼스)
39	미래창조형 농업생명 인재 양성 사업단	농학과, 동물생명과학과, 식품공학과, 응용생물학과, 원예학과, 축산학과, 환경생명화학과
40	ENA 공공전문가 양성사업단	행정학과, 법학과, 정치외교학과
41	한국학 고전을 통한 창의적 글로컬 인재양성 사업단	한문학과
42	미래개척 기초생명과학 인재양성사업단	생물학과, 생화학과, 미생물학과
43	지역혁신 주도형 동남권 화학인재양성 사업단	화학과
44	창의적항공IT기계융합인력양성사업단	기계공학부, 항공우주시스템공학과, 정보과학과
45	신발산업Global Business핵심역량전문인력양성사업단	국제무역통상학과, 영어영문학과, 의상학과
46	지역특화 발전프로젝트와 연계한 "영화매체연기인재양성"사업단	영화학과, 연극학과
47	ICDT 융합 창의인재양성 특성화사업단	디지털미디어학부
48	학제적융합교육을 통한 글로컬문화인력양성 사업단	글로컬문화학부
49	HSE(Health, Safety, Environment) 특화 보건의료인력 양성사업단	물리치료학과, 임상병리학과, 치위생학과
50	노인체육 전문지도자 양성사업단	사회체육학부

51	기계·IT융합 자동차부품 전문인력양성사업단	기계자동차학부, 전자공학과, 로봇응용학과
52	첨단 ICT융합 생애주기 시설물성능개선인력 양성사업단	건축공학과, 건축학과, 건설공학부
53	목표지향형 소방안전인력양성사업단	소방방재학과
54	범죄피해 CARE 전문가 양성 사업단	경찰학과, 심리치료학과
55	베이비부머 Life Designer 양성 사업단	사회복지학과
56	시공간 빅데이터 융합 전문가 양성	지리학과, 사학과
57	인류사회 공헌을 위한 "학문과 실천" 중심의 융합형 글로벌 인재 양성	경희대학교 국제대학 국제학과, 경희대학교 정경대학 정치외교학과
58	FTA지역특화 창의적 경제통상인재 양성사업단(FTASEP, FTA Area Specialist Education Program)	국제통상학과, 경제금융학과, 전자무역학과
59	커뮤니케이션 문제해결을 위한 창의적 전문인재 양성사업단(CreativeSolutionSpecialistforCommunication)	광고홍보학과, 언론영상학과
60	글로벌역량을 갖춘 현장형 정보전문가 양성 사업단	문헌정보학과
61	융복합미디어콘텐츠창조인재양성사업단	사진영상디자인과, 문예창작학과, 영상애니메이션과, 시각디자인과, 뮤직프로덕션과
62	지역산업친화형 식품바이오전문인력 양성 사업단	식품가공학과, 식품영양학과, 공중보건학과
63	3C 기반 차세대 교육리더 육성	초등 국어·음악·미술·체육·영어·컴퓨터 교육과
64	창조 문화 트랜스형 지역 인재 양성 사업단	문화재보존과학과, 의류상품학과, 게임디자인학과, 영상학과, 사학과
65	농업 6차산업화 전문인력 양성사업단	지역개발학부, 산림자원학과, 조경학과(예산캠퍼스), 식품공학과(예산캠퍼스), 특수동물학과(예산캠퍼스)
66	IT 융합 글로컬 인력양성사업단	전기전자제어공학부
67	Eco기후환경융합인력양성사업단	생명과학과, 대기과학과, 지질환경과학과
68	중소기업 맞춤형 글로벌 금융통상 전문가 양성 사업단	경제통상학부
69	HappyAllProject:초등기초학력지도역량을갖춘 명품교사양성사업단	초등교육과, 초등교육과

70	강소기업 맞춤형 디자인 인력 양성 사업단	산업디자인학과, 시각영상디자인학과
71	'자동차–SW–디자인' 융합형 글로벌 인재 양성 사업단	자동차공학과, 자동차IT융합학과, 컴퓨터공학부, 자동차·운송디자인학과
72	휴먼테크놀로지창의인재육성사업단 –기계공학과 인간운동과학의 융합–	기계시스템공학부(일부), 스포츠건강재활전공(체육학부)
73	동아시아 현지화 미래개척 청년양성 사업단	국제학부
74	Active Aging Sport Care Project	스포츠산업·레저전공(체육학부), 스포츠지도전공(체육학부)
75	Eco Community Art Project	음악학부, 미술학부, 공연예술학부
76	Creative Health Care 융합 인재 양성 사업단	바이오발효융합학과, 식품영양학과
77	해양 바이오 특성화 사업단	식품영양학과, 해양생물공학과, 해양생명과학과, 식품생명공학과, 수산생명의학과
78	새만금ICT(Infomation&Communication Technolgy)융합인재양성 사업단	컴퓨터정보공학과, 정보통신공학과
79	새만금중·일M.E.(Multilingual–Expert) 육성 사업단	일어일문학과, 중어중문학과
80	융합형 프로 메카트로닉스 인력 양성 사업단	기전공학과, 지능기계공학과기계시스템공학과
81	그린화학소재창의인력양성사업단	에너지융합소재공학부(고분자융합소재공학전공, 에너지화학공학전공), 응용화학과, 소재디자인공학과, 환경공학전공(토목환경공학부)
82	첨단소재·부품 자기주도형 창의교육사업단	신소재시스템공학부
83	행동하는 사랑의 복지전문가 양성 사업단	사회복지학부, 간호학과
84	재활스포츠 전문인력 양성 사업단	특수체육학과, 태권도학과
85	장애아동을 위한 Cocreative Vision–Up Education 사업	유아교육과, 유아특수교육과, 초등특수교육과, 사회복지학과, 언어치료청각학과
86	N+ 아동복지 창의인재 양성 사업	아동복지학과
87	동아시아 글로컬 창조유통인력 양성 사업단 – H형 인재양성 모델	국제유통학과
88	지역연계를 통한 창의적 유리조형 인재양성 : 예술인 둥지사업단	환경조형학과
89	켐바이오 글로벌 전문인력 양성 사업단	미생물학과, 화학과, 생명과학과, 분자생물학과
90	지역특화산업 육성을 위한 창조명품형 Eyewear 인력양성 사업단	안경광학과, 산업디자인과, 디지털디자인과, 컴퓨터공학전공

91	중남미 중심 신흥지역 맞춤형 글로벌융합 인재 양성 사업단	스페인어과, 중어중국학과, 러시아어과, 무역학과, 경제금융부동산학과, 호텔경영학과
92	ACEp 산업육성을 위한 글로벌 전문인력양성 사업단	기계자동차공학부
93	대경 의료산업을 선도하는 융합형 의료인재 양성 사업단	의공학과, 방사선학과, 물리치료학과, 언어청각치료학과, 국제의료경영학과
94	중독과 폭력의 예방·치유·재활을 위한 전문인력 양성 사업단	심리학과, 경찰행정학과
95	신라문화 디자인 기반 문화콘텐츠 전문인력 양성 사업단	시각디자인과, 패션디자인과, 관광경영학과
96	Dual Target 한국언어문화교육 사업단	한국어문학부
97	대구경북 6차산업 전문인력양성 사업단	화훼원예학과, 환경과학과
98	지역 밀착형 뿌리산업 선도인력 양성 사업단	기계·자동차공학부
99	EAST BASE	경영학과, 중국어중국학과일본어일본학과산업경영공학과
100	특수과학문화교육인력양성사업단	특수교육과, 과학교육학부(물리교육전공, 화학교육전공, 생물교육전공)
101	자연과학분야 융복합 인재양성 사업단	화학·응용화학과, 수학과, 전산통계학과, 물리학과, 생명과학과
102	한방산업과 연계한 HAPPY AGING 전문인력 양성사업단	화장품약리학과, 한방식품약리학과, 한약재약리학과, 물리치료학과, 간호학과, 의료경영학과,통상경제학부
103	한양방 융합 스포츠의학 전문 트레이너 양성 사업단	한방스포츠의학과
104	국가안전방재 전문인력 양성사업단	군사학과, 경찰학과, 소방방재학전공, 지반방재공학전공
105	지역공동체 활성화 지원 전문인재 양성사업단	행정학과
106	Chemicalbiology 특성화를 통한 생명-정밀화학 융합 전문인력 양성 사업단	화학과, 화학과
107	ICT 항만물류 융합시스템 전문인력양성 사업단	항만물류시스템학과, 정보통신공학과, 정보보호학과
108	기계·플랜트 분야의 T자형 창의적 설계 엔지니어 양성 사업단	메카트로닉스공학과, 자동차공학과, 냉동공조공학과
109	창의적 소프트웨어융합 전문인력양성 사업단	컴퓨터공학과, 게임공학과

110	슈퍼컴퓨팅 가상화 기반 창의적 융합 BIM 인재 양성 사업단	건축공학과, 건축학과,전기공학과
111	융복합 창조기반 맞춤형 MICE^2 인력양성사업단	관광경영학과
112	문화 융복합형 창의·인성 전문인력양성 사업단	유아교육과
113	창의적 글로컬 유통전문인력양성 사업단	유통경영학과
114	스마트산업적응형 소프트웨어융합 창의인재 양성사업단	정보통신공학전공(컴퓨터정보공학부), 소프트웨어공학전공(컴퓨터정보공학부), 컴퓨터공학전공(컴퓨터정보공학부)
115	동남권 중소기업중심 메카트로닉스 전문인력 양성사업단	전자공학과, 산업경영공학과, 메카트로닉스공학과
116	미디어 아웃렛 구축을 통한 차세대 미디어 창의인재 양성사업단	방송영상전공(영상매스컴학부), 광고PR전공(영상매스컴학부)
117	혁신적 융복합 루트교육을 통한 가치창조 디자인 인재양성사업단	디자인학전공(디자인학부)
118	국제적 산학협력을 통한 영상산업도시 육성사업단	애니메이션&비주얼이펙트전공(디지털콘텐츠학부), 게임전공(디지털콘텐츠학부), 디지털영상제작전공(디지털콘텐츠학부), 영화과
119	웰에이징−메디스파(Wellaging−MediSPA) 창의 인력 양성 사업단	물리치료학과, 뷰티미용학과
120	지역문화콘텐츠 기획인력양성 사업단	공연전시기획학과
121	생명산업 통합연계교육 사업단	유전공학과, 응용생물공학과
122	생명의료윤리 전공 특성화 사업단	철학·윤리문화학과
123	동남권 지역사회 전통문화유산의 창조적 계승 ·발전과 新교육문화콘텐츠 창출을 위한 통섭형 인재양성	고고미술사학과
124	기능성재료 특화 화학교육 사업단	화학과
125	기후금융보험 융합인력 양성	금융보험학과, 경제학과
126	ICT기반 유니버설디자인 융합·창의인재양성 사업단	산업디자인학과, 정보통신융합공학부
127	Neo K−Culture 킬러 콘텐츠 개발 인재 양성 사업단	광고홍보언론학과, 역사학과, 중국학과
128	통일을 대비한 사회통합형 종교지도자 양성사업	신학과
129	미래생명자원발굴·활용전문인력양성사업단	미생물나노소재학과, 생의약화장품학부, 의생명·보건학부

130	친환경바이오융합인력양성사업단	식품영양학과, 원예과학과, 해양수산자원학과, 한약자원학과
131	해양·레저스포츠 관광 창의인재 교육 특성화 사업단	관광경영학과, 체육학과, 사학과
132	서남권 조선해양산업의 그린 생태계 조성을 위한 창조적 융복합교육 특성화 사업단	전기공학과, 조선공학과, 해양시스템공학과, 제어로봇공학과, 기계공학과, 신소재공학과, 정보전자공학과, 정보통신공학과
133	지역밀착형 EduCare+ 유아교육 전문인력 양성	유아교육과
134	창조지식 기반의 실천형 관광인재 양성을 위한 "Tourism+ Edu−Station" 구축 사업단	관광학부
135	창의적 서번트 리더십(CSL)을 갖춘 충남 장애인체육산업 전문인력양성 사업단	특수체육교육과
136	스마트 해양수산 융합 미래 인력양성 사업단	해양생산시스템관리학부, 수산생명의학과, 식품영양학과, 자원생물학과, 해양바이오신소재학과, 해양학과, 해양스포츠학과, 미생물학과, 공간정보시스템공학과, 식품공학과, 생물공학과, 생태공학과, 에너지자원공학과, 해양공학과, IT융합응용공학과
137	ICT융복합 기술혁신 창의인재 양성사업단	시스템경영공학부, 정보통신공학과
138	해양수산 국제개발협력 전문인력 양성 사업단	유럽학전공(국제지역학부), 북미학전공(국제지역학부), 해양수산경영학과, 국제수산과학협동과정(대학원)
139	동아시아 환동해 지역과 동남권역 연계 MICE 인재 양성 사업단	일어일문학부, 중국학전공(국제지역학부), 신문방송학과
140	나노·바이오과학창의실무인재양성사업단	화학과, 물리학과
141	융복합소재 및 스마트생산기반 해양자원 개발 창의인력 양성사업단	재료공학부, 조선해양공학과, 산업공학과
142	창조기반 첨단 해안도시를 위한 건설융합 전문인력 양성 사업단	토목공학전공(사회환경시스템공학부), 건축학과, 건축공학과, 도시공학과
143	분자소재전문인력양성사업단	화학과
144	동남권기계기반융합부품소재창의인재 양성사업단	기계공학부, 나노소재공학과, 나노응용공학과, 나노융합공학과
145	동남아창의인재사업단	미얀마어과, 태국어과, 인도네시아말레이시아어과, 베트남어과
146	J−BIT(Japanese Business IT) 스마트 융합 사업단	비즈니스일본어과, 커뮤니케이션일본어과

147	e-BRIdge Korea	경영학과, 스페인어과, 포르투갈(브라질)어과, 러시아어전공, 인도어전공, 경영학과, 국제무역학과
148	다문화창의인재양성사업단	한국어문학부
149	파이데이아 아카데미아 – 글로벌 창의 통합 인문교육 사업단	글로벌자율전공학부
150	건강과학특성화사업단	보건관리학과, 상담심리학과, 물리치료학과, 간호학과, 약학과
151	글로벌 강소기업을 위한 신흥시장 수출마케터 양성 사업단	국제통상학과, 불어교육과
152	청소년 행복교육 전문인력 양성 사업단	교육학과
153	행복가족 구현을 위한 가족복지전문가 양성사업단	가족복지학과
154	K-Culture 선도 한국역사유산콘텐츠 창의인재 양성사업단	역사콘텐츠학과, 지적재산권학과
155	창조경제기술융합형환경생태인프라형성을위한 창의인재양성사업단	환경조경학과, 건설시스템공학과
156	4C 기반 스마트디바이스공학 명품인력(Hidden Champion) 양성 특성화	정보통신공학과
157	창조경제를 선도하는 융합형 창의디자인 인재양성 사업단	텍스타일디자인학과, 산업디자인학과
158	Green CREATE PLUS 의료관광사업단	호텔컨벤션학전공(관광학부), 의료경영학과간호학과
159	포스트 평창을 위한 창조콘텐츠관광 인재양성 사업단 : 평창동계올림픽 및 포스트 평창을 위한 강원도형 관광문화기반 조성	관광학부관광경영학전공,문화콘텐츠학과
160	강원권 화훼산업 특화를 위한 가드닝 전문가 육성사업단	원예조경학전공
161	인간과 사회를 위하는 실천적 경영인재 양성 사업단	경영학
162	"인문, 예술, 테크놀로지 융합" 글로벌 창의 인재 양성 사업단	아트&테크놀로지
163	6Cs 기반 융합형 창조 전문기획자 육성 사업단	커뮤니케이션학부
164	상호문화 소통적 유럽전문인재 육성사업단	프랑스문화학과, 독일문화학과

165	21세기 다빈치型 인재양성사업단 : 인간중심 스마트로봇과 기기융합	기계시스템디자인공학과, 전기정보공학과
166	환경관리 및 정책 거버넌스 융합인재양성	행정학과, 환경공학과
167	서울교대 창의성 함양 사업단	초등교육과, 생활과학교육과, 컴퓨터교육과
168	글로벌 리더 양성을 위한 신실크로드 사업단	독어독문학과, 국어국문학과, 중어중문학과, 영어영문학과, 불어불문학과, 노어노문학과, 서어서문학과, 언어학과, 아시아언어문명학부, 정치외교학부, 사회학과, 지리학과
169	농생명 및 식품산업 혁신 역량 강화 사업단	농경제사회학부, 산업인력개발학전공(식물생산과학부)
170	창조인재 양성을 위한 계산물리 고등교육 특성화 사업단	물리학과
171	사회기여형 정보보호 여성인재 (CES+) 양성 사업단	정보보호학과
172	미래안전식품 F-Cube 인재양성 사업단	식품공학과, 식품영양학과
173	휴먼서비스 HOPE+형 현장전문가양성사업단	교육심리학과, 사회복지학과, 아동학과
174	미디어비오톱(biotope)사업단	언론영상학부
175	한일 휴먼 네트워크형 창조적 인재 양성사업단	일어일문학과
176	K-Beauty를 선도하는 실용 인재 양성 사업단	화장품과학과, 디자인학과, 뷰티학과
177	ICT융합인포메카트로닉스인력양성사업단	정보통신공학과, 정보디스플레이학과, 기계공학과
178	주산학 상생 제약산업 특화인력 양성사업단	의생명과학과, 제약공학과
179	다문화 상담복지 현장실무인재 양성사업단	사회복지학과, 상담·산업심리학과
180	역사콘텐츠 CT 창의인재 양성사업단	역사학과, 문화콘텐츠학과
181	창의적 융복합 소재 및 공정 특성화 사업단	신소재공학부, 화학공학부
182	인포매틱스기반 글로벌-융합형-창의 인재양성 사업단	소프트웨어학과, 글로벌경영학과, 디자인학과, 교육학과, 글로벌경제학과
183	글로벌 건설 엔지니어링 전문인력 양성 사업	건축토목공학부
184	iSchool 기반 글로벌 정보 큐레이터 전문인력 양성 사업단	문헌정보학과
185	글로벌 유학 창의인재 양성 사업단	유학·동양학과
186	차세대 선도 물리인재 양성 사업단	물리학과

187	선진공예산업밸리 구축을 위한 벤처형 청년공예가 양성 사업단	공예과
188	문화 내러티브 인재 양성 사업단 (CNP 양성 사업단)	독어독문학과, 영어영문학과불어불문학과 사학과
189	맞춤형 지역공동체 혁신 인재 양성 사업단	경찰행정학전공(경찰·행정학부), 행정학전공(경찰·행정학부)
190	힐링디자인 인재양성 사업단	시각디자인학과, 산업디자인학과, 패션디자인학과, 실내디자인학과
191	한국 언어 문화창조 인재양성 사업단	한국어문학전공(미디어문학부), 외국어로서의한국어교육전공(미디어문학부)
192	광양만권경제특구 비즈니스 MASTER 사업단	무역학과, 경제학과, 회계학과, 경영학과
193	지역산업을 연계한 창조형 에너지·자동화 설비 인재양성 사업단	전기제어공학과, 전자공학과
194	정원문화진흥사업단	조경학과, 산림자원학과
195	지역창조공공인재양성사업단	행정학과, 법학
196	지역과 소통하는 인문고전인재양성사업단	인문학부
197	생물 소재 발굴.활용사업단	생물학과
198	의과학 Nichebuster 창의인재 양성 사업단	화학과, 환경보건학과, 임상병리학과, 의학과
199	창조적 헬스케어3.0 기술 및 서비스 인재양성 사업단	보건행정경영학과, 의료IT공학과, 작업치료학과
200	지역사회 맞춤형 안전서포터 양성사업단	경찰행정학과, 행정학과, 사회복지학과
201	글로벌 금융IT융합 전문인력 양성사업단	금융보험학과
202	동남권 현장밀착형 바이오헬스산업 전문인력 양성사업	식품영양학과, 생물과학과, 제약공학과, 바이오식품소재학과
203	글로컬 일자리 창출을 위한 창의·융합형 교육 인재 양성 사업	영어교육과, 국어교육과 수학교육과
204	융합전자특성화사업단	전자공학과
205	스마트 제조서비스 융합인력 양성	산업공학
206	미디어콘텐츠/데이터사이언스 융합인재 양성 사업단	미디어학과
207	Globiz 인재양성 사업단	경영학과
208	프랑코포니 전문인력 양성	불어불문학과

209	인문학과 문화콘텐츠의 선순환적 융합교육: 디지털 휴머니티 트랙 기반	국어국문학과, 문화콘텐츠학과
210	국학 글로컬 미래 창의인재 양성사업단	사학과, 국어국문학과, 동양철학과, 민속학과, 한문학과
211	인문학기반 SW 생태계 구축을 위한 창의 인력 양성 사업단	정보과학교육과
212	국제관광 전문인력 양성사업단	유럽문화관광학과
213	근대 한국어문학 전문 인력 양성 사업단	국어국문학
214	소재부품창의인력양성사업단	신소재공학부
215	IT·에너지·BT 산업 맞춤형 창의 화공 인재 양성 사업단	화학공학부, 나노메디컬유기재료공학과, 물리학과
216	DREAM 소프트웨어 인재 양성 사업단	컴퓨터공학과, 전기공학과
217	지구촌상생인재양성사업단	지역및복지행정학과, 박정희정책새마을대학원
218	문화융합디자인생태계조성사업단	시각커뮤니케이션디자인학과, 모바일영상디자인학과
219	다문화시대 한국어문학인재 육성 사업단	국어국문학과
220	의약.정밀화학 특성화 사업단	화학과, 분자생명과학전공(생명공학부)
221	창조경제 실현을 위한 자동차융합부품 창의 인력양성 사업단	기계공학부, 정보통신공학과
222	K-Food Star Chef 육성사업단	한국식품조리학과, 동양조리학과, 서양조리학과
223	해양스포츠 레저산업 전문인력 육성 사업단	스포츠건강관리학과
224	차세대 휴먼인프라 구축을 위한 사회환경 취약 영유아 통합지원 인재 양성 사업단	아동복지학과, 심리학과, 유아특수교육과
225	태권도의 창조경제적 가치 발견을 통한 한브랜드형 인재양성 사업단	태권도학과
226	철도클러스터를 연계한 글로컬 철도 전문인력 양성 사업단	철도건설시스템학과, 철도전기시스템학과
227	글로벌 핵심역량을 갖춘 아시아전문 경영인력 양성 사업단	International Business 학부
228	교육·보육 협력모델을 활용한 글로컬 유아교육 전문인력 양성 사업단	유아교육과
229	지역산업기반 정밀화학 인재양성 사업단	울산대학교화학공학부, 울산대학교화학과

230	조선해양 미래선도 인재 양성사업단	조선해양공학부
231	바이오산업 실용 인재 양성 특성화 사업단	생명과학부
232	안심안전 농·식품산업 인력양성 특성화 사업단	원예학과, 애완동식물학과, 생물환경화학과, 환경조경학과,식품생명공학과, 식품영양학과, 약학과(일부), 경영학부(일부), 정보·전자상거래학부(일부)
233	Eco-Green 건설기술 창의전문인재 양성 특성화사업단	토목환경공학과
234	천연물 CSI 인재양성 특성화 사업단	한약학과
235	Jewelry Creator 특성화 사업단	귀금속보석공예과
236	NT-BT 기반 바이오/식품 소재 유효성 평가 융합 인력양성 특성화 사업단	생명과학부(일부), 바이오나노화학부(일부)
237	글로벌약학전문인력양성사업단	약학과
238	제4섹터+α신공공분야 지역인재 양성사업단	정치외교학과, 행정학과(일부)
239	지역사회 취약계층 교육·복지 지원인력 양성사업단	특수교육과, 사회복지학과(일부)
240	미래도시의 탐색형 창의교육 사업단	도시환경공학부, 도시행정학과, 도시건축학부, 디자인학부
241	글로벌융합대학	무역학부, 경제학과, 법학과, 행정학과, 정치외교학과
242	지역밀착형 글로벌 통상 전문 인력 양성 사업단	인천대학교동북아경제통상대학동북아국제통상학부
243	스마트 전기에너지 창조인재육성 사업단	전기공학과
244	미래 선도형 화학인력양성 사업단	화학과
245	체험형 창의물리인재양성 특성화 사업단	물리학과
246	지능형 소재·부품 창의인재 양성 사업단	공과대학응용화학공학부, 공과대학신소재공학부
247	지역사회통합을 위한 공공복지인력 양성사업단	심리학과(일부), 생활환경복지학과(일부), 정치외교학과(일부), 행정학과(일부)
248	1生 1場 글로벌 비즈니스 사업단 (글로벌 비즈니스 인력 양성 사업단)	경영학부(일부), 경제학부(일부), 영어영문학과(일부), 중어중문학과(일부)
249	창의적 과학/문화 콘텐츠 인재양성 사업단	신문방송학과(일부), 문헌정보학과(일부), 사회학과(일부), 인류학과(일부), 지리학과(일부), 물리학과(일부), 화학과(일부)

250	글로컬 문화가치 창출 문사철(文史哲) 융합 인력양성 사업단	국어국문학과(일부), 사학과(일부), 철학과(일부)
251	빅데이터 기반 과학인재양성 사업단	통계학과(일부), 수학과(일부), 생물학과(일부), 해양환경전공(일부, 지구환경과학부)
252	ICT융합기반친환경자동차인력양성사업단	기계공학부, 전자컴퓨터공학부, 전자공학전공(전자컴퓨터공학부), 컴퓨터공학전공(전자컴퓨터공학부), 소프트웨어공학전공(전자컴퓨터공학부), 전기공학과, 기계시스템공학부, 기계공학과
253	IT융복합시스템 인력양성사업단	전자공학부, 기계설계공학부, IT정보공학과, 바이오메디컬공학부
254	신한류 창의인재 양성사업단	문헌정보학과, 사학과, 프랑스학과, 건축공학과, 소프트웨어공학과, 통계학과, 산업디자인과, 한국음악학과
255	국제개발협력 창의인재양성사업단	국제학부, 경제학부, 정치외교학과
256	행복한 지역사회구축을 위한 창조적 인재양성 사업단	사회복지학과, 심리학과, 사회학과, 아동학과
257	지역 기초과학 교육 연구 허브 구축 사업단	화학과, 물리학과, 생명과학과, 분자생물학과
258	차세대 에너지융합 특성화 사업단	화학공학부, 신소재공학부, 반도체과학기술학과, 토목공학과, 자원·에너지공학과,환경공학과, 고분자나노공학과, 유기소재파이버공학과, 전기공학과
259	Health EduSTAR 사업단	보건관리학과, 재활학과, 중등특수교육과, 가정교육과
260	학술정보 Glocal Master 양성 사업단	문헌정보학과
261	K-History 2H 핵심인력 양성사업단	역사문화콘텐츠학과
262	스마트그리드와 청정에너지 융복합산업 인력 양성사업단	전기공학과,통신공학과, 컴퓨터공학과, 전자공학과, 기계공학과, 메카트로닉스공학과, 에너지공학과, 생명화학공학과
263	아열대 농생명 융복합산업 인재 양성사업단	생명공학부, 식품생명공학과, 산업응용경제학과, 생물산업학부, 동물자원과학과(폐과), 동물자원과학전공(폐과)
264	제주문화콘텐츠 창의인재 양성사업단	사학과, 국어국문학과
265	생물다양성 기반 천연화장품산업 인재 양성사업단	화학·코스메틱스학부, 생물학과, 화학과(폐과)
266	지역산업 기반 융합형 부품소재시스템 특성화 사업단	재료공학과, 광기술공학과, 항공우주공학과, 산업공학과

267	호남지역 소외계층을 위한 교육-문화-복지 브릿지(BRIDGE) 인재 양성 사업단	교육학과, 특수교육과
268	과학 문화 코디네이터 양성을 위한 빅데이터 분석 및 콘텐츠 개발 교육 사업단	물리교육과, 화학교육과, 지구과학교육과, 생물교육과, 컴퓨터통계학과
269	멀티케어사업단	보건행정학과, 간호학과, 사회복지학과, 노인복지학과, 물리치료학과
270	휴먼 ICT 창의 융합 인재 양성 사업단	전자전기공학부, 컴퓨터공학부 융합공학부
271	동북아 혁신물류인재양성사업단	국제물류학과
272	식품안전 통합관리 인재양성 사업단	식품공학전공(식품공학부),해당없음
273	배움나눔 사회적대학 사업단	음악교육과(심화과정), 미술교육과(심화과정), 체육교육과(심화과정), 과학교육과(심화과정), 국어교육과(심화과정), 실과교육과(심화과정)
274	해양플랜트 특화 창의·융합형 인재양성사업단	산업시스템공학과,조선해양공학과,토목공학과, 환경공학과,화공시스템공학과
275	스마트메카트로닉스창조인력양성사업단	기계공학부, 전기전자제어공학부, 신소재공학부
276	생명보건학 창의인재양성사업단	미생물학과, 보건의과학과
277	중소기업 글로벌 비즈니스 인력양성사업단	경제금융보험학부, 국제무역학과
278	글로벌다문화사회전문인력양성사업단	법학과, 국제관계학과, 사회학과
279	문화예술융합인재양성사업단	미술학과, 융복합학부, 무용학과
280	크리에이티브 콘텐츠 기반 창의 인재 양성 사업단	문화콘텐츠학과, 신문방송학과, 국어국문학과, 시각디자인학과, 만화애니메이션학과
281	Computational Thinking 능력을 겸비한 TPACK형 교사 양성	컴퓨터교육과, 과학교육과
282	소재·공정기반에너지융복합창의인재양성 사업단	화학공학과, 유기소재·섬유시스템공학과, 나노소재공학과, 정밀응용화학과, 재료공학과, 고분자공학과
283	국방ICT융합인력양성사업단	정보통신공학과, 컴퓨터공학과, 전파공학과
284	지역맞춤형 미래농업인재 양성 사업단	식물자원학과, 응용생물학과, 식품공학과, 생물환경화학과, 환경소재공학과
285	환경친화형 융복합 기계부품 창의 인재 양성 사업단	기계공학과, 기계설계공학과
286	글로벌 LTE융합인재 양성을 위한 ABC 사업단	무역학과, 영어영문학과, 경제학과, 중어중문학과, 일어일문학과
287	지식혁신형 공공인재 양성 사업단	행정학과, 언론정보학과, 자치행정학과

288	능력중심사회구현을위한NCS기반공업기술교원 양성체제구축사업단	기술교육과, 전기·전자·통신공학교육과, 기계·금속공학교육과, 건설공학교육과, 화학공학교육과, 교육학과
289	글로컬리즘 인문콘텐츠 인력양성사업단	국어국문학과, 철학과, 디자인창의학과, 고고학과
290	충청권 융합 생명–의약 사업단	약학과, 메카트로닉스공학과, 수의학과, 생물과학과, 동물바이오시스템과학과, 미생물분자생명과학과, 동물자원생명과학과, 제약학과, 의과학과(대학원)
291	BT융합 농생명 6차산업화 인재양성 사업단	식물자원학과, 축산학과, 환경생명화학과, 특용식물학과, 원예과학과, 식물의학과, 식품생명공학과, 농업경제학과, 수의학과, 약학과
292	오송 생명과학 인재양성사업단	생물학과, 미생물학과,생화학과
293	통일시대 융합형인재 양성사업단	중어중문학과, 고고미술사학과
294	수학, 통계기반 산업응용 특성화 사업단	정보통계학과, 수학과
295	첨단과학장비를 활용한 미래과학인재 양성 사업단	물리학과
296	스마트IT 창의인재양성 사업단	전자공학부, 전기공학부, 정보통신공학부, 컴퓨터공학과
297	창의창업혁신(C–Monovation)사업단	디자인학과
298	스포츠관광 특성화 교육 및 지역서비스 사업단	스포츠산업학전공(스포츠학부)
299	반도체·디스플레이 장비 창의인재 양성 사업단	메카트로닉스공학부
300	IT융합 소프트웨어 인력양성 사업	컴퓨터공학부
301	Locality 기반 글로벌 창의인재 양성 사업단: 전략거점지역(북아프리카, 유라시아, 인도, 브라질, 한국)을 중심으로	프랑스학과, 러시아학과, 중앙아시아학과, 인도학과, 브라질학과, 한국학과
302	융합적 미래 항공운송인력 양성 사업단 (ISAAC–F4)	항공교통전공(항공·교통·물류·우주법학부), 물류전공(항공·교통·물류·우주법학부)
303	고부가가치 해운·항만 물류 창조인력 양성 사업단	해운경영학부, 물류시스템공학과
304	국방융합기술인력양성사업단	정보통신공학과, 컴퓨터공학과, 광센서공학과, 정치언론국제학과
305	대덕 밸리 바이오 글로컬 (Glocal) 인재 양성 Bridge 사업단	생명시스템과학과

306	글로벌비즈니스 창의인력 양성사업단	글로벌비즈니스전공, 경영정보학과, 글로벌커뮤니케이션컬처전공
307	글로컬 다문화 지도자 양성 프로그램	기독교학과, 교육학과
308	STEM 창조인재 양성 사업단	화학과, 수학과
309	ICT 기반 글로벌 Creatinnovation(창조혁신) 인재 양성 사업단	경영경제학부, 국제어문학부, 도시환경공학전공(공간환경시스템공학부), 국제개발협력대학원
310	경북 동해안 지속가능 에너지–환경 융합인재 양성사업단	기계제어공학부, 건설공학전공(공간환경시스템공학부)
311	"관광안전Korea" 융합인재 양성 사업단	레저관광경영학과, 경찰행정학과
312	SMART 고령친화 서비스	사회복지학부, 사회학과, 재무금융학과, 언어청각학부
313	동북아지역 융합인재양성 사업단	중국학과, 일본학과, 러시아학과
314	르네상스 인문학 창의인재 육성사업단	사학과, 철학과, 국어국문학과
315	신산업 창출을 위한 IT 융합 인력 양성 사업단	정보통신공학과, 전자제어공학과, 전기공학과, 컴퓨터공학과
316	Design Plus First mover(D+FM)사업단	시각디자인학과, 공업디자인학과
317	메디치(Medici)형 항공인력 양성사업단	헬리콥터조종학과, 항공교통학과, 항공기계학과, 항공전자공학과
318	문화산업융성 디지털인재양성 특성화사업단	영상애니메이션학과, 문화재보존학과
319	자율융합형 창의설계인재양성사업단	기계공학부
320	수요지향적 창조/융합형 소프트웨어 전문 인력 양성 사업단	소프트웨어전공(컴퓨터공학부), 컴퓨터전공(컴퓨터공학부)
321	IT 융합 스마트 그린카 글로벌 창의인재 양성 사업단	미래자동차공학과
322	금융퀀트빅데이터 전문인력교육 사업단	경제금융학부
323	스포츠 융·복합형 인재양성사업(Innovative and Collaborative HR in Sport and Education, ICIS–Ed)	스포츠산업학과
324	학연산 기반 전자 창의 인력양성 사업단	전자통신공학과, 전자시스템공학과
325	융합형 창의 소재부품 인력양성 사업단	화학공학과, 재료공학과
326	창의적 실용 기계인력 양성사업단	기계공학과

327	인문가치의 실용화를 통한 글로벌 융합형 문화콘텐츠 창의인재 양성 사업단	문화콘텐츠학과
328	ICT융복합기술 인력양성사업단	정보통신공학과, 전기공학과,전자공학과
329	문화콘텐츠 창의인재양성사업단	신문방송학과, 인터넷콘텐츠학과, 문화산업경영학과
330	한국형 복합리조트 인재양성사업단	호텔경영학과, 조리과학과, 중국어학과
331	Hat-Trick 사업단	축구학과
332	Fashion 전문인력양성사업단	의상디자인학과
333	남도문화 영어콘텐츠 프로듀서 양성 사업	영어영문학과
334	바이오 응용제품 품질관리 인재양성사업단	식품공학전공(바이오산업학부), 한방화장품과학전공(바이오산업학부), 제약공학전공(바이오산업학부), 생명공학전공(생명과학부)
335	진로 및 직업심리서비스 전문인재 양성사업단	산업심리학과
336	벤처형 디지털기술경영 인재양성사업단	디지털기술경영전공(경영학부)
337	인문학적 지성을 갖춘 실무형 외국어 인재양성사업단	영어영문학과, 중어중국학과
338	충청권 디스플레이 창의실무형 인재양성사업단	광전자디스플레이공학전공(그린에너지반도체공학부), 디지털디스플레이공학전공(그린에너지반도체공학부), 전자공학전공(IT융합기술학부), 화학공학과
339	농공단지기반 농·특장 7-AM 프로젝트	자동차기계공학과
340	K-Fashion 창의인재 양성사업단	패션스타일리스트학과, 시각디자인학과
341	창의적 커뮤니케이터 육성 사업단	광고홍보학부

**취업이 잘되는
유망 학과 백과 1**

1판 1쇄 2016년 11월 25일

지은이 김상호
펴낸이 정연금
펴낸곳 멘토르

등록 2004년 12월 30일 제302-2004-00081호
주소 서울시 광진구 능동로 331 2층
전화 02-706-0911
팩스 02-706-0913
홈페이지 www.mentorbook.co.kr
E-mail mentor@mentorbook.co.kr
ISBN 978-89-6305-737-8 (14370)
      978-89-6305-736-1 (14370) (세트)

※ 노란우산은 (주)멘토르출판사의 아동 · 자녀교육 출판 전문 브랜드입니다.
※ 책값은 뒤표지에 있습니다.
※ 잘못 만들어진 책은 구입한 곳에서 바꾸어 드립니다.

멘토르출판사와 노란우산은 여러분의 참신한 아이디어와 소중한 원고를 기다리고 있습니다.
좋은 기획안 또는 원고가 있는 분은 mentor@mentorbook.co.kr로 보내주십시오.